Moral Classrooms, Moral Children

子どもたちと
つくりだす
道徳的なクラス

●構成論による保育実践●

著者
Rheta DeVries & Betty Zan

監訳
橋本祐子／加藤泰彦／玉置哲淳

大学教育出版

Moral Classrooms, Moral Children

Creating a Constructivist
Atmosphere in Early Education

Copyright © 1994 Rheta DeVries and Betty Zan
All rights reserved.
Translation copyright (year of publication) by Daigaku Kyouiku Shuppan
  Japanese translation rights arranged
    with Teachers College Press, Teachers College, Columbia University, New York
    through Tuttle — Mori Agency, Inc., Tokyo

日本語版への序

　この日本語版への序を書くことは、特に私、リタ・デヴリーズにとって大きな喜びです。私が日本を訪れてからしばらくたちますが、日本の多くの友人たちと共に楽しく過ごしたことを思い起こします。

　本書が出版されてからの数年間で、私たちは本書で述べていることをさらに強く確信するようになりました。それは、構成論に基づいたクラスづくりをするための第1歩は、相互尊重を基盤とした社会・道徳的雰囲気をつくることでなければならないことです。しかし私たちは、本書が出版された1994年以降、次のことにも気づかされました。それは、不必要な強制を最小限にするという私たちの主張を、いかなる状況のいかなる強制も否定することと誤解をしている保育者がいることです。私たちが「不必要な強制」と言う時、それは強制が必要で適切な場合もあることを示しています。現在進めている研究では、保育者が子どもたちと関わる上で重要な側面である、必要な強制と不必要な強制の区別を試み、指導上の原則を確立しようとしています。

　現在私たちは、アイオワ州ウォータールー市（ノーザンアイオワ大学の所在地シーダーフォールズ市に隣接）に新設した実験校において、構成論に基づく教育の研究を継続しています。この学校は、何年にも渡る計画、資金集め、建築を経て、私たちの夢がようやく実現したものです。3歳、4歳、5歳そして1年生クラスが1クラスずつあり、対象児のほとんど（障害をもつ子どもも含めて）は低所得層の子どもたちです。また、幼児教育の施設としては最高の水準を誇っており、実験校として観察室や録音・録画設備を整えています。構成論に基づく保育の実践を見学したいという方の訪問を歓迎します。

　すでに日本でも、構成論に基づく保育を実践されている方々がおられます。この翻訳書が日本での保育の新たな取り組みへつながることを心から願います。

　本書を翻訳する作業を計画し、完成してくださった橋本祐子先生、加藤泰彦先生、玉置哲淳先生に深く感謝します。構成論に基づく保育について十分な知識をもつ先生方によって、優れた翻訳がなされたことを確信しています。

2001年10月

リタ・デヴリーズ
ベティ・ザン
シーダーフォールズにて

はじめに

　構成論に基づく教育が第1の方針としてあげるのは、他者を尊重する態度がいつも行動に現れているような社会・道徳的雰囲気を育てなければならないということです。本書はその方針を基本としています。ここでいう「社会・道徳的雰囲気」（sociomoral atmosphere）とは、クラスの中にある人間関係のつながり全体を意味します。それは子どもが園や学校で経験するすべての側面に関係するものです。私たちは、子ども同士の関わり、子どもと保育者の関わりのすべてが、子どもたちの社会的、道徳的経験と発達に大きな影響を及ぼすと確信しており、それが「社会・道徳的雰囲気」という用語の意味に含まれているのです。本書は、子どもたちの知的、社会的、道徳的、感情、人格の発達を促すような人間関係の雰囲気をクラスの中につくり出し、保っていくにはどうすればよいかという問題を取り上げています。（訳注：「社会・道徳的」、「社会的」、「道徳的」という語の区別については第9章参照。）

　筆者の1人であるデヴリーズの著書を読んだことがある人は、私たちの社会・道徳的雰囲気に関する研究がピアジェ（Piaget, J.）の理論や研究を基礎にしていることに驚くことはないでしょう。ほかの人たちは驚くかもしれません。なぜなら、ピアジェの研究の中心は発生的認識論（知識の起源と発達についての研究）だったからです。しかしピアジェ（1948）は、子ども同士の社会的な生活が子どもの知能、道徳性、人格の発達に不可欠なものであることを強調しました。ピアジェは初期に行った道徳的判断についての研究（1932/1965）を継続しませんでしたが、その後の研究で、知的、社会的、道徳的、情緒的発達が切り離せないものであることを一貫して強調しています。ピアジェは、物理的な世界についての知識と社会的な世界についての知識は、同じような構造を経て、同じような働きをしながら、並行して構成されていくと仮定しました。私たちは、ピアジェが示したそのような方向性を本書で引き継ごうとしているのです。

　ピアジェ理論は認知発達と社会・道徳的発達の3つの類似点をあげており、それらが社会・道徳的発達と雰囲気についての私たちの研究の理論的基盤になっています。第1の類似点は、子どもは、物理的な世界についての知識を構成するのと同様に、心理・社会的知識も構成するということです。つまり行動に現れる社会・道徳的な思考や理解は質的に変換（transformation）されていくのです。第2の類似点は、知的発達をその動機づけである感情と切り離して考えることができないように、社会的、道徳的発達も社会・情緒的な結びつき（あるいはその欠如）によって動機づけられるということです。第3の類似点は、社会的、道徳的発達は、認知発達と同様に、均衡化（equilibration, あるいは自己制御していく）のプロセスによって説明できるということです。例えばこの均衡化には、自己を肯定することや、他者を望ましいパートナーとして保存することが含まれます。私たちが特に強調するのは、脱中心化し異なる視点に気づいていくことが、人が相互に適応し、共有された意味体系の中でお互いを理解し、社会的に協同していく上でいかに必要であ

るかということです。さらには、対人間で起こる葛藤（いざこざ）と個人内で起こる葛藤が、知的および社会・道徳的の領域で、自己制御の発達に非常に重要な役割をもっているということです。ピアジェのいう「自己制御」（self-regulation）とは、思考と行動を統制する内的なシステムを意味しています。以上の3つの類似点は、知的発達のための条件と社会・道徳的発達のための条件が同じであることを示唆しています。

本書は、これまでの著書で明らかにしてきた構成論に基づく教育についての考えや定義をさらに広げるものです。その全体像について書かれた著書（『ピアジェ理論と幼児教育』稲垣佳世子訳、チャイルド本社、『ピアジェ理論と幼児教育の実践』加藤泰彦監訳、北大路書房）をはじめ、集団ゲーム（『集団あそび』成田錠一監訳、北大路書房）、物理的知識に基づく活動（『あそびの理論と実践』吉田恒子他訳、風媒社）、算数（『幼児の数の指導』中沢和子訳、チャイルド本社、『子どもと新しい算数』平林一栄監訳、北大路書房など）について書かれた著書では、認知発達に関する教育目標が強調されています。

しかし本書では、構成論に基づく教育が、集団ゲーム、物理的知識に基づく遊び、算数に関する討論、ふり遊び、積み木遊び、読み書きなどに限られないことを主張しています。構成論を実践する上で最も重要なことは、活動や教材や保育室の整備以上のことが必要だということです。これまでの著書の中でも、社会・情緒的、および社会・道徳的な発達の重要性について、その概要が述べられてきました。「ピアジェ理論と幼児教育の実践」の中では、知的発達には社会的生活の役割が不可欠であるというピアジェの見解が詳しく述べられています。その中の1つの章で、コールバーグ（Kohlberg, L.）とリコーナ（Lickona, T.）は、社会的、道徳的な討論、ルールづくり、いざこざを取り上げること、共同体づくりや責任感の育成を強調することを提唱しています。そして、子どもたちは日々の社会的なやりとりを素材にして、道徳的な理解を構成していかなければならないと指摘しています。本書はそのような考えを出発点としています。そして私たちはこの中で、構成論に基づく社会・道徳的雰囲気について理論的に説明し、保育者がそのような雰囲気をつくり出していくための実践的な方法について述べていきます。

私たちの社会・道徳的雰囲気のとらえ方は、道徳教育の「潜在的カリキュラム」（hidden curriculum）に関するジャクソン（Jackson, P., 1968）やコールバーグたち（Power, Higgins, & Kohlberg, 1989）の考えから影響を受けています。この潜在的カリキュラムは、学校という社会的構造の中に埋め込まれた規範や価値観、特に規律からなるものです。高校生を対象にしたコールバーグの「公正な共同体」（Just Community）アプローチは、民主主義の原理と思いやりのある人間関係を強調しています。その考えは私たちの社会・道徳的雰囲気のとらえ方の一部でもあります。しかし私たちは幼児を対象にした社会・道徳的雰囲気を独自に考えており、そこに含まれるのは公正さや思いやりに関する民主主義の原理だけではありません。私たちが強調したいのは、構成論を実践する保育者と子どもの関係は協同的な特性をもっていることと、子どもが園や学校で経験するすべてのことが子どもの発達に影響するということです。

本書の根底に流れるテーマの1つは、構成論に基づく教育の目標は発達だということです。つまり、最も望ましい園や学校の雰囲気とは、子どもの知的発達だけでなく、社会的、道徳的、情緒的発達を可能な限り促進するものだということです。残念ながら、ほとんどの学校や保育施設の社会・道徳的雰囲気は、知的発達を強調するあまり、社会・道徳的発達や情緒の発達に悪影響を与えています。本書のもう1つのテーマは、構成論を実践する保育者と子どもの関係は、相互尊重に基づいており、保育者は子ども

に対する不必要な権威の行使を最小限にするということです。これまでの著書では、保育者と子どもの協同的な関係の重要性を理論的な面から強調してきました。本書では、保育をする上での具体的な原則やビデオ観察した保育の事例を用いて、全般的なガイドラインを具体化していきます。

本書は実践的であることを目的としています。しかし実践の根底には、子どもの発達研究を基礎にした理論的な根拠があるのです。私たちは、発達理論や研究は実践に役立たないと多くの教育者が失望してきたことを知っています。しかし私たちは、理論的な一貫性をもち、妥当性をもって実証されるような科学的な教育実践の発展に貢献しようとしているのです。そのような確固とした枠組みがなければ、教育者の信念は振り子のように揺れ動きます。その時の流行を次々に受け入れることになると、教育は発展せずにずっとつまずいていくことになるでしょう。

私たちは、これまで一緒に研究をしてきた保育者に励まされ、理論と実践が双方向に影響し合うよう努力を続けています。理論は保育者にとって有益なものです。自分がなぜそのような保育をするのかを知ることによって、保育に対する信念が保たれます。乳児プログラムの主任のペイジ・フラー先生は、そのような姿勢を次のように表現しています。

　　教育の中で、理論という言葉は否定的な意味をもっています。保育者はよく「上手なやり方を教えてください」と言います。私なら、「私たち自身がやり方を見つけるための基礎となるものを与えてください」と言うでしょう。あらかじめ用意されたものを保育者に与えるのではありません。保育者を信頼し、保育者として、また人間として成長し、学ぶことができるよう励ますのです。そうしないことは、保育者を軽視するという深刻な問題です。保育者に上手なやり方を教えるということは、ワークブックを与えているようなものです。この2つはまさに共通しています。保育者に理論を与えないことは、まさにワークブックを与えているようなものです。理論を理解していなければ、構成論によるよいアイデアやよい活動がいくら提案されても、それらは単に少し凝った「上手なやり方」になってしまうのです。なぜそれをするのかという裏づけがなければ、どんなによい方法でも限界が出てきます。ある場面において、なぜそのような保育をするのかを理解していなければ、ほかの場面で起こることがまったくつながりのないことになってしまい、子どもに関する理解や、子どもの学びを促すことに関する理解に「深く入っていく」ことができず、次にどうすればよいかを知ることもできないのです（1992年6月の個人的な会話から）。

本書では、保育者が「理解に深く入っていく」ことができ、専門家としての教育的判断ができるような理論と理論的根拠をあげることを試みています。保育者は技術者ではなく、洗練された理論の専門家であるべきだと私たちは信じているのです。

第1章では、道徳的なクラスとは何を意味するのかという問題を取り上げます。ここでは、保育者と子どもの相互作用について調査した研究を基に、まったく異なる社会・道徳的雰囲気をもった3つの5歳児クラス（都市部の公立学校で、アフリカ系アメリカ人の低所得層の子どもがほとんどである）について述べています。それらの3つは相反する教育的パラダイムを例示するものです。

第2章では、道徳的な子どもとはどのようなものかという疑問に答えるために、まず私たちの考えとは異なるものについて述べています。私たちが「道徳的な子ども」と言う時、それは単に従順で、道徳的なルールを知っていて、向社会的な行動をして、慣習的な礼儀に従い、ある決まった特性をもち、宗教的であることを意味するのではありません。私たちのいう道徳的な子どもとは、彼らの生活の一部である人間関係に関する問題を努力して解決しようとする子どものことを意味するのです。この章では、正しいこと・間違ったこと、よいこと・悪いことに関する子どもたちの判断が、道徳的実在論や限られた視点取得の能力によって特徴づけられていることを見ていきます。

第3章では、社会・道徳的雰囲気が子どもの

発達にどのような影響を及ぼすかという問題を扱います。そして社会・道徳的雰囲気に関するピアジェの理論の最も重要な側面について述べます。それは、2つのタイプに区別される大人と子どもとの関係です。それぞれのタイプの関係は、結果的に子どもの発達にまったく異なる影響を与えます。さらにこの章では、自己を構成していく上での社会的相互作用の役割や、構成論を実践するクラスの中で子ども同士のやりとりがいかに有益であるかについて述べています。

第4章では、構成論に基づく社会・道徳的雰囲気をどのようにつくり上げていくかに焦点を当てています。まず、子どものニーズに応えるためにはどのようなクラスづくりをすればよいかについて述べ、子ども同士のやりとりや責任感を促すような環境構成について述べています。子どもを尊重することは、興味、実験、協同を基礎にしたプログラムづくりへとつながります。

第5章は、構成論に基づく教育のユニークな側面であるいざこざの解決をテーマにして、発達における葛藤の役割について述べています。構成論を実践する保育者が子ども同士のいざこざにどのように取り組んでいるか、また保育者と子どもの間のいざこざについても述べています。

次に、「グループタイム」[注1]とその活動について4つの章があてられています。第6章は、グループタイムをもつときの目標、保育者の役割、そして、形式や集団のまとめ方、集まりの内容など、進行する上での全般的な方針について述べています。第7章ではルールづくりや子どもたちの意思決定を取り上げており、その目標は何か、また、構成論を実践する保育者がクラスのルールを子どもたちに決めさせることによって、いかに子どもたちの自己制御能力を育てるかについて述べています。第8章では投票を実施する上での目標やガイドラインについて述べています。第9章では、社会・道徳的な話し合いについて、道徳的判断の理論、道徳的ジレンマの定義、話し合いに適しているジレンマの見つけ方に焦点を当てます。

第10章は、協同による規律について述べています。構成論が子どもたちの自己制御を強調することは、保育者が放任的であることを意味するのではありません。構成論を実践する保育者は、クラスの子どもたちをまとめたり、協同が崩れてしまう場面に対処するため、協同的な方法を考案します。

第11章では、「活動の時間」[注2]の目標や理論的根拠、3種類の知識に沿った計画の立て方、構成論の理論的根拠をもって取り入れられる一般的な活動について述べています。

第12章のテーマは片づけについてです。構成論に基づく目標や、片づけの必要性を感じるようにいかに子どもたちを促すかについて述べています。

第13章は、子どもや保育者にとっての園や学校全体の社会・道徳的雰囲気について述べています。

ここで補足説明をしておきたい点は、「構成論」という用語の使い方です。この用語はもともと心理学の理論からきていますが、私たちが「構成論に基づく教育」や「構成論を実践する保育者」という時、それは便宜上教育的アプローチを意味します。

本書の中の説明や事例に描かれている子どもたちは、人種、社会階級、親の教育レベル、家庭の収入レベルなどが異なり、多様な面を多くもっています。また、多様な人種の保育者が描かれています。

本書を読まれる人は、私たちのアプローチとほかのアプローチとを比較することができます。それらは、リコーナによる『リコーナ博士の子育て入門』、『リコーナ博士のこころの教育論：尊重と責任を育む学校環境の創造』（ともに三浦正訳、慶応義塾大学出版会）や、シャヒーン（Shaheen, J.）とクーマーカー（Kuhmerker, L.）による"Free to Learn, Free to Teach"（1991）、

シュア（Shure, M.）による"I Can Problem Solve (ICPS): An Interpersonal Cognitive Problem Solving Program"（1992）などです。

注1）「グループタイム」は、クラス全体で集まり、活動（歌、絵本、話し合いなど）をする時間です。
注2）「活動の時間」は、いくつかの遊びや活動（コーナーとして準備されていることが多い）の中から、子どもたちが選択する時間です。

子どもたちとつくりだす
道徳的なクラス
構成論による保育実践

目　次

日本語への序　/　i

はじめに　/　ii

第1章　「道徳的なクラス」とは …………………3
1. 3つのクラスの風景　/　3
   (1) クラス1：軍隊　/　3
   (2) クラス2：コミュニティ　/　4
   (3) クラス3：工場　/　4
2. 3つのクラスの社会・道徳的雰囲気　/　5
   (1) 軍隊型クラス　/　5
   (2) コミュニティ型クラス　/　8
   (3) 工場型クラス　/　10
3. 社会・道徳的雰囲気を構成する要素　/　13
   (1) 保育者と子どもの関係　/　13
   (2) 子ども同士の仲間関係　/　14
4. 社会・道徳的雰囲気と子どもの社会・道徳的発達に関する研究　/　14
5. 潜在的カリキュラムとしての社会・道徳的雰囲気　/　16
6. 構成論に基づく社会・道徳的雰囲気とは　/　17

第2章　「道徳的な子ども」とは …………………18
1. 「道徳的」と言えない子ども　/　18
2. 道徳的ルールについての子どもの思考　/　20
3. 他者についての子どもの思考　/　21
   (1) 行動に現れた対人理解　/　21
   (2) 対人理解の事例　/　23
4. クラスでの道徳的な子どもの観察　/　25
5. 要　約　/　28

第3章　社会・道徳的な雰囲気と子どもの発達 ……………29
1. 社会的な相互作用と自我の構成　/　29
2. 保育者と子どもとの関係　/　30
   (1) 強制的（統制的）関係　/　31
   (2) 協同的な関係　/　33
3. 子ども同士の関係　/　35
   (1) 構成論を実践するクラスにおける子ども同士の相互作用の利点　/　36
   (2) 子ども同士の相互作用における保育者の役割　/　38
4. 要　約　/　38

第4章　社会・道徳的な雰囲気をどのように形成するか …………40
1. クラスづくり　/　40
   (1) 子どもたちのニーズに応えるクラスをつくる　/　40
   (2) 仲間関係を促すクラスをつくる　/　41
   (3) 子どもの責任感を養うクラスをつくる　/　42

2．活　動　/ 43
　　　（1）興味を引きつける　/ 43
　　　（2）実験を励ます　/ 46
　　　（3）協同を促す　/ 47
　　3．保育者の役割　/ 48
　　　（1）子どもたちと協同する　/ 49
　　　（2）子どもたちの間の協同を助長する　/ 50
　　4．要　約　/ 54

第5章　対人間のいざこざとその解決 ……………………………55
　　1．発達における葛藤の役割　/ 55
　　2．社会・道徳的雰囲気といざこざの解決　/ 56
　　　（1）子ども同士のいざこざに対する保育者の姿勢　/ 57
　　　（2）いざこざ場面における指導上の原則　/ 57
　　3．保育者と子どもの間のいざこざ　/ 71
　　　（1）保育者がフェアでないと子どもが思っている時　/ 71
　　　（2）子どもが保育者のやることを好まない時　/ 71
　　　（3）保育者が子どもに腹を立てる時　/ 72
　　4．要　約　/ 72

第6章　グループタイム ……………………………74
　　1．グループタイムの目的　/ 74
　　　（1）社会・道徳的な目的　/ 74
　　　（2）認知的な目的　/ 75
　　2．保育者の役割　/ 75
　　　（1）グループタイムの計画　/ 75
　　　（2）リーダーとしての保育者　/ 76
　　3．グループタイムの運営　/ 77
　　　（1）グループタイムの形式的な側面　/ 77
　　　（2）運営の方法　/ 78
　　　（3）グループタイムの内容　/ 81
　　4．取りやめになったグループタイムと再開されたグループタイム　/ 87
　　　　――あるクラスの事例から――
　　5．要　約　/ 89

第7章　ルールづくりとクラスでの決定 ……………………………90
　　1．目　標　/ 90
　　2．ルールづくり　/ 91
　　　（1）ルールづくりの話し合いの指導　/ 91
　　　（2）ルールの記録と掲示　/ 98
　　　（3）ルールの実行　/ 100
　　3．クラスでの意思決定　/ 100
　　　（1）クラス活動に関する意思決定　/ 101
　　　（2）クラス運営の手順に関する意思決定　/ 101
　　　（3）特別な問題に対する意思決定　/ 102

4. 要　約 / 104

第8章　投票によるクラスでの決定 …………………………………105
1. 投票によるクラスでの決定の目的 / 105
2. 投票によるクラスでの決定のためのガイドライン / 105
3. 要　約 / 117

第9章　社会・道徳的な話し合い …………………………………119
1.「社会的」、「道徳的」、「社会・道徳的」という意味 / 119
2. 道徳的判断に関する理論 / 120
3. 道徳的ジレンマ / 122
　（1）道徳的ジレンマの定義 / 122
　（2）ジレンマのタイプ / 122
　（2）話し合いに適したジレンマを見つける / 123
4. 社会・道徳的な話し合いの目標 / 123
5. 仮想の社会・道徳的な話し合いを実践するためのガイドライン / 124
6. 現実の道徳的な話し合い / 128
7. 現実の経験に基づいた仮想のジレンマ / 129
8. 要　約 / 131

第10章　与える規律から協同による規律へ …………………………132
1. 社会・道徳的発達における自分自身の経験の役割 / 133
2. 2種類の罰 / 133
　（1）罪ほろぼし的（懲罰的）な罰 / 133
　（2）相互的な制裁 / 134
3. 協同による規律を導入する際のガイドライン / 137
4. 要　約 / 141

第11章　活動の時間 ……………………………………………143
1. 目的および理論的根拠 / 143
2. 活動に現れる3つの知識のカテゴリー / 144
　（1）物理的知識 / 144
　（2）論理・数学的知識 / 144
　（3）慣習的・恣意的知識 / 145
　（4）ピアジェの3種類の知識を用いて / 145
3. 活動の時間の計画 / 146
　（1）一般的な活動 / 146
　（2）子どもたちの興味に訴える / 147
　（3）子どもたちの目的意識に訴える / 147
　（4）子どもたちの思考に訴える / 148
　（5）子どもたちが協同することに訴える / 149
4. 活動の時間の実践 / 149
　（1）子どもたちの興味をそそる / 149
　（2）子どもたちに活動を選択させる / 151

(3) 子どもの思考を促す / *152*
　　　(4) 社会的な自己制御と協同を促す / *155*
　　　(5) 融通性をもつ / *160*
　　5. 活動の時間の実践を難しくしている3つの要因 / *160*
　　6. 要　約 / *161*

第12章　片づけの指導 …………………………………… *162*
　　1. 目　的 / *162*
　　2. どのように片づけの問題を提起するか / *163*
　　　(1) 片づけの実際的必要性 / *163*
　　　(2) 片づけの道徳的必要性 / *163*
　　　(3) 片づけの問題 / *164*
　　3. 片づけの問題の解決法 / *165*
　　　(1) カレン先生のクラス / *165*
　　　(2) ペイジ先生のクラス / *165*
　　　(3) ステファニー先生のクラス / *168*
　　　(4) コリーン先生のクラス / *168*
　　4. 要　約 / *172*

第13章　園や学校の社会・道徳的雰囲気 …………………………………… *174*
　　1. 道徳的文化の評価に関するコールバーグたちの研究 / *174*
　　2. 園や学校の雰囲気の中で子どもが経験すること / *175*
　　3. 園や学校の雰囲気の中で保育者や教師が経験すること / *176*
　　4. 園長・校長がもつべき方針 / *177*
　　　(1) 教員を尊重する / *177*
　　　(2) パラダイムの転換の必要性に気づく / *178*
　　　(3) 保育者や教師に長期的な視点をもたせる / *179*
　　　(4) 構成論に基づく態度や実践の手本を見せて説明する / *179*
　　5. 州教育省の社会・道徳的雰囲気 / *181*
　　6. 要　約 / *182*

参考資料 / *183*
　「活動の時間」の計画　一般的な活動を構成論の視点からとらえるために / *183*

引用文献 / *186*
訳者あとがき / *189*
訳者一覧 / *195*
監訳者紹介 / *196*

子どもたちとつくりだす
道徳的なクラス
構成論による保育実践

第1章

「道徳的なクラス」とは

　「道徳的なクラス」とは、子どもたちの発達を支え促すような社会・道徳的雰囲気をもつクラスのことを意味します。社会・道徳的雰囲気とは、人間関係のつながり全体を示し、園や学校での子どもの経験はそれによって成り立っています。その経験には、子どもと保育者の関係、子ども同士の関係、学習やルールに関する経験が含まれます。道徳的なクラスは、ある特徴的な社会・道徳的雰囲気をもっています。本章のテーマである「道徳的クラスとはどういうものか」という問題は全章で取り上げますが、まずここで述べておきたいことは、私たちが言う道徳的なクラスとは「徳目」を教えたり人格についての授業を行ったりするような教え込み主義のクラスではないということです。

1. 3つのクラスの風景

　ここでは、タイプの違う社会・道徳的雰囲気を説明するために、3つの5歳児クラスの場面を紹介することから始めます。この3つのクラスは、それぞれ都市部の低所得地域内の大規模な公立学校の中にあります。この記録は、各クラスにおいて学年度末に行った2日間のビデオ録画から得たものです。あなたがそれぞれのクラスにいる子どもであったらどのように感じるか、考えてみてください。

(1) クラス1:軍隊
　何列かに並べられた机を前に、22人の5歳児が座っています。保育者は難しい顔をして黒板の前に立ち、厳しい口調で話しています。

　聞きなさい。今日はあまり長く我慢しませんからね。(ある子どもを指差して、大声で) 座りなさい! 3、6、用意。(子どもと保育者が声を合わせて数を唱える。保育者は声に合わせて手を叩く) 3、6、9、12、15、18、21、24、27、30。100まで5ずつ。用意。5、10、……100。100まで10ずつ……。2列目と4列目の人は間違えそうでしたね。よくできました。3ずつと5ずつ、うまく数えられました。それではここで問題をします。(黒板に書かれた算数の宿題を消しながら) これができていない人はもう時間切れです。こっちを見て。最初の問題は6+3 (黒板に書く)。6+3はまだ知らないけれど、6+1なら知っていますね。1を足すときは次の数字を言うのを覚えていますか (子どもたちが声をそろえて6+1=7と言う)。どの列の人が答えられるか見ていますよ。用意。6+1=7 (保育者が黒板に書かれた数式をものさしで示すのにしたがって、子どもたちが声をそろえて唱える)。(6+2=8と6+3=9も同じ手順で繰り返す。) Tちゃん、黒板を見なさい。3列目 (Tが座っている列) がついてきていないのはどうしてでしょう。注意して見ていない人が多いですね。みんなが答えているところを見せてください。両手を組んで、目はこちら。それでは、ここで先生とゲームをします。よく聞きなさい。きっと先生が勝つと思うけれど。今から問題を言います。もし正しく答えられたら、みんなに1点をあげます。先生がみんなより先に正しく答えたり、みんなから間違った答えがいくつも出てきたら、先生が1点もらいます。みんなの態度が悪かったら、先生が1点もらいます。その新しいルールを加えます。それでは、5+2= (手を下ろして、子どもたちに答えてもいいという合図を送る)。(何人かが6と答え、何人かが7と答える。) 間違った答えが聞こえましたよ。先生が1点もらいます。

（顔をしかめてRに）Rちゃん、そのような態度をとって、先生が1点もらってもいいのですか？

私たちはこのような保育者を「軍曹」、このような学業を重視したクラスの社会・道徳的雰囲気を「軍隊」ととらえています。

(2) クラス2：コミュニティ
20人の5歳児と保育者が輪をつくり、カーペットの上に座っています。保育者が心配そうな口調で話しています。

　　Mちゃんのお母さんが今日のおやつをもってきてくれるはずだったのですが、時間に間に合わなかったので明日もってきてくれることになりました。今この部屋にあるのは、レーズンが何箱かだけです。困っているのは、1人に1箱ずつあげるだけたくさんないということです。（Mが手をあげる。）Mちゃんに考えがあるみたいですね。Mちゃん、どうしたらいいかしら？（レーズンを箱から出して、皿にのせて配ればいいとMが提案する。）それも1つの案ですね。（答えを待っているように微笑みながら）みんなに1枚ずつお皿を配ると何枚お皿がいるかしら？（Eが17と答えるが、集まりに参加していないNと寝ている2人の子どもとビデオを撮影しているBを数えていなかったことをLが指摘する。）あら、全部数えていなかったのですね。（いくつになるかについて子どもたちと話し合う。ある子どもは20だと言うが、もう1人は22だと言う。）いつもこのクラスには何人いますか？（Eが21と言う。）そして、今日は誰がいませんか？（Jがいないことをとをしが言う。）それでは、21からJの1を引くといくつになりますか？（LとEが20と言う。）私とBさん（ビデオ撮影をしている人）を入れると、20＋2ですね。それでいくつになりますか？（Hが22と答える。）それでは22人分のレーズンがいりますね。（Dが「2人に1箱渡して、お皿に出したらどう？」と提案する。）それもいい案ですね！　それぞれがパートナーを見つけて分け合うのですか？Dちゃん、それはいい案ですね。（何人かの子どもが自発的に「いい」と同意する。）それでは、みんなパートナーを見つけましょう。（子どもが2人1組になる。何人かはわくわくした様子で抱き合っている。）それでは、お皿を配っていきますよ。お皿をもらったら、どれぐらいずつもらうかパートナーとどうやって決めますか？（ある子どもがレーズンをそれぞれの皿に1つずつのせながら「1、1、2、2って数えたらいい」と提案する。）それはいいアイデアですね。同じだけもらえるようにフェアなやり方でやってくださいね。Dちゃん、これはいいアイデアでしたね（子どもたちはペアになって、レーズンを分け合い、おしゃべりしながら食べる。）

私たちはこのような保育者を友好的な「助言者」、このようなクラスの社会・道徳的雰囲気を「コミュニティ」ととらえています。

(3) クラス3：工場
20人の5歳児が何列かになってカーペットの上に座り、保育者を見上げています。保育者は子どもたちの前に立ち、穏やかで真剣な口調で話しています。

　　今から前を見て話を聞くので、口のチャックを締めましょう（唇に沿ってチャックを締める動作をする）。勉強をしたい人は、背筋を伸ばして聞きましょう。遊びたい人はほかの時間にしなければいけません。いいですか、Eちゃん、座って。（ある子どもが水を飲みに行っていいかたずねる。）いいえ、だめです。あなたが座るのをみんな待っていますよ。昨日はワークブックで難しい「引き算」（黒板に単語を書きながら）をやりましたね。たくさんのカメが一緒に泳いでいました（3匹のカメを描く）。カメの集まりが1つありました（3匹のカメを1つの円で囲む）。そして1匹を外に出して、箱の中に入れたのを覚えていますか？（1匹のカメを部分的に消すが、輪郭を破線で残す。そして円の外に1匹のカメを描く。）　初めは丸の中に何匹いましたか？（子ども全員が3と答える。）そして何匹外にでましたか？（2匹と答える子どもと1匹と答える子どもがいる。）1匹を外に出しました。すると何匹残りますか？（ほとんど全員が3匹と答える。）2です。2匹しか残りませんでした。これを引き算と言います。この大きな集まりの中に小さな集まりが2つあったのです。そして、この集まりを中に置いたままにして、こっちの集まりを外に出したのです。（保育者がほかの引き算の問題を黒板に書く。子どもたちから間違った答えがたくさん出てくる。引き算ではなく足し算をする子どもや、マイナスの記号を「イコール」と呼ぶ子どもがいる。）それでは机の上に戻って、120ページを開けましょう。みんなの目はこちらを見ていますか？　おしゃべりが聞こえますよ。シー。口はいりませんよ。

私たちはこのような保育者を「監督」、この

ようなクラスの社会・道徳的雰囲気を「工場」ととらえています。

2. 3つのクラスの社会・道徳的雰囲気

以上に描いた3つのクラスの中で、子どもたちがどのような社会・道徳的経験をしているかについて、もう少し詳しく見てみましょう。保育者との経験、算数に関する経験、全体的なプログラムでの経験、ほかの子どもたちとの経験がどのようなものであるかに注目します。そして、それぞれのクラスが情緒的な面で全体的にどのような雰囲気をもっているかについてまとめ、これら3つのタイプの社会・道徳的雰囲気が子どもたちに与える影響について問題を提起します。

(1) 軍隊型クラス

1つ目のクラスの中に広がっている社会・道徳的雰囲気は、従順さを求める強い圧力です。子どもたちは算数の問題だけでなく、正確な座り方やどこに手を置くかなどについても軍曹のような保育者の指示に従っています。33分間のビデオ録画を分析すると、子どもたちが保育者に厳しくコントロールされていることがわかります。ビデオの中で保育者は、

・テストをするような質問を87回、要求を157回しました。
・子どもたちを脅かすような発言を21回しました。例えば、
「今日は製作の時間にまで食い込んでしまいますよ。」
「もう一度それが聞こえたら、先生が点をもらいますよ。」
「本当に（トイレに）行かなければならないのですか？ 今日は（トイレに行かなくてはならない）ふりをしていないでしょうね。」
「お昼からずっと隅に立っていてもらいますよ。」
・子どもたちへの批判を36回しました。例えば、
「きちんと座っていない人が何人かいますね。背中をつけて座りなさい。」
「鉛筆はそこにあるはずではありませんね。鉛筆を取って、書きなさい。それから鉛筆を机の上に置きなさい。」
「ふざけているのですね。」
「Kちゃん、そんなことをしているから叱られるのです。」
・必然性のない罰を3回与えています。例えば、
「先生が点をもらいます。」
「問題用紙を貸しなさい。S先生の部屋でやってもらいます。」（S先生は校長と同様、子どもの尻を叩いてしつけることで怖れられているカウンセラー。）
「お家の人に手紙を書きますよ。」
・自分を抑えきれなくなり、子どもたちに向かって怒鳴り、子どもたちを感情的に畏縮させることが2回ありました。

このように、常に保育者に制御されることによって、子どもたちが自律的に自己統制する機会はほとんど、あるいはまったくありません。子どもたちは正しく答えるとごほうびをもらい、逸脱した行動をすると脅しや罰を受けるという経験をします。子どもたちは、どのように行動し、どのように考えるべきかを軍曹によって教えられ、外側から制御されているように思えます。

このクラスの子どもたちが経験している算数は「答え」を復唱すること、あるいは、あいまいな方法（例えば、「1を足すときは次の数字を言う」）を使って正しい答えを出すことです。その前の年に何時間もかけて練習した問題であるにもかかわらず間違った答えが頻繁に出てくることから、子どもたちが考えずに復唱していることは明らかです。この子どもたちにとって、数学の真理は先生から与えられるものであり、

自分たちの思考から出てくるものではないのです。

このクラス1の場面描写は、保育者中心型で直接教授型のプログラム（この学校では校長から模範的と考えられているクラス）で、子どもがどのような経験をしているかを特徴的に示しています。小グループを対象とした読みの指導も算数の授業と同じような様式で行われています。小グループに参加していない子どもは、机に向かってワークシートをしているか、黒板に書かれた問題を解いています。終日子どもたちは、課題に取り組むように、静かにするように、ほかの子どもとのやりとりを控えるように戒められています。全体的に見て子どもたちは大変従順ですが、目線が定まっていなかったり、うつろであったり、何人かは落ち着きなく席を移動したり、こっそりとほかの子どもと話したりする「悪い態度」をとっています。

この軍隊型クラスでは、大小グループによる読み書き、算数、言葉の授業以外に、保育者がクラス全員にお話を読み聞かせたり、話し合いを進めたりすることがあります。これらの活動も、授業と同じように厳しい方法で行われます。例えば、養鶏場で何を見つけたかについての話し合いは、「どの列が一番多く答えられるか」を競争する場になりました。子どもたちが保育室を離れて図書室やコンピュータ室、体育や昼食に行く時は、ほかの保育者が監督をします。休憩時間に戸外へ行くことができるかどうかは、子どもたちの態度が「よい」かどうかによって決まります。保育者は子どもたちに規則を押しつけ、厳しく守らせます。

クラス1では、子どもたちの情緒面や健康面での要求が満たされないことが多くあります。トイレに行く時間は決められていて、子どもたちが降園する30分前にはすべてのトイレが閉められます。トイレに行きたがる子どもは疑いの目をもって見られます。例えば、Vが「トイレに行きたいので行ってもいいですか？」とたずねると、保育者は「だめです。うそを言っているからです」と責めました。Vが「うそは言っていません」と主張しても、保育者は「作り話をしているのでしょう、Vちゃん」と答えました。後で保育者はVをトイレに行かせましたが、「今すぐVちゃんと一緒にトイレに行きなさい」ともう1人の子どもについて行かせました。そして、「（Vに対して）報告してもらいますからね。今日はトイレに行きたいふりをしていないでしょうね。（もう1人の子どもに）戻ってきて教えてちょうだい。（Vに）トイレに行く時間は1分です」と言いました。また、ほかの子どもに対しては、「本当に行きたいのですか、それとも席から立ちたいだけですか？明日はトイレに行って、みんなが本当に必要な時に行っているのかを確かめることにします」と言いました。

長い時間椅子に座らされているにもかかわらず、子どもたちが運動する機会は限られており、態度がよかった子どもだけに報酬として与えられます。外遊びの時間を取り上げてしまうと言って、子どもたちを脅かすようなことが頻繁にあります。例えば、

「今朝の態度がよかったので、ずっと行儀よくできれば、外で少し遊べるよう考えてみましょう。」
「今日外で遊びたい人は、それまでに課題をやり終えてなくてはなりません。（ある子どもに）あなたはみんなが外に行っている間に課題をやることになりますよ。」
「終わっていない人の課題を今集めます。その人たちはみんなが外に行っている間に課題をやってもらいます。」
（算数の授業中）「みんな答えてください。点数を数えているのを覚えていますか。もしあなたたちが勝ったら20分間外に行きましょう。」

昼食後、子どもたちは机に顔を伏せて、15分間休憩します。なかなか目覚めることができな

い子どもがいると、保育者がその子を席から離れさせ、立たせます。

　保育者が厳しく統制しているため、子どもたちの間の表立ったいざこざはほとんど見られません。子どもがほかの子どもに話しかけようとしたり、口論になりそうな時、保育者は「自分のことだけをして、ほかの人は放っておきなさい。無視しなさい。そうするといい子になれます」と言います。ある子どもが「Lが鼻を蹴った」と不平を言うと、保育者は「じゃあ、だれにも蹴られないように一番端に座りなさい」と助言して問題を「解決」しました。子どもたちが床に座ってお話を聞いている時、1度だけけいざこざが起こりました。Cが「この子がつねった」と抗議すると、保育者がなぜつねったかをたずねました。Tは「私がちょうだいと言ってもくれないから」と答えました。保育者は問題の原因を探るのではなく、Tを非難しました。「こっちに来なさい。あなたに何と言ってきましたか？　この2週間で4回目ですよ。先週もそれで問題を起こしたでしょう。誰かが何かをしてきたら、どうするのですか？　どうするのですか？」(Tが「先生に言いに行く」と答える。)「先生に言いに行くのですね。自分では何もしないのですね。今すぐCちゃんに謝りなさい。」(Tは口をモグモグしている。)「もう1度、もっと上手に言いなさい。」

　子どもたちの中にはコミュニティがつくられるのでなく、競争が助長されています。それでも子どもたちは目でやりとりをしたり、禁じられているひそひそ話をしたりして、何とかお互いに関わろうとしています。このような共有経験は、保育者と子どもの関係以外のところで起こります。

　私たちは、子どもたちの行動を制御しているものが内的なものなのか、それとも保育者のコントロールという外的なものなのかを知るために、子どもたちが課題をしている間、保育者に部屋を出てもらいました。ビデオ録画を見ると、この軍隊型クラスの子どもたちのほとんどが課題を続けなかったことがわかりました。子どもたちはおしゃべりをしたり、「いたずら」(例えば、部屋中を走り回る、追いかけっこをする、ほかの子どもの持ち物を取る、身体的な攻撃をする)をしたり、「こそこそ」(窓から覗いて保育者が帰ってこないことを確かめ、規則を破るような行動をとる)としたりしました。これは、子どもの行動の制御が保育者の強制によるものであり、子どもたちの自律的な自己制御ではないことを示しています。

　この直接教授型のクラスの全体的な社会・道徳的雰囲気の特徴は、抑圧、怒り、不安、社会的な孤立です。子どもたちのエネルギーは発散されず、閉じ込められ、使われぬままになっているように思われます。このクラスの子どもたちは、ほかの2クラスの子どもたちに比べて、保育者に健康上の不満を訴えることが多くあります。それはこのクラスの中で受けるストレスのためか、気分が悪いと申し出たときだけ保育者が子どもに気づかいを見せるためか、あるいはその両方が理由かもしれません。要するに、この権威主義的なクラスの子どもたちは、保育者の要求を満たし、罰を避けるために、人格や感情や興味を抑制しなければならないのです。

　そのような支配的な社会・道徳的雰囲気は、子どもたちにどのような影響を及ぼすのでしょうか。1つには、子どもたちは無力感をもちます。子どもたちは、保育者の意志に完全に服従しているときに限り、自分に関することを自分で「コントロール」することができます。しかし、保育者の意志(つまり、保育者がどのような行動を容認できないと考えているか)はいつも予測できるものではなく、保育者を喜ばせようと努力する子どもでも、批判されたり罰を受けたりするのです。さらに、行動をコントロールし、そのような厳格な基準に達することを幼児に期待すると、必ず子どもたちは失敗してしまいます。

　これらの子どもたちは、学業成績を上げるために高すぎる代償を払っているのでしょうか。

学力をひどく重視したこのクラスの中で受ける影響が、自分たちの要求や興味を理解してくれない制度に対する反抗となって、後に現れる可能性はないでしょうか。あるいは、これらの子どもたちは計算高く従っているふりをし、監視の目がない時に学校や社会の規則を破るようにはならないでしょうか。あるいは、他者に支配され、自分の意志をもたなくならないでしょうか。このような雰囲気の中で、子どもたちの社会的、道徳的な能力の発達はどうなるのでしょうか。園や学校以外のところで能力を発達させるのでしょうか。自発的で積極的な思考は育つのでしょうか。

(2) コミュニティ型クラス

クラス2の社会・道徳的な雰囲気の特徴は、尊重です。保育者は子どもたちを尊重し、おやつに関する問題をどのように解決するかについて相談し、子どもたちの提案に従っています。子どもたちの考えは大切にされ、助言者である保育者はその考えを支持し、よいアイデアを考え出すことに誇りがもてるよう励まします。保育者は「私たち」という立場に立ち、しばしば自分を集団の一員として子どもたちと同一と見なします。保育者は子ども同士のやりとりを促します。そして、他者とのやりとりの中で公平（フェア）であることを目標とします。この集団には肯定的な態度があり、コミュニティとしての一体感が反映されています。

このクラスでの30分間のビデオ録画を分析すると、次のようなことがわかりました。助言者である保育者は、

- 子どもたちを脅かしたり罰したりすることは1回もありませんでした。
- テストをするような質問は4回のみで、子どもたちに何かを要求したのは23回だけでした。
- 子どもたちへの批判は1回だけでした。

その代わりに、この保育者の特徴は、子どもたちを納得させるようなやり方を151回使ったことです。例えば、提案をする、子どもたちのアイデアを広げる、規則がある理由に気づかせる、選択肢を与える、アイデアを思いつくように励ます、公平であることの重要性を強調するなどです。このような子どもたちを納得させるやり方は、子どもを尊重しています。なぜなら、保育者は子どもの視点を考慮に入れ、子どもの協同的な態度に訴えているからです。対照的に、クラス1の軍曹は、納得させるようなやり方を30分間の録画の中で11回、クラス3の監督は7回しか使いませんでした。

この場面描写に出てくる子どもたちが経験している算数は、数が限られたおやつの問題を解決するという目的がありました。子どもたちは、何人がおやつを食べるかを判断するために積極的に計算しました。答えはいつも正しいわけではありませんでしたが、誰も批判されませんでした。保育者は、おやつを食べる人数について、2つの違った方法を使って考えるよう促しました。また、全員が等しい分量をもらう公平な分配方法を考えるよう子どもたちに問題を投げかけました。ある子どもが、必ず同量のレーズンがもらえる論理的方法を提案しました。それは、1（自分に1つ）、1（相手に1つ）、2（自分にもう1つ）、2（相手にもう1つ）というように規則正しく数えていくことです。この子どもたちは、目的をもった活動の中で算数を経験しており、そこには社会的な目標（両者が満足するように交渉すること）と道徳的な目標（両者にとって公平であるようにレーズンの分配を平等にすること）が統合されています。

このクラス2の場面描写は、構成論に基づく子ども中心型プログラムで、子どもがどのような経験をしているかを特徴的に示しています。このほかにも子どもたちは経験を共有し、クラス全体で一緒に歌を歌い（そしてどのように歌うかを子どもたちが提案する、例えば「マクドナルドさんの牧場」の中で順番に動物の名前を言う）、動物園への遠足を計画し、遠足について思い出し、「3びきのくま」の劇遊びをし、共

通の関心事（水痘で休んでいる子どものために何をしてあげたらよいかや、ごっこ遊びのコーナーが散らかっている問題をどのように解決するかなど）について話し合っていました。

このどちらかと言えば騒がしいコミュニティ型クラスのカリキュラムは総合的であり、子どもたちがお互いにやりとりをし、子どもたちが選んで次のような活動をしています。例えば、

- 舟を作り、浮くかどうかを水の上で実験してみる。
- 家やレストランとして準備されたごっこ遊びのコーナーで、何かを象徴するものを作ったり、子ども同士で交渉したり、協同したりする。
- 夏休みに電話できるように、友だちの名前や電話番号を書く。
- 出来事の起こる順序について考えながら、先生にお話を伝え、書き取ってもらう。
- 動物園で見た動物を、カラー粘土を使って表現できるかどうか試してみる。
- （紙による製作などで）空間関係について考えながら、黒の細い厚紙を使う方法を考案する。
- ボードゲームで他者の視点を考慮しながら遊び、勝つ方略を発見する。
- 重さの関係を考えながら、バランスが取れるように積木を組み立てる。

室内の活動に加えて、子どもたちは毎日戸外で遊びます（作ったパラシュートで空気を集める遊びやたこあげなど、室内での活動の延長であることが多い）。

コミュニティ型クラスでは、子どもたちの身体的、情緒的欲求が満たされるように計画されています。身体的活動の機会が十分に与えられているのに加えて、子どもたちは毎日少なくとも1時間は昼寝をします。共同トイレは廊下の一番奥にあるにもかかわらず、トイレに行きたいという個々の子どもの欲求が満たされています。子どもたちは、トイレに行きたくなったら保育者に知らせるだけでよいのです。唯一のルールは1人ずつ行くということです。

クラスで子ども同士のいざこざが起こると、保育者は子どもたちが解決するのを援助するために多くの時間を費やします。対人間のいざこざは、子どもたちが他者の視点について考え、他者とどのように交渉するべきかを考える機会として真剣に扱われます。助言者は子どもたちに次のように言います。

　言葉で言ってごらんなさい。
　言わなかったら、相手もわからないですよ。
　どう言ったらいいかしら。
　自分で話せますか、それとも手伝ってあげましょうか。

保育者は時々子どもたちに使うべき言葉を教えます（例えば、「『Bちゃん、それをされるといやな気持ちになる』って言ってごらんなさい」。「『言葉で言って』って言ってごらんなさい」）。

Cがカラー粘土を独占しているのに対して子どもたちが不平を言った時、保育者はCに「みんなよりたくさん使ってフェアですか？　みんなよりたくさん使っていて、みんながいいと思うかしら？」とたずねました。（JとMが「フェアじゃない」と言う。）「みんなフェアじゃないって言っていますね。私もみんなよりたくさん使うのはフェアだとは思わないですよ。」

ビー玉ころがしで遊んでいた3人の男児が、ビー玉をいくつずつ使うべきかで口論をしていた時、保育者は忍耐強く子どもたちのアイデアを引き出し、それぞれのアイデアがいいと思うかを一人ひとりの子どもにたずね、誰がビー玉を配るかを決める長い交渉のプロセスを援助しました。

このように構成論を実践する保育者は、子どもたちの思考を促進するような活動のプログラムを計画し、子どもたちが探索し、実験し、必然的に間違いを経験し、そして新しい考え方を

発見していくような支援的な環境をつくり出します。

　子どもたちは投票して、集団による多くの決定をします。また、ルールは子どもたちと保育者が一緒につくります。何か問題が起こると、子どもたちはしばしば新しいルールを提案します。例えば、何人かの子どもがモルモットを乱暴に扱ってしまった時、モルモットと遊ぶ時のいくつかのルールをつくりました。クラスでの生活について子どもたちに質問をした時、コミュニティ型クラスの子どもたちはクラスのルールは自分たちのものであるという感情をはっきりと表明しました。「だれがこのクラスのルールをつくるのですか」とたずねると、子どもたちは自分たちだと答えたのです。

　保育者に依頼して保育室から離れてもらうと、コミュニティ型クラスの子どもたちはそのまま活動を続けました。子どもたちは粘土やバランスゲームやカードゲームをして遊んだり、絵や文字を書いたりしていました。子どもたちは自分自身の目的をもち、それを遂行しようとしていたので、反抗的になったりずるがしこくなったりすることはまったくありませんでした。これは、コミュニティ型クラスの子どもたちが、保育者によってではなく、自分たちで制御していることを示しています。

　構成論に基づくクラスの情緒的な雰囲気は友好的で協同的であり、コミュニティとしての意識を反映しています。子どもたちは、安心して自分の心を保育者やほかの子どもに話すことができます。保育者と子どもの会話の内容は、クラスのメンバーにまつわる多くの共有経験や交渉に関することが中心です。ユーモアも見られます。コミュニティ型クラスでは感情表現が豊かであり、子どもたちから自然に保育者に抱きついたり、それに対して保育者が抱き返したりキスを返したりします。時々激しいいざこざも起きますが、そのような場でも子どもたちはお互いに感情を表現します。子どもたちは積極的にお互いと関わり合い、経験を共有したり、交渉したりします。保育者は、子ども同士の相互作用や友情を促します。要約すれば、子どもたちは、構成論に基づくコミュニティの雰囲気のもとで、子ども本来の自己中心性と正直な感情と真の興味をもったありのままの自分でいられるのです。

　このような受容的で、刺激的で、尊重の念に満ちた社会・道徳的雰囲気は、子どもたちにどのような影響を与えるのでしょうか。1つに、子どもたちは周囲の世界に働きかける自分の行為の効果を感じる機会をもちます。子どもたちは、自分の意志と自発性をもって物や人に働きかけ、自分の行為の結果を観察します。子どもたちは他者の意志とぶつかるような状況の中で、自分の意志を調整し始めます。いざこざ場面で保育者に援助してもらうことによって、子どもたちの対人理解の発達は衝動的で自己中心的な行動から、他者の権利や感情を尊重した交渉へと進歩していくのです。

　コミュニティ型クラスの中で育つ子どもは、お互いを尊重し合うようになるでしょうか。いざこざの解決を経験していくうちに衝動を抑えるようになるでしょうか。彼らはより優れた社会的、道徳的能力をもつようになるでしょうか。後の学校教育に必要な学力の基礎をもつことができるでしょうか。

（3）工場型クラス

　3つ目のクラスの社会・道徳的雰囲気の特徴は、従順に課題をさせるための圧力にあります。その雰囲気は軍隊型クラスほど否定的ではなく、コミュニティ型クラスほど肯定的でもありません。子どもたちは軍隊型クラスの子どもたちに比べて、より素直で、進んで従順であろうとしているように思えます。ビデオの場面では、子どもたちは静かに保育者の話を聞き、保育者やクラスメートが引き算の答えを黒板に書くところを見ています。保育者は落ち着いて子どもに話しています。

　しかし、感情は豊かでないように思えます。

このクラスでの30分間のビデオ録画を分析してみると、保育者はテストをするような質問を91回し、要求を51回したことがわかりました。このクラスの子どもたちは1つ目のクラスの子どもたちと同様、どんな時も保育者の厳しいコントロールの下にあり、自律的に自己統制する機会はほとんど与えられていません。軍隊型クラスと同じように、正しい答えを出すと子どもたちはほめられます。しかし、工場の監督ともいうべきこの保育者は、子どもに対する批判は12回しかしておらず、このクラスの全体的な雰囲気は1つ目のクラスよりもかなり肯定的であると言えます。

この保育者は、軍曹と同様に、正しい答えを出すことの重要性を強く感じており、すべての間違いを訂正します。算数の授業の中でカメを使っていることから、この保育者が子どもたちに興味をもたせようとしているのは明らかです。しかし、子どもたちは4匹のカメが見える（円の外に1匹のカメが描かれたとき、「引かれた」はずのカメの輪郭は破線で残っている）ことによってかえって混乱しているのです。その後、保育者は子どもたちをテーブルの前に座らせ、ワークシートの問題を段階ごとに説明していきました。まず、3枚のカメの切り抜きを前に置き、そのうち2匹のカメを取り去り、ノートに3－2＝1と書き、「池」の中にカメを1匹だけ貼り付けるよう指示したのです。ここでもまた、子どもたちは池からカメを取り去ったにもかかわらず、まだ手元にあることで混乱しているように見えました。最後の問題は4－2＝2でした。子どもたちに何をするべきか伝え、答えを教えた後、保育者は自分の机に退き、子どもが見せにきた答えをチェックしました。そして、答えが正しかった子どものページには、コインの形をしたスタンプを押しました。

この工場型クラスで経験する算数は、子どもたちにとって確信のもてないものになっています。子どもたちは、理解できないおかしな説明や数式に直面して、自信がもてず、するべきことをステップごとに保育者に教えてもらおうとします。多くの子どもは、各ステップを総合して理解するのでなく、それぞれを孤立したものとして経験しているように見えます。

2日間のビデオ録画の中で、1度だけ監督が平静を失うことがありました。子どもたちが保育者の机の横で1列に並んでいた時、ぎゅうぎゅう詰めになり、1人の子どもが「押さないで！」と言いました。保育者は問題を受け止めず、衝動的に不平を言った子どもを列から引き出し、「騒ぐのをやめるまで座っていなさい」と言いました。この保育者が子どもたちを脅かしたり罰したりしたのは、2日間のビデオ録画の中でこの出来事以外にはありませんでした。しかし子どもたちは面接の中で、この保育者が罰として机の上で顔を伏せさせたり、トイレの中に閉じ込めたり、クラス全員の前で尻を叩くと言って脅かすことがあると答えました。

このような工場型クラスの場面描写は、折衷型クラスの教授を特徴的に示しています。このクラスを「折衷型」と呼ぶのは、この保育者自身がそのような言い方をしたためで、直接教授型と構成論型の両方の特徴をいくつか併せもっているからです。工場型クラスの子どもたちは、与えられた課題をやり終えると、ままごとコーナーでごっこ遊びをしたり、イーゼルで絵を描いたり、小さな滑り台で遊んだり、飼っているネズミやサカナに餌をやったり、植物に水をやったり、製作活動をしたり（保育者の見本に従うというものですが）、ドミノをして遊んだりします。朝のプログラムが始まる前には、レゴやほかの遊具を使って構成遊びをすることができます。体育、図書室、音楽、昼食、外遊びの時間にはほかの保育者が監督します。保育者が子どもたちに読んでいた本は、恐竜に関するものが中心でした。

この工場型クラスでは作業をすることが重視されます。子どもたちは、ワークシートに加えて、保育者の見本どおりに黒い紙の上に白い紙の「骨」を貼り付け、恐竜の骨格を表すものを

作っていました。また、子どもたちは保育者の見本に従って恐竜の足跡を作り、青い水、緑色の植物、紫色の山（保育者は『紫色は遠くにあることがよくわかる色だからよく使われる』と説明していた）、黄色の太陽がある風景を描いていました。この絵の中に恐竜を描くために、恐竜の形をしたスタンプを使い、そこに「ブロントサウルス」という文字を書きました。保育者はどのようにヴィクーナ（ラクダに似た動物だと説明しながら）を描くべきかを見せ、明るい茶色で塗り、頭文字のVを小文字と大文字で書きました。休憩時間には、子どもたちが1人ずつ呼ばれ、10まで数えることができるか、今日は何曜日で今月は何月かが言えるか、自分の誕生日と電話番号、住所が言えるか、学校の名前が言えるか、自分の名前が書けるか、丸、正方形、三角、長方形を見分けることができるか、20までの数字を順番に並べて保育者が指し示した数字を読むことができるか、自分の住んでいる市、州、国の名前が言えるかなどがテストされていました。これらのいくつかのテストに合格すると、掲示板にある自分の写真の横に、赤や青や金のメダルを貼ってもらうことができます。

子どもたちとドミノをして遊んでいた時、保育者はゲームを主導し、遊び方を間違えないよう指示を与えていました。しかし、プレーヤーの1人として子どもたちのゲームに参加していたと言えます。

たまに保育者はごっこ遊びのコーナーに行きましたが、子どものあら捜しをするような話し方をしていました。例えば、子どもが飲み物をあげようとした時、保育者は次のように答えました。「これでもいいですけれど、コーヒーの方がいいですね。ここにはコーヒーがないのですか？　それを捨ててコーヒーをくれませんか。あら、熱いですね。こんなに熱くしてしまったのは誰ですか？　少しずつ飲まなくちゃ。おいしいですけどね。それにしてもこの家は散らかっていますね。この家を掃除しているのは誰ですか？　お掃除してきれいになったらまた来ることにします。」

この保育者は子どもとの間に人間味のない、時には相手を批判するような関係をつくっていますが、ペットのネズミやサカナに餌をやったり、生きたカタツムリや死んだトンボを観察したりしながら、子どもの興味に訴えることもあります。ある子どもが「パパが香水を買ってくれたの」と話しかけ、ほかの子どもが「鳥の巣がどこにあるか知っているよ」と言ってきた時、友だちのように子どもと会話していました。

このクラスはとても厳しく統制されているので、いざこざは起こりません。子どもの間でいざこざが起こると、保育者は概して謝ることを強制したり、説教をしたり、身体的危険がある場合はもっと注意するよう強く言い聞かせます。そして、子どもたちの感情を真剣に取り上げずに、その場を「取り繕う」傾向があります。例えば、Sが「Gちゃんがぼくのことを格好悪いバカって言った」と不平を言っても、保育者はそれを無視していました。また、被害を受けた子どもを非難していることも多くありました。例えば、Lが「Pちゃんが頭を叩いた」と不平を言った時、「Pちゃんはなぜ叩いたのかしら。Pちゃんにちょっかいを出していたのですか？　Pちゃんに近づかないでください。いいですか？　ここの用事が終わったら、あなた方がきちんと解決しているかどうか見に行きます」と返答しました。別の例では、Lが「あの子がぼくの手を踏んだ」と不平を言ってきました。それに対して保育者は、「何と言ったらいいのですか？　『やめてください』と言うことができますね。Lちゃん、次からは両手はひざの上にのせましょう。立ち上がるために両手を床に置く時は気をつけなさいよ」と返答しました。

BがAに何度も噛み付き、AもBに1度噛み付くという最も激しいいざこざが起こった時、この保育者は感情を表さずに対応しました。「Bちゃん、お腹がすいていたのですか？」と

冗談を言い、次のように言い聞かせました。「赤ちゃんは時々噛んだりするけれど、私たちは大きいし、何か嫌なことがあったら言葉で言うことができます。Bちゃん、また噛んだりしますか？　もう噛まなかったら本当に嬉しいのだけれど。もう噛んだりしませんか？　これからは、あなたとAちゃんが仲よしになってもらいたいの。Aちゃんに『もう噛みません』と言ってごらんなさい。（子どもは答えない。）言いたくないですか？　話す気になったら、2人で話し合わなくてはいけませんよ。」その後、保育者がそれについてフォローすることはなく、単にその日の終わりにBの母親にその出来事について伝えただけでした。

保育者に依頼して工場型クラスを離れてもらうと、作業の速度は遅くなりましたが、完全にやめることはなく、子どもたちは与えられた算数のプリントを続けました。しかし、多くの子どもが笑ったり、大声で話したりしていました。グループ全体が「あーあっ」とあえぎ声を出したり、1人の子どもがビデオ撮影をしている人に「あの子が悪い言葉を言った」と言いつけに来たりしました。多くの子どもが、些細なルール違反をしたクラスメートに対して、言いつける（「先生に言ってやる」）と言って脅かしていました。与えられた課題の1枚目を仕上げて保育者の机に置くと、何人かの子どもたちは、走ったり、踊ったり、からかい合ったりしていました。

全体的に見て工場型クラスはリラックスしていますが、多くのことを要求されるという雰囲気があります。子どもたちは授業時間にはまったく静かにし、活動の時間にはできるだけ静かにすることが望まれます。子どもたちは、活動の時間に自己制御をする機会をいくらか与えられていますが、クラスの中で権力をもっているのは明らかに保育者です。

保育者が絶えずコントロールしているため、子ども同士の相互作用の多くは息苦しいものになっています。ごっこ遊びをする時以外は、自分の感情や興味を自由に表現できず、ありのままの自分でいる機会がほとんど与えられていません。クラスを支配しているは、保育者の興味とパーソナリティなのです。

この保育者が子どもたちに与える影響とはどのようなものでしょうか。1つに、多くの子どもは、保育者が何を望んでいるかがよくわかっていないようです。これは、保育者がその都度与える指示に強く依存してしまうことにつながります。また、ほとんどの子どもが自信に欠けているように見えます。このクラスの雰囲気は軍隊型クラスほど否定的ではないにしても、子どもたちが保育者のコントロールによって厳しく制御されているという点では、工場型も軍隊型クラスもほとんど同じであると言えます。

授業と自由な活動を折衷的に組み合わすことは、どちらの活動を行う上でも最良の方法だと言えるでしょうか。このクラスの子どもたちは人格や社会的コンピテンスが育ち、学力も身につけていくでしょうか。保育者の静かだけれども断固としたやり方は、子どもたちが自律的に自己制御していくことを可能にするでしょうか。

3. 社会・道徳的雰囲気を構成する要素

前に述べたように、社会・道徳的雰囲気とは、子どもの園や学校での経験を成り立たせる人間関係のつながり全体を指します。このつながりは主として2つの要素からできています。1つは、保育者と子どもとの関係で、もう1つは子ども同士の仲間関係です。保育者や子どもがほかの関係（家族、保育者と園長の関係など）をクラスの社会・道徳的雰囲気の中に持ち込むことがあるかもしれませんが、これらの2つの要素が中心です。

(1) 保育者と子どもの関係

クラスの社会・道徳的雰囲気は、保育者が保育室を子どもの個人活動のために設定するか集

団活動のために設定するかによって、また保育者が子どもたちに権威的に関わるか協同的に関わるかによって変わってきます。3つのクラスの社会・道徳的雰囲気の違いは、保育者がどのように権威を行使しているかによって見分けることができます。軍曹が子どもに対して最も権威を行使しており、監督はその次だと言えます。助言者は権威を行使するのが最も少なく、話し合い、いざこざの仲裁、集団での意思決定に大きな影響力をもち、譲り合いながら相互的なやりとりをするよう促しています。社会・道徳的雰囲気の違いは、子どもの活動や肯定的な感情によっても見分けることができます。この側面から見ると、3クラスの順位が逆転します。子どもの活動や肯定的な感情が最も多く見られるのはコミュニティ型クラスで、その次に工場型クラス、軍隊型クラスが距離をおいて最後にきます。

(2) 子ども同士の仲間関係

軍隊型クラスのように、保育者が子ども同士の相互作用を禁じてしまうと、子どもたちの隠れたやりとりを除いて、社会・道徳的雰囲気のほとんどすべてを保育者と子どもとの関係が占めてしまいます。軍隊型クラスの子どもたちは、保育者との対立的な関係の中で抑圧される経験をしていると言えるでしょう。しかし一方で、子どもたち同士が関わる機会がある時は、工場型やコミュニティ型クラスと同じように、それが社会・道徳的雰囲気をつくり出す一因となります。子どもたちの相互作用は調和的であるかもしれません。そこには、ふざけ合ったり、仲よく遊んだり、秘密を共有したり、自分のことを打ち明けたりするなど、いろんなやりとりがあるでしょう。また、子どもたちの相互作用は緊張したものであるかもしれません。そこには、言語的、身体的に攻撃したり、一方的に支配しようとしたり、お互いが満足するような交渉をしたりするなど、いろんなやりとりがあるでしょう。

仲間関係そのものだけが、子どもたちの発達を促すような社会・道徳的雰囲気をつくり出すわけではありません。保育者はさまざまな方法を使い、子ども同士の相互作用の性質に影響を及ぼすことができるのです。例えば、子ども同士のやりとりが必要であるような、また子どもがそれを望むような活動を準備したり、子どもたちの協同や交渉を積極的に支援したりすることができます。本書では全章を通して、構成論を実践する保育者が子ども同士の相互作用を励ますことによって、いかに子どもの社会・道徳的発達を促すかについて述べていきます。

4. 社会・道徳的雰囲気と子どもの社会・道徳的発達に関する研究

私たちは以上に述べたような問題を、3つのクラスの保育者と子どもたちの研究の中で明らかにしようと試みました。そして、保育者と子どもの相互作用を通してつくり出される社会・道徳的雰囲気をより深く理解するために、2日間にわたるビデオ録画を文字に起こして、厳密に分析しました。今まであげてきた保育の場面描写は、3人の保育者による2万以上の行動を慎重にコード化して分析した結果を要約したものです。

これらの3つの社会・道徳的雰囲気が子どもの発達にどのような影響を与えるかを探るため、それぞれのクラスの子どもたちにペアになってもらい、2つの場面で観察しました。1つは、保育者が作った「ハロウィーン・ラン」というボードゲームで遊ぶ場面です。そのゲームは、それぞれの子どもがサイコロを振り、スタートからゴールまでの道のりに沿ってコマを進めていくものです。観察の数日前に研究助手が子どもたちにこのゲームを教え、子どもたちが明らかにルールを理解しているとわかるまで一緒に遊びました。その子どもたちに再びそのゲームで遊んでもらい、研究助手が「今度は自分たちで遊んでください。私はここで仕事をして

いますから。お部屋に帰りたい時には教えてくださいね」と伝えました。もう1つは、2人1組の子どもに5枚のシールを渡し、それを分けてもらうという場面です。子どもたちの好みを調べ、5枚のシールの中にどちらの子どもも好きなシールを1枚だけ入れ、あとの4枚はどちらの子どもも気に入っていないものにしました。これらのねらいは、子どもたちが大人の統制や影響なしに、どれぐらいうまく関わり合いながら交渉できるかを見ることです。

これら2つの場面における子どもたちの行動をビデオ録画し、文字に起こした記録を詳しく分析すると、各クラスの子どもたちの相互作用に有意な差があることがわかりました。どのクラスの子どもも、自分の要求を表現し、相手をコントロールしようとしました。しかし、コミュニティ型クラスの子どもたちは、より積極的に相手と関わろうとしました。そして、彼らはより友好的で、経験をお互いに共有し、より多く交渉しただけでなく、よりうまく交渉していました。コミュニティ型クラスの子どもたちは、軍隊型や工場型クラスの子どもたちに比べて、多様な方略を使い、より多くのいざこざを解決しました。軍隊型クラスの子どもたちは、相手を身体的、情緒的に圧倒することによっていざこざを解決しようとし、全体的に単純な方法でしか社会的な関わりがもてませんでした。また、コミュニティ型クラスの子どもがとても多く使った方略は、相手の視点を考慮に入れ、お互いが満足できるようなやりとりをしようと努力するものでした。さらに、仲のよいやりとりを見ても、コミュニティ型クラスの子どもたちは、軍隊型や工場型クラスの子ども（より衝動的なふざけ行為をしていた）に比べて、より互恵的でした（例えば、秘密を共有したり、以前の共有経験について思い出したりしていた）。

この研究の結果は、保育者中心で学業に重きを置いているプログラムが、子どもたちの対人理解や社会・道徳的なコンピテンスの発達を妨げる可能性について、真剣に考えなければならないことを示唆しています。また、いくら伝統的な子ども中心の活動を与えても、全体的な雰囲気が保育者中心であれば、学業に重きを置くことによって失われる社会・道徳的な能力を取り戻すことはできないことも示唆しています。

それでは学業成績はどうでしょうか。標準学力検査は構成論に基づくコミュニティ型クラスが目指す認知面での達成度を評価するにはふさわしくありませんが、あえて3クラスの検査の成績を入手し比較してみました。軍隊型クラスの子どもは、1年生の時点で他の2クラスの子どもよりかなり高い成績をあげていましたが、3年生になるまでにそのような差はまったくなくなっていました。そして、3年生で行われたあるテストでは、工場型クラスの子どもたちの成績は、軍隊型やコミュニティ型クラスの子どもに比べてかなり低いものでした。

つまり、軍隊型クラスの子どもたちは、早期の学業成績を上げるために多くの犠牲を払っているように思われます。しかしその高い成績が3年生までに失われてしまうことから、そのような犠牲を払うことを特に疑問視しなければなりません（この研究の詳細についてはDeVries, Haney, & Zan, 1991; DeVries, Reese-Learned, & Morgan, 1991aを参照）。

私たちは、直接教授型のクラスのすべてが軍隊型クラスのように権威主義的で否定的なものだとは言いません。しかし、子どもたちへの一方的な情報の伝達に重きを置く時、保育者は人間関係に関する「教訓」も一方的に子どもたちに伝えていると言えます。子どもたちは、このような保育者とのやりとりの中で、対人間の習慣や人格や個性を構成しているのです。

軍隊型クラスは、子どもたちが受ける権威主義的な社会・道徳的経験の極端なケースですが、工場型クラスで子どもたちが経験していることも、大部分は権威主義的です。残念ながら、大人と同様に尊重される権利をもつ存在として子どもをとらえる大人は多くありません。子どもは大人を尊重するべきであり、大人は子ど

を社会化し、教育するために権力を行使するべきだととらえているのです。つまり、子どもを尊重しない態度は私たちの教育システム（公立でも私立でも）の中に浸透しており、子どもに対する権威的な社会の傾向を映し出しているのです。権威的な教授の中には、権力をもつものに従いなさいという「教訓」が隠されているのです。ピアジェ（1932/1965）は、大人による統制が強すぎる場合に起こる望ましくない結果を3つあげています。それは、反抗すること、考えもなしに従うこと、計算高くなることです（3つ目は、子どもが監視されている時だけ大人の言うことを聞く場合に顕著です）。私たちは、このような特徴を子どもに育てたいのでしょうか。権威主義的な観点から言うと、答えはイエスです。子どもたちを権威者に従わせなければならないのです。民主的で公正な観点から言うと、答えはノーです。子どもたちは自律的に考える機会を与えられるべきなのです。権威主義的なやり方をしながら、子どもたちを民主的に教育することをどうして期待することができるでしょうか。

5. 潜在的カリキュラムとしての社会・道徳的雰囲気

　ある人たちは、学校は社会的、道徳的教育に関与せず、学問を教え、知的発達を促すことに集中するべきだと考えます。この考え方には問題があります。なぜなら、学校というところは、意図するしないにかかわらず、子どもたちの社会的、道徳的発達に影響を与えるからです。保育者や教師は、子どもたちに対してルールや行為に関する道徳的な教化をし、子どもたちの行為に賞罰を与えながら、絶えず社会的、道徳的な教訓を伝えています。ですから、学校や保育施設は、価値判断を避けたり中立的な価値判断ができる場ではないのです。保育者や教師は、よかれ悪しかれ社会的、道徳的教育に関わっているのです。

　多くの場合、社会・道徳的雰囲気は潜在的なカリキュラムと言えます。自分がどのような社会・道徳的雰囲気を与えているかを保育者や教師が意識していない時、それは潜在的なものです。クラスの中の社会的な抑圧を強く感じている子どもたちにとっては、それほど潜在的ではないでしょう。保育者や教師が、子どもたちにすべきこと・すべきでないことを伝える時、それがよいこと・悪いことになり、正しいこと・間違ったことになるのです。

　残念ながら、多くの園や学校における社会・道徳的雰囲気は主として強制的であり、従順であることを子どもたちに要求しています。そして、子どもたちの自発的、自律的、内省的な思考を失わせているのです。善意ある保育者でさえ、クラスの中で権威をもち、行動に関するルールを与え、賞罰を使ってしつけることが保育者の責任だと感じています。ほとんどの保育者は、軍隊型クラスの軍曹のように否定的ではなく、子ども中心の活動や愛情の中で権威的な態度をとろうとします。それでも、子どもたちは誰が権力をもっているかを知っています。そして、強制されるとはどういうことなのかを感じ取っているのです。

　ある人たちは、子どもたちはいずれ広い社会の中で権力に従って生活しなければならないので、大人が権力を行使することは必要であると考えます。しかし、この考えは、公正な制度の下での自由という基本的な考えと矛盾するので、民主主義にとっては危険なものです。権力に従わせることと、自由な社会の中で生きていけるように社会化することとは違います。権力に従わせることは、刑務所のような雰囲気の中で生きていくように社会化することだと言えます。多くの刑務所と学校に共通する特徴を考えてみてください。そこでは自由が抑圧されています。権利を要求することができません。受刑者も子どもたちも、意思決定する権限が奪われています。権力に従うことと引き換えにごほうびが与えられます。罰の与えられ方は相手の意

向に関係なく権威主義的に決められ、時にはどうでもいいようなルールに少し違反しただけで罰が与えられる場合もあります。子どもたちを学校という刑務所の中に閉じ込めるようなことは、やめようではありませんか。

6. 構成論に基づく社会・道徳的雰囲気とは

　構成論に基づくコミュニティ型クラスの社会・道徳的雰囲気が、子どもたちのより進んだ社会・道徳的発達と関連していることを明らかにしてきましたが、第2章以降はその雰囲気についてより詳しく述べていきます。そして、構成論を実践する保育者が、いかに子どもたちを感情や考えや意見に対する権利をもつ存在として尊重しているかについて述べていきます。また、そのような保育者がいかに注意深く権威を行使しているかについても述べていきます。さらに、保育者が不必要な権威を行使せず、いかに子どもたちに、自分と他者を尊重し、積極的で探求的かつ創造的な心をもつ自信に満ちた人格を構成していく機会を与えるかについても述べていきます。

　第2章以降、社会・道徳的雰囲気というものが、1日のうちのいかなる時も、すべての活動、そしてクラス内でのすべてのやりとりに浸透していることを示していきます。それでは、構成論に基づく保育を実践する上で、なぜお互いを尊重する社会・道徳的雰囲気が不可欠なのかについて、理論的な話から始めることにしましょう。

第2章

「道徳的な子ども」とは

　私たちが「道徳的な子ども」という時、日常生活にあるいろいろな問題について取り組んでいる子どものことを言います。子どもの生活における道徳的な問題は、その内容が大人のそれと異なっていても、基本的な問題は同じです。例えば、子どもは人々（まずは自分たち自身）がどのように扱われるかについて、「黄金律」を理解するずっと以前から気にしています。子どもは、攻撃的なこと、公平にものを使うこと（例えば着せ替え用の衣装）、平等に参加すること（例えば片づけ）についても気にしています。これらは権利や責任の問題であり、大人が犯罪や暴力、平等な雇用機会、すべての人間が環境を守る必要性などに関心をもっているのと同じことです。私たちは結果についてではなく、子どもたちが、何がよく、何が悪く、何が正しく、何が正しくないかという問題に取り組むプロセスについて話しているのです。子どもたちは自分の意見を形成し、そして他者の意見に耳を傾けます。彼らは日常の生活体験から自分たちの道徳を構成していくのです。

　本章では、道徳的な子どもとはどのようなものかについて述べます。まず道徳的な子どもとは言えない場合について述べます。そして子どもが道徳的なルールについてどのように考えているか、他者についてどのように考えているかについて述べ、構成論に基づくクラスで道徳的および社会的な問題に取り組んでいる子どもたちの事例を紹介します。

1.「道徳的」と言えない子ども

　まず、私たちが考える「道徳的な子ども」とは、単なる権威への服従によって道徳的なルールを守る子どもを意味するのではありません。このことは第3章でより詳しく述べます。ここでは、子どもは構成した信念からではなく、処罰を恐れたり、ごほうびが欲しいという動機によって服従することが多いことだけを指摘しておきましょう。処罰を恐れることが道徳的な行動を起こす動因でないことは、アメリカの大規模な刑務所制度が証明しています。

　愛情や愛着から生じる服従は、質の異なる服従と言えます。それは、強制からでなく、大人が子どもに協同するよう求めることから生まれます。このような服従は、幼児期の子どもの中に進んで従おうとする態度を育てるので、後の道徳的発達の基礎となります。しかし、子どもがルールや要求の理由を理解し始める時期になってもこのタイプの服従が続けられると、長期的に望ましくない結果をもたらす可能性もあります。つまり、ただ大人を喜ばせるために従順であり続ける子どもは、道徳的ルールに従うための自分自身の理由づけを構成することがないです。

　同様に、他者が何を道徳的と考えるかを知っているだけでは、道徳的な子どもとは言えません。道徳の原則は、「Eの前はI、ただし例外はCの次」（訳注：英語の綴りの規則を覚え歌

にしたもの）のような恣意的なルールではありません。道徳的なルールは、「自分がしてもらいたいように、人にもしなさい」という「黄金律」に要約される普遍的な理想に基づいています。この理想はより具体的な原則（例えば、他者を傷つけない、他者の権利を尊重する、自分の行動に責任をもつ）の基礎をなすもので、直接的に教えることはできないものです。道徳的な子どもとは、ルールの精神、つまり自分が他者にしてもらいたいように他者を扱う道徳的必要性を理解できるようになる子どもです。

2つ目に、「道徳的な子ども」とは、単に共有したり、助けたり、慰めたりといった特定の向社会的行動をとる子どもを意味するのではありません。いくつかの向社会的行動を並べ、それを道徳として定義することが問題なのは、そのような行動をとる子どもの動機を考慮していないからです。単に決まった行動をとるように教えるのでは、道徳的に行動する必要性を感じる心の育ちを無視してしまいます。もしある子どもが、保育者にほめてもらいたいという理由で他の子どもを助けたとしたら、これは道徳的だと言えるでしょうか？　答えはノーです。

しかし、私たちは、子どもが道徳的感情をもたずに向社会的行動をとることがよくあることを知っています。子どもは、道徳的意図をもたずに道徳的行動の型だけを模倣することがあります。このような模倣は、子どもが他の人の視点に立つことができる以前に起こり、脱中心化や道徳的感情の土台となるでしょう。もちろん、私たちはそのような行動をやめさせるべきだと言っているのではありません。むしろその逆です。例えば、泣いているクラスメートの頭を撫でている保育者を模倣した子どもは、おそらくそのクラスメートが泣き止むのを発見するでしょう。構成論を実践する保育者は、そのような行動をほめません。むしろ、その行動によってほかの子どもの気分がよくなったことを指摘するでしょう。このような経験を通して、子どもはいくらか脱中心化し、他の子どもの感情を認識することができるようになります。それこそが、構成論に基づく保育の目標なのです。道徳的な意図なく向社会的な行動をとることは道徳的ではありません。それはただ自分に都合がいいか、あるいは従順であるためにそうするのです。私たちは行動の発達だけでなく、子どもの道徳的感情や意図の発達に関心があるのです。私たちは、単に子どもたちに向社会的行動をとらせるのでなく、それを越えた目標をもっているのです。

3つ目に、「道徳的な子ども」は、例えば「お願いします」、「ありがとうございます」、「すみません」という礼儀正しい習慣を身につけている子どもを意味するのではありません。親や保育者は、子どもがそれらを恣意的な習慣と見なしていることを理解せずに、これらの言葉を使うように押しつけることが度々あります。機械的に「お願いします」、「ありがとう」、「すみません」と言えるようになることは、社会でうまくやっていく上で役立つでしょう。しかし、たとえこのような言語行動が、真に感謝する、後悔するという感情によって動機づけられているとしても、それが倫理的に他者を扱おうとする道徳的な感情を示しているかどうかは別です。ですから、構成論を実践する保育者は、子どもを無理に礼儀正しくするように強制はしません。その代わりに、保育者は真摯な礼儀正しさをもつモデルとなり、他者から礼儀正しくされるという経験を子どもたちにさせるのです。

4つ目に、私たちが「道徳的な子ども」と言う時、それは「正直さ」や「誠実さ」、「寛大さ」といったいくつかの特性をもつ子どもについて言及しているのではありません。コールバーグとメイヤー（デブリーズ＆コールバーグ著『ピアジェ理論と幼児教育の実践』第1章を参照）は、これを道徳に対する「徳目表」（bag of virtues）アプローチと呼んでいます。彼らはこのアプローチの多数の問題点を指摘しています。1つは、どの徳目を選ぶかという問題です。誰がそれを決めるのでしょうか。もう1つの問

題は、定義についてです。とても変化しやすい社会の基準との関連を抜きにして、正直さや誠実さ、寛大さといった徳目をどのように定義するのでしょうか。コールバーグが指摘しているように、ある人の誠実さは別の人の頑固さかもしれないのです。

最後に、私たちが「道徳的な子ども」と言う時、それは宗教について論じているのではありません。宗教が道徳と関連しているとはいえ、道徳は特定の宗教を超越するものです。宗教的でなくても道徳的であることは可能ですし、それと同様に（意義を唱える人もいるでしょうが）道徳的でなくても宗教的であることも可能です。宗教は文化や民族、人種、家族によって異なるかもしれませんが、道徳的な原則はすべての宗教を通じて同じだと言えます。

要約すれば、私たちが「道徳的な子ども」について述べる時、それは単に一連の道徳的な特性や行動を示す子どもを意味するのではないのです。また、ただ従順だったり、礼儀正しかったり、宗教的である子どもを意味するのでもないのです。

2. 道徳的ルールについての子どもの思考

道徳的および社会的な問題や関係性についての幼児の考え方が、年長の子どもや大人のそれとは質的に違っていることが膨大な数の研究によって明らかにされています。子どもの道徳性に関する研究は、ピアジェの初期の研究『児童道徳判断の発達』（Piaget, 1932／1965）によって盛んになりました。さらにローレンス・コールバーグ（Kohlberg, 1984, 1987; Colby & Kohlberg, 1987）は、道徳的判断の段階を定義し、ロバート・セルマン（Selman, 1980; Selman & Schultz, 1990）は、ピアジェの視点取得についての理論を対人理解のレベルに発展させました。ここでは、これらの研究に見られる子どもの道徳性の特性について簡単に述べます。

幼児は道徳的実在論者（moral realist）と呼ばれますが、それは正しい・間違っている・よい・悪いについての彼らの判断が、彼らにとって観察可能な「実在する（real）」ものに基づいているからです。まず、幼児は、道徳的なルール（他のルールも同様）を大人からの恣意的な押しつけと見なします。道徳的なルールの意味が理解できないと、子どもはそれを恣意的なものと見なします。これは、幼児が出来事の観察可能な表面しかとらえることができないという知的な制約のためです。例えば、意図や感情を直接目で見ることはできません。他者の意志や感情についての思考は、知的思考が進歩することによって、子どもが脱中心化し、他者の視点に立つことができるようになって初めて生じるのです。ですから、人を叩いたり、つかんだりしないように大人から言われると、道徳的実在論者はこの命令を恣意的な大人のルールとして経験します。人を叩いたり、つかんだりするのをやめるのは、権威に服従するからです。このように考えなしに服従する態度は、自律と対比して他律と呼ばれます。第3章でさらに論じますが、他律とは他者によって道徳と知性が制御されることです。自律は道徳と知性の自己による制御です。

道徳的実在論の2つ目の特徴は、ルールの精神を理解せずに字句どおりにルールに従うことです。幼児は観察できる表面しか考えることができないので、ルールの精神について知ることができません。子どもは字句どおりにルールに従おうとするだけです。例えば道徳的実在論者にとって人を叩いてはいけないというルールに従うことは、誰かを押したり、噛んだりすることもいけないことにはならないのです。

道徳的実在論者の3つ目の特徴は、動機といった内的なものよりも、むしろ目に見える物質的な結果から行為を判断することです。例えば、友だちが偶然つまずいて、作っていた積み木の建物が壊れてしまった時でも、その子どもはわざと壊されたかのように怒ります。物質的な結果に関心が向くと、「目には目を、歯には歯を」

式の処罰につながってしまいます。（犯罪者を苦しめるための）懲罰は、悪い行いに対する報いと見なされ、その行いが悪ければ悪いほど、より厳しく処罰されるべきだと考えてしまうのです。

3. 他者についての子どもの思考

道徳的で社会的なルールの内容は、他者に対する義務と関係しています。幼児は、他者の視点に立ち、他者の感情や意図について考える能力に限界があるので、義務を果たさなければならない理由を理解することが難しいのです。特に自分の利益が問題となる時は、子どもにとって他者の見方について考えることが困難になります。

セルマン（1980）は、自己中心的な視点取得についてのピアジェの研究を対人理解の領域で発展させました。セルマンは、自己中心性から相互性へ、さらには共同性への発展について詳しく述べていますが、それは言い換えれば、他者の視点に立ち、自分自身の視点と他者の視点とを調和させる能力の発達のことなのです。セルマンの視点取得と対人理解の研究は、構成論に基づく教育において実践的な価値があるので、それについて詳しく述べることにします。

(1) 行動に現れた対人理解

セルマンと彼の共同研究者は、対人行動に現れた対人理解を評定するためのモデルをつくり出しました。このモデルは、視点取得のレベルの定義に基づいています。このモデルは、まさに他者と相互に関わっている時に現れる子どもたちの対人理解の発達レベルを評定するのに好都合です。この方法は、高度な言語スキルに欠けている子どもや、面接法で質問されてもうまく対応できない幼児の評定をする際に特に役立ちます。また、面接法による場合とはいくぶん異なった対人理解の側面を評定することができます。つまり、セルマンの視点取得のレベルは、子どもが他者についてどのように考えるかを表しており、それは主として認知的なものです。行動に現れた対人理解（enacted interpersonal understanding）のレベルは、社会的相互作用の中で子どもが実際に行っていることを表すのです。そこには認知的、情緒的、そして状況的な要素が入り混じっています。

セルマンは対人理解の発達レベルを、2種類のタイプの経験でとらえました。1つ目は交渉（negotiation）で、そこでの発達目標は他者と区別する自分のアイデンティティをもつようになることです。そして2つ目は共有経験（shared experience）で、そこでは他者とのつながりあるいは相互性をもつことが発達の目標です。これら2つのタイプの経験は、社会的な関係の発達を構築する際の相補的な課題です。

行動に現れた対人理解を評定する時、対人理解の3つの構成要素を考慮します。まず、相互作用の際に、個人が他者の視点に対して自分の視点を認知的にどのように解釈しているかを推測することです。つまり、その行動に他者の観点が考慮されているか、ということです。2つ目は、相互作用における感情的な不均衡を個人がどう理解し、それに対してどう反応しているかを推測することです。感情は制御されていないのか、あるいはよい相互作用をもたらすために制御されているのか、ということです。そして3つ目は、相互作用における個人の主要な目的を推測することです。それは他者を支配しようとしているのか、それとも他者と協同しようとしているのか、ということです。この3つの構成要素によって、私たちは相互作用の際の行動に現れる対人理解のレベルを評定することができます。

1）社会的視点の協応

セルマン（1980）は子どもとのインタビューのデータを使って、視点取得の5つのレベル（0-4）を概念化し、それを2つのタイプの対人理解—交渉と共有経験—を理解する枠組みと

しました（図2.1の中央列を参照）。細かな専門的な説明は抜きにしてこれらのレベルについて述べると、まずレベル0（およそ3〜6歳児）では、幼児は他者の内的・主観的な経験（感情、意図、考え）と自分自身の経験とが異なるかもしれないことを認識していません。子どもは単に他者が視点をもつことを理解していないのです。他者をある種の物と見ています。レベル1（およそ5〜9歳児）では、子どもは脱中心化し、それぞれの人間が固有の主体的な経験をもつことを知りますが、1度に2つ以上の視点をとらえることができません。レベル2（およそ7〜12歳児）では、自己と他者の感情や考えを相互的に理解してより脱中心化します。レベル3（一般的には青年期の初期）では、さらに脱中心化し、これら相互的な視点を同時に共通の視点へ調和させるようになります（レベル4については、一般に青年期の後期あるいは成年期になってから生じるものであり、幼児とは関係がないのでここでは論じません）。

セルマンはこれらを段階ではなくレベルと呼んでいますが、それは次のレベルに達した後で、元のレベルに戻ることがあるからです。つまり、レベル2の視点の協応が可能な人でも、時々自己中心的に、あるいは一方的に行動することがあるからです。これはピアジェの操作的思考の段階とは対照的です。つまり、段階の場合、例えば連続量を保存できるようになった子どもが、（2つの容器に入れられた）同量のものの一方を広い容器に移し替えられると同じ量でなくなると考える、前段階の思考様式に戻ることはありません。

2）交渉方略

交渉方略は、対人間に作用する力（inter-personal dynamic）が不均衡な状態のとき、つまりいくらか緊張状態にあるときに起こる相互作用を表します。この不均衡は、ある人が他の人に何気なく何かを頼むような時には穏やかであり、強く要求するような時は強くなります。行為者間の目標と意図がかけ離れていると、不均衡は強くなります。図2.1の左列は以下に述べる交渉方略の発達レベルを要約したものです。

レベル0の方略は、自己中心的、衝動的、そして時に身体的であり、視点の協応の欠如を示しています。レベル0の方略には、逃げたり、隠れたり、あるいは他のタイプの引っ込む手段が含まれます。また、叩いたり、つかんだり、叫んだりといった力を行使する手段が含まれます。

図2.1 セルマンの行動に現れた対人理解の発達レベル

交渉方略のレベル	社会的視点協応の発達レベル	共有経験のレベル
自己と他者の要求を統合するような共同的方略を使う。	レベル3 共同的　第三者的	互いに共感し、共通の経験として内省する。
説得する、あるいは譲歩するといった相互的方略を使う。	レベル2 相互的　内省的	類似した経験や認識について、共に内省する。
一方的に支配／命令する、あるいは機械的に服従する。	レベル1 一方的　一面的	相手に熱心に働きかけるが、相互性に関心はない。
内省的でない身体的な方略を使う（衝動的な攻撃あるいは逃避）。	レベル0 自己中心的　衝動的	意識的でなく（伝染したように）相手を模倣する。

← 発達 ←

レベル1の方略は、一方的であり、レベル1の視点の協応を反映しています。そこには「自分の意志のない」従順さや服従といった手段や、一方的な要求、脅かし、わいろを使うといった手段が含まれます。

レベル2の方略は、内省的で相互的であり、そこにはレベル2の視点の協応が見られます。このレベルの方略には、他者の希望に従うことを選んだり、交換条件を提案したり、それを受けたり、説得したり、説得に応じたり、理由を説明したりするものが含まれます。

レベル3では、交渉は共同的なものになり、そこにはレベル3の視点の協応が見られます。レベル3の方略には、互いに満足する方法を選択肢として考え出したり、長期の関係を維持するために妥協したりすることが含まれます。

3）共有経験

共有経験は、対人間に作用する力が均衡状態にあることが特徴です。解決すべき不均衡がないので、共有経験は通常穏やかで友好的であり、対人間の結びつきや親密さを強めます。図2.1の右列は以下に述べる共有経験の発達レベルを要約したものです。

共有経験にも、交渉方略と同様に、視点取得をもとにした発達レベルがあります。自己中心的で衝動的なレベルから、一方的なレベルへ、そして相互的なレベルから、共同的なレベルへと進んでいきます。

レベル0の共有経験は、内省的でなく、ただ伝染したようにつられて模倣するという特徴があります。例えば、2人の子どもがゲップの競争をしたり、一緒なって抑えきれずにくすくす笑ったりするようなことが例としてあげられるでしょう。

レベル1の共有経験は、熱心に相手に働きかけるけれど、相互性には無関心であることが特徴です。例えば、並行的なごっこ遊びで、1人が「私はお母さんよ」と言い、もう1人が「ぼくはスーパーマンだ」と主張するのがそれです。

レベル2の共有経験では、協同的なふり遊びをしたり、遠足で楽しい時間を一緒に過ごすことについて2人の子どもが話し合うといった意識的な共有が見られます。

レベル3の共有経験には、2人の子どもが自分について打ち明けたり、お互いを認め合ったりしながら親密に話し合うといった、共同的で共感的な内省的プロセスが含まれます。

(2) 対人理解の事例

第1章で、コミュニティ型クラスの子どもの社会・道徳的発達が、軍隊型や工場型クラスの子どもよりも進んでいたという調査結果について説明しました（DeVries, Reese-Learned & Morgan, 1991a）。私たちはそれらの研究で、子どもたちの社会・道徳的な発達をセルマンの対人理解のレベルによってとらえました。その結果を見ると、コミュニティ型クラスの子どもは友だちと積極的に関わる場面（ボードゲームで遊ぶ、シールを分け合う）で、より多くのレベル2の方略を用いていたことがわかります。彼らはいざこざの場面でもレベル2の方略を用いていたので、軍隊型クラスや工場型クラスの子どもよりも多くの問題をうまく解決していました。ボードゲーム場面における子どもの相互作用の事例を見てみましょう。

KとCは軍隊型クラスの男の子です。彼らは遊んでいる間中、いらいらした感情をもっていました。CはKが常に数を数え間違えるので、いらついていました[注1]。一方、Cが文句を言い続けてゲームの邪魔をするので、Kもいらついていました。Cはわざと親切ぶったり、皮肉

注1) この間違いは、コマが置かれているマスを「1」と数えてしまうことです。例えば、Kが3を出すと次のマスから進むのではなく、今いるマス（前の順で止まったマス）を「1」と数えてしまうのです。数を理解しにくい過程で、多くの子どもが同じ間違いをします。これは「足し算の理論的な間違い」と呼ばれています。事実、このような間違いをする子どもも1対1対応はできているので、何らかの数の知識が発達してると考えられます。

を言ったり、からかったりしながら、
C：それは5じゃないったら、まったく。君は数えられないんだね。
とか、
C：ほら、ぼくに数えさせてよ。ねえ、君は数えられないんだろう？
とKに言っています。Cは競争的な態度をむきだしにしながら、得意そうに、
C：ほら、ぼくがやっつけてやる。
と言います。彼らは何度も何度も数え方について議論しますが、両者にとって満足な解決策にたどり着くことができません。Cは常に優位に立ち、Kはだんだん欲求不満で不機嫌になっていきます。この相互作用は、行動に現れた対人関係のレベル0かレベル1に位置づけられます。レベル2の理解力は見られず、また共有経験もありませんでした。

TとJはコミュニティ型クラスの男の子で、上記のKとCと同じように、数え方について異なった視点をもっています。Tは常に論理的な間違い（コマのあるマスから数え始めること）をします。Jは移行期の子どもで、時々間違えますが、しばしば自分でそれを訂正します。Jが間違いに気づくと、それを克服しようと努力しているのは明らかでした。彼は間違いを避けるために、最初にコマのあるマスの位置で「うーん」という声を出し、それから1マス進んで「1」と言うやり方をします。そのとき彼は、ほかのマスに数を対応させているように、何とかして最初のマスにも何かの言葉を対応させるべきだと感じているかのようです。JはTの論理的な間違いに度々気づきます。しかしTを非難したり侮辱したりせずに、彼のやり方をTに教えようとします。Tが間違えると、Jはコマをもったtの手を取って（レベル0）、「うーん、1、2、3」と言いながら正しく動かします。Tが間違い続けると、Jは「ぼくの口を見てごらん」と言って、「うーん、1、2、3」と強調します。Tの手や体を衝動的につかむことは、助けようという努力の始まりとはいえ、レベル0の交渉です。しかしその後に、レベル1の要求や、2人の視点を調和させようとする試みとして、やって見せたり説明したりするレベル2の行動が見られます。Tは最初のうちは抵抗しましたが、明らかに助けようとしているJの努力を受け入れます。TはJのやり方を学び、最初の位置で「うーん」と言います。

この2人が意気揚々とほほ笑み合っていることから、この均衡状態がどちらにとっても満足のいくものであることは明らかです。いざこざは両者の結びつきによって解決されます。そして、彼らの共有経験は、ゲームについて仲よく話し合ったり、サイコロを投げる代わりにふざけながらある数が出るように置いたり、それに対する抗議にもくすくす笑い、正しくサイコロをふり直したりするといったあらゆる形で見られます。

コミュニティ型クラスの別の2人の男の子AとDの間の相互作用にはより多くの共有経験があり、それが彼らのいざこざの大部分を友好的なものにしているという特徴があります。レベル2の共有経験がかなり多く見られ、それは秘密をささやきあったり、冗談でからかったりする形で起こります（Dがサイコロを後ろに隠して、「ぼくはもってないよ」と言って手に何ももっていないことを見せ、そしておどけながらサイコロを出して引っ込める）。レベル2の交渉には、他者の動機や要望についてたずねる行動も含まれます（例えば、「もう1回その遊びをやりたい？」と聞いたり、友好的に「勝とうとがんばっているんだよね」と言ったりする）。最も2人が熱中していたある場面では、Dが、何回もサイコロを投げても小さい数字しか出せずに、「いつも1しか出ないよ」と不平を言いました。その不満に対して、Aが「じゃあ、ぼくに6を出してほしい？」と言います。そしてAは何回も投げますがなかなか成功しません。彼がやっと5を出して、「5でもいい？」と聞くと、Dは「いやだ、6がいい」と言います。ついにAがサイコロを置いて、「ほら、6だよ」と

言うと、Dは嬉しそうに彼のコマを6つ進めました。

　AとDの間の最も深刻なざこざは、ルールについての不一致から起こりました。そのルールとは、すでにコマが置いてあるマスにほかのコマが来た時、先にコマを置いていた方がスタート地点まで戻るというものでした。2人のコマが同じマスに来た時、それぞれが相手に対してスタート地点に戻るように言います。どちらが正しいのかを決める方法がなく、Aは「ぼくのと君のと一緒にそこに置いてもいいんだよ、いいよね？」（レベル2の妥協）と提案し、それでよいかDに確認しました。そしてどちらもスタート地点まで戻ることなくゲームを続けました。クラスの中で交渉する経験は、この2人の男の子たちにとって有益なものになっています。どちらもが最初にコマを進めたいと思う時は、「どちらにしようかな、かみさまの言うとおり」のような歌を歌いながら誰から始めるかを決め、穏やかに問題を解決します。このような交渉は、軍隊型や工場型のクラスの子どもたちには決して見られないものでした。AとDは明らかに一緒に遊ぶことを楽しんでおり、またレベル2の交渉方略を用いて問題を解決することができます。

　これらの事例は、コミュニティ型のクラスの子どもが、軍隊型のクラスの子どもよりもうまく相互作用を自己制御できることを示しています。またコミュニティ型と工場型の子どもたちとの間にも同じような違い（それほど大きな違いではありませんが）が観察されました。

4. クラスでの道徳的な子どもの観察

　基本的に道徳は対人理解に関連しているので、私たちはセルマンのレベルは子どもの社会・道徳的な発達を評定するのに実用的な方法であると考えます。セルマンは、3〜6歳児（それ以上も考えられる）の行動に現れる対人理解のほとんどがレベル1であると言っていますが、私たちはそれに同意します。実際レベル1は、さまざまな生活の場において、子どもだけでなく大人にも当てはまります。（例えば、「塩を取っていただけませんか」という言葉は、丁寧であるにもかかわらず、レベル1の交渉方略です。）しかしながら、構成論を実践した経験から言うと、幼児は時々レベル2の対人理解ができます。幼児のそのような行動は、彼らの道徳的、および社会的発達の最も発達した一端を示します。レベル2が見られるのは時折でしかありませんが、それは子どもの道徳的な進歩を喜ぶべき出来事なのです。

　次の子どもたちのやりとりの事例は、ヒューストン大学人間発達実験校（Human Development Laboratory School）の乳児クラスで起きたもので、発達的にとても早いと感じられるものです。保育者のマーティ・ウィルソン先生は、このほとんど信じられない出来事をクラスで観察し、保育日誌に記録しました。

　S（35か月）とR（35か月）は、一緒にごっこ遊びに夢中になっていました。それぞれが帽子と財布と人形をもっていて、（クラスの反対側にある）「お店」にりんごと玉子を取りに行くところでした。部屋を横切った際に、別のTという子ども（31か月）が、Rのもっている財布が欲しいと思いました。Tがとても強く財布を引っ張ったので、Rは後ろに倒れてしまいました。Rが倒れると、Tは財布をつかんで逃げました。それでRが泣きました。SはTを追いかけて、Rのところに連れ戻します。そしてTに向かって、

S：Rちゃんの順番だったのよ。それはRちゃんの財布よ。あなたが財布を取ったから、彼はとっても悲しんでいるのよ。ほらご覧なさいよ、泣いているじゃないの。

と言います。それから彼女はRに、

S：彼はあなたが泣いているのがわからないの。彼に「ぼくが使う番だよ」と言うのよ。

と告げます。そしてRはTに、

R：それはぼくの財布なんだ、ぼくが使う番だ

よ。

と穏やかに言うと、TはRに財布を返しました。それからSはTに、

S：聞いてくれてありがとう。あなたも一緒にお店に行きたい？

と言ったのです。Tはうなずきました。そしてSは「あなたにも財布を見つけてあげる」と言い、そして3人はごっこ遊びを続けました。

Sの驚くべき交渉は、クラスの中で道徳的な生活を送るという、私たちが目標とする幼児の姿を描き出しています。確かに、Sは構成論を実践する保育者の娘なので、その能力は家庭における経験も影響しているでしょう。彼女の行動のいくつかは模倣だったかもしれませんが、それらの複雑さ、首尾一貫性、そして他の子どもへの適応は、それがただの模倣以上の行動であることを示しています。セルマンの対人理解のレベルから言えば、Tの最初の行動はレベル0です。SはRの視点とTに対する感情を述べていたので、レベル3の行動をとったことになるでしょう。最後にSは、Tの要求をたずね、Tへの援助を申し出るというレベル2の行動をとっています。ここで指摘すべき点は、S自身の自己利益は問題ではなかったということです。自分の利益に関わる状況よりも、他者の問題の方が高度なレベルで仲裁することがより簡単であるかもしれません。

私たちは、この劇的な出来事において、子どもが何を学んだかについては推測することしかできません。Sはうまく仲介役をこなすことを学んだかもしれませんし、Rは自分の権利を主張することを学んだかもしれません。おそらくTは、他の人の財布を取ってしまったら、取られた人が悲しむことを学んだでしょう。

ここで強調したいのは、子どもたちはたとえ年齢が低くても、所有物の尊重、他者を傷つけることの制止、攻撃された犠牲者への援助といった道徳的な問題に取り組むことができるということです。私たちの目標は、子どもたちがクラスでの道徳的な問題に関わっていくことです。子どもが不公平なことを見た時に、それを認識し、不公平よりも公平を選び、そして不公平に対して発言しなければならないと感じてほしいのです。

ここで構成論に基づいた教育を行うヒューストンのサンセット・パール小学校において、1年生、2年生クラスの子どもたちが道徳的な問題にどう関わっているか、事例を見てみましょう。友だちと関わる経験が少なかった6歳のUは、その学年度の当初から叩いたりつかんだりといったレベル0の行為を見せていました。この事例は、子どもたちが簡単な機械を作る作業に取り組んでいる場面です。Uがメリーゴーランドを回転させる支えとしてプラスチックの部品を使おうとしたことから、いざこざが起こります。EはUが欲しがっている数個しかない部品の1つをもっています。40分の間Uは何度もEのところへ行き、強くレベル1の要求をしたり（「私にちょうだいよ、お願い」）、感情的に主張したり（「E、私はそれがいるんだってば！」）、そして見せかけの物々交換を迫ったりします（Eが必要としない部品をEにあげる）。Uは何度もEの機械に手を置くのですが、奪い取ること（レベル0）はしません。彼女は保育者のリンダ・カールソン先生（保）のところへ行き、レベル1の不平を訴えます（「あの子が私にくれないの」）。後になってUはまた不平を言います（「彼女はまだ私にくれないの。私は3回も頼んだのに」）。保育者が2人の間に入って、Eがどう感じているかを自分の言葉でUに伝えるように言うと、Eは

E：私は自分の言葉で彼女に何回か言ったのに、彼女ったらいやって言うの。

と言いました。

ここでの2人の女の子のやりとりには、過去の経験が影響しています。Uはこれまでの多くの相互作用の中で、Eが何度も嫌がる態度をとってきたことを快く思っていません。リンダ先生は、Eの言うことに耳を傾けたことがあるか

どうかをUにたずね、
保：あなたたちの力でうまくいくようにするにはどうしたらいいのかしら？　たぶんもっとそのことについて話し合った方がいいんじゃないかしら。

と言います。UはEが望んでいない援助を押し売りし、Eの作った建物にいくつかの部品をつけ、Eの罪悪感に訴えようとします。

U：Eちゃん、お願いだから私に1つちょうだい。私はあなたを助けてあげたでしょう。

再びUはリンダ先生のもとに向います。

U：リンダ先生、本当に私はあれが欲しいの。あの部品がないと私の機械が動かないんだもの。でもEちゃんはくれようとしないの。彼女はね「たぶん、今度ね」って言うだけ。（皮肉っぽくEを真似た口調で）

ここからうかがえるのは、Uが欲しいものは手に入れて当然と考えるだけで、自分の視点から脱中心化することができないということです。保育者は、

保：Uちゃん、なぜ彼女があなたに怒っているかわかる？

とたずねます。Uは本当にその理由がわからず不思議そうに

U：なぜ？

と聞き、リンダ先生はこう言ってUが脱中心化するよう手助けします。

保：あのね、彼女も何かを作ろうとしていて、そのためにあれが必要だと考えているのよ。

するとUは、

U：でも彼女は思いやりがないわ。だって、私よりもたくさんもっているのに。

と答えます。保育者はTも同じ道具で遊んでいることを指摘して、

保：あなたはTちゃんかEちゃんと話しをして問題を解決するように努力してみたら？

と言います。UはTにその部品を使いたいと言いますが、Tには聞こえていないようでした。リンダ先生は

保：Tちゃん、Uちゃんが困っているの。彼女の話しを聞いてくれますか？

とたずねます。すると部品を使うことをTが承知してくれたので、Uは喜んで彼女の計画をやり遂げることができます。EとTはUのそばで、彼女の作品ができあがるのを一緒に見ていました。この出来事から、Uがレベル0の衝動を抑え、レベル1へ進歩したことがわかります。

これらの事例は、行動に現れる対人理解のレベルは、年齢よりも経験に基づいていることを示しています。少なくともレベル2で行動している3歳児の例を見ました。また、他者の視点と自分の欲求が矛盾する場合に、他者の視点に立つことができなくなったために、レベル1の方略を使っていた6歳児の例も見ました。

対人理解のレベルに精通している保育者は、子どもが衝動的または身体的になった時、一方的になった時、相互的になった時、そして共同的になった時の子どもの交渉方略や共有経験を認識する方法をすばやく学ぶことができます。

セルマンのモデルに精通している保育者は、子どもたちが主にどのような形態でやりとりしているかを基に教育の必要性を認識していきます。レベル0で行動している子どもの目標は、レベル1に進歩することです。ですから保育者は、レベル0にある2人のいざこざを仲裁する時、要求すること（レベル1）の方が奪うこと（レベル0）よりよい（高いレベル）という論理を基に、それぞれの子どもが他者にして欲しいことを言葉で伝えるよう提案することができます。同様に、他の子どものおもちゃを欲しがる子どもには、（他の子どもの視点を指摘しながら）他の子どももそのおもちゃで遊びたがっていることを伝えることができます。また、順番に使うことや一緒に遊ぶことを相手に提案する方が効果的であることを、子どもに示唆することができます。子どもたちの発達を促進させるために、構成論を実践する保育者がどのように子どもに対応しているのかについては、第4章でさらに詳しく述べることにします。

前に、脱中心化と視点の協応（情緒的であり同様に認知的である）が、他者の視点や感情を考慮に入れた道徳的観点を構築するために必要であるということを述べました。ここで、道徳的な子どもは知的にも能動的な子どもであることを指摘しておきます。道徳的思考は知的思考と同様に、脱中心化、因果関係や目的と手段の関係の考慮など、認知的なプロセスを含んでいます。道徳的な関わりには知的な関わりも含まれているのです。第3章でさらに詳しく述べますが、社会・道徳的雰囲気は、道徳的発達と同様に知的な発達にも影響を与えるのです。

5. 要 約

私たちが考える「道徳的な子ども」とは、ただ従順で、道徳的ルールを知っていて、向社会的な行動をとり、礼儀正しい社会の習慣に従い、ある特性をもち、宗教的である子どもを意味するのではありません。そうではなく、道徳的な子どもとは、子どもたちの日常生活の一部である人間関係の問題に取り組む子どもを意味します。幼児は道徳的な実在論者です。子どもたちが、正しい・間違っている、あるいはよい・悪いという判断を下す際には、観察可能なもの、あるいは彼らにとって「現実的」であるものに基づいて判断します。他者の精神生活は見ることができないので、子どもは物質的な結果や字句どおりにルールに従う行動といった観察可能な出来事に焦点を合わせて、道徳的な思考を行うのです。

ピアジェやコールバーグ、セルマンの研究から、子どもが道徳的ルールについてどのように考えるか、そして他者についてどのように考えるかについて細かく知ることができます。セルマンの対人理解のレベルは、特に構成論を実践する保育者にとって役立つものです。軍隊型やコミュニティ型クラスの子どもたちの相互作用の事例は、このレベルを表しています。クラスで起こった道徳的な関わりの事例は、保育者がどのように対人理解のレベルを観察することができるか、どのように視点の協応と道徳的な関わりの進歩に気づくことができるかを示しています。

幼児期の道徳的な生活を理解することは、私たちが道徳の点から子どもたちに、短期的にも長期的にもどのような期待をすることが適切なのかを知る助けになります。また、道徳的発達を認識し、発達を促すための適切な方法を組み立てていく助けにもなるのです。

第3章

社会・道徳的な雰囲気と子どもの発達

　ピアジェ（1954/1981）によれば、道徳的感情の源泉は人間関係の中にあります。ピアジェはまた、「知能は社会的な相互作用を通して発達する」と述べました（1964/1968, pp. 224-225）。人間関係は、子どもが自分の自我を構成するための背景となります。実際に、社会・道徳的な雰囲気は、子どもの発達のあらゆる側面に影響を及ぼします。子どもが自分や人や自然に対する概念や感情をつくり上げるのは、そのような雰囲気のもとでなのです。子どもたちは社会・道徳的雰囲気の全体的な性質によって、人間の社会が安全かそれとも危険か、愛すべきものか憎むべきものか、強制的なものか協同的なものか、満足のいくものか満足のいかないものかを学びます。子どもは人と人のと活動を基礎にして、他者に対する自分自身の特徴について学びます。また、子どもは事物の世界が、探索したり、実験したり、発見したり、発明したりするために開かれているのか、それとも閉ざされているのかについても、その事物を取り巻く社会的な背景のもとで学びます。

　大人は日常的な関わりを通して、幼児が生活する社会・道徳的な雰囲気の性質を決定しています。子どもの社会・道徳的な雰囲気の大部分は、子どもに対する大人の行為や反応からつくられ、それが大人と子どもとの人間関係をつくり上げます。子ども同士の人間関係も、社会・道徳的な雰囲気に影響を与えます。しかし、大人はしばしばその可能性や範囲に枠をはめてしまいます。

　クラスの中に構成的な社会・道徳的雰囲気をつくりたいと願う保育者は、まず自分と子どもたちとの関係の性質について考えることから始めなければなりません。本章では、まず社会的な相互作用が子どもたちの自我の形成に及ぼす影響について述べることにします。次に、保育者と子どもとの関係が子どもの発達に及ぼす影響、また園や学校における子ども同士の関係の役割についても述べます。そして最後に、子ども同士の相互作用における保育者の役割について述べることにしましょう。

1. 社会的な相互作用と自我の構成

　幼児はまだ思考や感情や価値の面で、大人のような調和のとれた一貫性のあるパーソナリティーを構成していません。この点については、知的発達に関して行ったピアジェの実験が参考になります。ピアジェは「量の保存課題」で、幼児は初めに2つの粘土のボールが同じ量だと認めても、一方の粘土をホットドッグやヘビのような形にすると、一方が他方よりもたくさんあると信じていることを明らかにしました。そして、幼児はまだ量の保存ができていないと指摘しました。彼はこの保存の概念を感情や興味や価値についても適用しました。すなわち、幼児の感情や興味や価値観は変わりやすく、状況しだいで保存されない傾向があります。幼児は感情や興味がいくらかの永続性をもつ、あるいは保存されるような安定したシステムを徐々に

構成していくのです。

　子どもにとって主要な課題は、他者から独立した自我を構成することにあります。これは子どもが自分を他者の中の1人として見るようになることを意味しています。ミード（Mead, 1934）とピアジェ（1932/1965, 1954/1981）によれば、社会的な存在として自分を意識することは、社会的な相互作用を通して生じます。一言で言うならば、他者の観点から自分について考えることが必要なのです。

　ある人があなたをある見方（例えば、親切である、威圧的である、如才ない、脅迫的である、非論理的である）でとらえていることに気づいたときのあなた自身の経験について考えてみてください。これらの事実はしばしばあなたを驚かせ、あなたの自己概念と矛盾します。他者が自分をどのように見ているかを知る経験は、社会的な存在としての新しい自己認識をもたらし、そして、それによって新しい自己概念が形成されるのです。

　言い換えれば、自分に対する他者の態度を知るためには、彼らの態度や行為が向けられる対象である自分について、他者の観点から考える脱中心化が必要なのです。そのような脱中心化には、社会的関係についての内省（reflection）が必要であり、社会的関係には、社会とそこでの自分の立場の構成に関わる複雑な思考や感情が関係します。例えば、AがB（3才児の男の子としましょう）に対して怒りを表すとき、Bは自分の行動がAの怒りの対象になっていることに気づき、自己を意識するようになります。「自分が人を怒らせている（あるいは喜ばせている）」という自覚は、自己概念の進歩の証です。自我の構成は、自分と同様に、思考や感情や価値をもつ他者の構成と平行して進歩していくのです。

　ミード（1934）によれば、私たちは自分の行為に対する他者の反応を経験することによって、自分を意識するようになります。自我は他者からの反応を受けとめ、それを調整しようとする相互的なプロセスを通して構造化されるのです。子どもは自分に向けられた他者の態度を組織化し、徐々に安定した自分のパーソナリティーを構成していきます。ピアジェ（1954/1981）は、安定した社会的反応の枠組みの構成について述べました。彼は他者が誰であるかにかかわらず、他者に対する反応は一貫性をもって成長していくと述べました。もし子どもが自分を理解するために自分に向けられた他者の態度を積極的に受けとめようとするのであれば、他者の態度の性質がその子の自我の性質に重大な影響を与えるのは当然のことです。

　ピアジェにとって、好きとか嫌いとかいう基本的感情は、道徳的感情の出発点です。それによって、子どもは何に価値があり、何に価値がないかについての階層を構成し始めます。道徳的価値は、情緒的でも知的でもあります。それらは、価値の情緒的側面である意志によって統制される永続的な価値へと組織化されていきます。ピアジェによれば、情緒と道徳と知能は互いに関連し合って発達していくのです。

2. 保育者と子どもとの関係

　サラソン（Sarason, 1982）は、「保育者と子ども、子どもと子どもとのよい関係をつくるために保育者に求められるたくさんの努力や創造性が、保育者の教育的な役割を散漫にするものだと見なされることがある」と嘆いています（p.165）。私たちは、子どもの発達を促進するために、また子どもの学力を効果的に伸ばすときにも、これらのよい人間関係を育てなければならないというサラソンの意見に賛成です。

　ピアジェの研究と理論には、私たちが大人と子どもとの関係について考えるための最も有益なガイドラインがあります。ピアジェ（1932/1965）は、2つのタイプの大人と子どもの関係に対応する2つのタイプの道徳について述べました。一方は子どもたちの発達を促進し、他方はそれを遅らせます。

1つ目のタイプの道徳は、服従の道徳です。ピアジェはそれを「他律的」道徳と呼びました。他律的という言葉は、「他人がつくったルールに従う」という意味からきています。したがって、他律的な人は、強制力をもっている権力者に服従することによって、与えられた道徳的ルールに従います。他律的な人は、外的なルールに服従し、疑うことなくそれを受け入れてしまうのです。

2つ目のタイプの道徳は、自律的な道徳です。「自律的」という言葉は「自己制御」という意味からきています。ピアジェによれば、自律は単に他者の助けなしに自分で何かをする「自立」と同じではありません。自律的な人は、自分の道徳的ルールに従います。それらのルールは自ら構成したものであり、自分を制御する原理なのです。それらのルールには、自分にとっての必要性があります。自律的な人はまた、内的な信念に従って他者を尊重します。

他律的な道徳を目標にする保育者はいないはずです。私たちのすべてが、他者を尊重するという基本的な道徳的価値を確信する子どもたちであってほしいと願っています。自分自身の信念に基づく確信がなければ、子どもたちが道徳的なルールに従うことはあり得ません。にもかかわらず、保育者たちは一般に自律的な道徳よりも、他律的な道徳を促進するようなやり方で子どもたちを管理しています。

(1) 強制的（統制的）関係

1つ目のタイプの大人と子どもとの関係は、強制的（束縛）なものです。そこでは、大人が既製のルールを与え、行動を指示することによって、子どもがすべき行動を規制します。こういった関係のもとでは、尊敬は一方的なものになります。すなわち、子どもは大人を尊敬するよう求められ、大人は子どもを指導するために権威を用います。大人は子どもの行動をコントロールします。したがって、子どもがある行動を起こす理由は、子ども自身の考えや興味や価値の外側にあります。ピアジェは、このようなタイプの人間関係を「他律的」と呼びました。そのような人間関係のもとでは、子どもは自分よりも他人から与えられたルールに従います。他律的な関係には、敵対的で懲罰的なものから、見た目はやさしそうで支配的なものまで、さまざまなものがありあります。

大人と子どもとの相互作用において、他律的なコントロールを用いるのが適切な場合や、時には避けられない場合もあります。すなわち、子どもの健康や安全、大人に対する現実的かつ心理的プレッシャーといったいくつかの理由がある時には、親や保育者は子どもたちをコントロールしなければなりません。

一方、子どもの観点から、日常生活について考えてみましょう。家庭で、子どもたちはなぜそのルールに従わなければならないのかはわからないままにたくさんのルールに従うよう強制されます。例えば、一定の時間に食事をしなければならないこと、寝たくなくてもある時間には寝なければならないこと、大切な物には触ってはいけないことなど、これらのルールは子どもたちには外側からの強制として受け取られるほかありません。なぜなら、それらのルールに従わなければならない必然性が、子どもたちの内部からは感じられないからです。学校でもまた、子どもたちは理由のわからないたくさんのルールに従わなければなりません。

理由もわからないままに絶えず従わなければならないと感じていたら、子どもがどうなるか想像してみましょう。そのような状況は、権力者の勝手な要求によって強制されているという感情を生み出します。ある子どもは、挫折感を味わったり、権力を受動的に受け入れることによって、それに対応するかもしれません。その権力者があれこれ要求すると同時に、愛情をかけてくれる場合はなおさらです。ある子どもは、密かに怒りを抱いたり、それをあらわにすることによって対応するかもしれません。またある子どもは、監視されているときだけ従うという

計算ずくの秘められた反抗で対応するかもしれません。これらの対応は、どれもが精神衛生上も、将来の発達のためにもよくないものです。

善意な保育者たちは、しばしば子どもたちの行動を管理するのは自分たちの責任だと感じています。第1章で見たように、軍曹タイプの保育者は問題の正しい答えだけでなく、イスの座り方まで指示します。監督タイプの保育者も、授業における子どもたちの行動を詳細にわたって指示します。それに対して、助言者タイプの保育者は、細かな行動は子どもたちに任せられるようクラスを組織します。

もちろん、何らかの形で子どもたちを管理することは避けられません。しかしながら、絶えず子どもたちが大人の考えや価値観によって支配されると、彼らは服従（もしくは反抗）することを学び、道徳的な生活においても、知的な生活においても、盲目的な従順さを身につけてしまいます。言い換えれば、大人が望むことを子どもに学ばせようとしたり、大人のルールに従わせようとし続ける限り、子どもたちは自分の信念を問い直したり、分析したり、検証したりしようとはしなくなります。

ピアジェの見解からすれば、子どもたちが服従の道徳によって他者のルールに従う限り、自律的で内的な道徳判断に必要な内省は生まれてきません。ピアジェは、強制は表面的な行動のみを社会化し、実際には他人の統制に頼る子どもの傾向を強化すると警告しました。既製のルールや価値やガイドラインに従うよう強制することによって、大人はただ他人の意志に従うだけのパーソナリティーや道徳性をもった子どもを育ててしまうのです。悲しむべきことに、服従に基礎を置いた学校教育は、服従するための資質を永続させているだけなのです。

他者のルールに服従した生活をしている子どもには、盲目的に権威に従う道徳性が発達する可能性があります。そのような子どもは、どんな権威にもやすやすと従ってしまいます。もしくは、道徳的ルールが必要だと感じる自分の感情が発達しないことから、服従的な子どもは最終的に（あからさまに、あるいは密かに）反抗的になる可能性があります。他律的道徳は、その人が自分の信念に従って自分の行動を統制していないことを意味しています。彼らの行動は、一時的な衝動と盲目的な従順さに支配されているのです。

ピアジェ（1954/1981）は精神力学理論を引用して、1歳児が大人に対して自分の意志を主張する頃に始まる自己評価（self-esteem）の形成ついて論じました。ある人たちは、「子どもの意志を無視する」ことが必要だと言います。しかしながら、そのような意志の破壊は、子どもたちの劣等感を生み出します。自信と自己不信は、パーソナリティーを構成しつつある幼児に繰り返し起こる問題です。子どもはしだいに自分の感情や興味や価値を保存するシステムを構成します。これらの価値はやがて永続的になって、その子の自我を決定します。子どもがいつも大人のコントロールを経験していると、子どもたちの自我は他人のコントロールを必要とする優柔不断なものになってしまいます。

ピアジェ（1954/1981）は、価値を保存する力としての意志について述べました。そして、自分の意志をもたない人は不安定であり、ある時にはある価値を信じるが、別の時にはそれを忘れてしまうと指摘しました。ピアジェによれば、意志は感情を統制するものであり、意志によって人は安定した一貫性のあるパーソナリティーと社会的関係をつくり上げることができます。意志が絶えず他律的な大人に向けられていると、大人のコントロールに屈する、あるいはそれに反抗するというパーソナリティーになってしまいます。そのような子どもと大人の関係のもとでは、肯定的な自己評価や協同的な道徳的感情が構成される可能性はありません。他律的に統制された子どもが構成する社会的反応のパターンは、防衛的である場合もあります。他律的なコントロールのもとでは、子どもは自己への不信感を構成してしまいます。社会的な反応

は敵対的で依存的なものになり得るのです。

　だとすれば、服従はすべて悪なのでしょうか。必ずしもそうではありません。第2章で、私たちは愛情に基礎を置く服従の結果について述べました。しかし、服従させるために強いプレッシャーをかけることは、子どもたちの発達に不幸な結果をもたらします。情緒的な面では、子どもたちは他者の支配に対する服従的態度、劣等感、他者の優位、自信の喪失、ルールの背後にある理由を考えようともしない無気力な態度で対応する可能性があります。知的な面でも、強制された子どもは、他者の考えを受動的に受け入れたり、疑問をもたない無批判な態度を身につけたり、自分から考えようとせず、機械的に覚えたことを答える可能性があります。これらの特徴は、構成的活動を弱め、他者への配慮よりも、自分自身の欲望に基づいた道徳的思考をもたらします。服従だけでは、子どもが自律的に自己を制御する余地はありません。同様に、教育がもっぱら正しい答えだけをフィードバックすることに向けられたら、子どもたちの好奇心は破壊され、たくさんの無理解な知識と知的な怠惰が増すだけです。構成的な活動の機会が制限されれば、社会的、情緒的、知的、道徳的能力のあるパーソナリティーの発達は阻害されてしまうのです。

　外部から子どもをコントロールすることには限界があります。子どもたちは行動の面では服従するかもしれませんが、感情や信念まではコントロールできません。子どもたちの身体が大きくなるにつれて、行動面でのコントロールの可能性も減ってきます。子どもたちの行動に影響を及ぼす唯一かつ真の可能性は、彼らが自分自身で道徳や知識やパーソナリティーを構成するよう促すことしかないのです。

(2) 協同的な関係

　ピアジェは他律的な大人と子どもとの関係、相互の尊敬と協同による大人と子どもとの関係の2つを比較しました。後者のタイプの大人は、自発的に自分の行動を制御する機会を子どもたちに与えることによって彼らを尊重していることを示します。ピアジェは、このタイプの大人と子どもの関係を「自律的」、「協同的」と呼びました。ピアジェは、子どもたちが自分自身で創造的に考えることのできる精神を発達させ、みんなの関心を考慮に入れることのできる道徳的感情や信念を発達させる方法は、大人が権力を行使するのを控えることによって可能になると述べました。

　自律的な関係は、協同という方法によって機能します。協同するとは、自分の感情や観点と他者のそれとを関係づけて、共通の目標に到達しようと努力することを指します。構成論を実践する保育者は、子どもの観点を理解し、子どもが他者の観点を理解するよう励まします。協同への動機は、お互いの愛情と信頼から始まり、思いやりの感情とお互いの意図の理解へと練り上げられていきます。

　協同は、お互いを対等と見なす人間が、共通の目標へと向かう相互作用です。子どもと大人は明らかに対等ではありません。しかしながら、大人が子どもを自分の意志を行使する権利をもった1人の人間として尊重するとき、両者の関係における平等について語ることができます。もちろん、ピアジェは子どもに完全な自由を与えるべきだと言ったのではありません。なぜなら、完全な自由と他者との道徳的関係は一致しないものだからです。

　私たちはまた、子どもたちとの協同は保育者が自らの権力を放棄することを意味しているのではないことを強調したいと思います。常に子どもたちと協同することができるとは限りません。しかしながら、強制が必要なときにも、大人はどのようなやり方で子どもにアプローチするかが大切です（例えば「私がだめと言ったからだめなの！」といった態度ではなく、子どもに共感し理由を説明する態度でアプローチすることができるように）。

　服従は構成論を実践するクラスにもあるでし

ょうか。もちろんあります。幼児は生まれつき他律的です。ですから、保育者が協同的な方法を用いたときでも、子どもはそれを強制と感じるときがあります。しかし、構成論を実践する保育者は、服従よりも協同に訴えます。服従に訴えるのと協同に訴えるのとの違いは、協同的な関係では、保育者は命令よりも信頼、要求よりも示唆、コントロールよりも説得しようとすることです。したがって、どう対処するかを子どもたちが決める可能性がありますし、力関係の争いを避けることができます。構成論を実践する保育者は、子どもたちが自己制御、すなわち自律的に行動するよう励ますのです。

構成論による教育では、自分の欲求をすぐに満たすよう子どもを促すのでしょうか。いいえ、そのようにはしません。子どもたちは満足して自分の興味を追求すべきですが、協同的な雰囲気のもとでは、自分の欲求と他者の欲求とのバランスを取ることが必要です。言い換えれば、自分と相手の両方を尊重することが重視されるのです。

構成論者の一般的な指導の原則は、可能かつ現実的な範囲で強制を最小限にすべきだということです。最も望ましいのは、子どもたちが自分自身の行動を制御できるような方向で、強制と協同とが混ざり合うようにすることです。このような考えが、具体的な指導の原則と子どもたちとの相互作用にどのように生かされるかについては、第4章で述べることにします。

自分の行動を制御する機会を与えられている子どもは、自分と他者の両方を尊重する自信に満ちた自我を構成する可能性があります。子どもの意志を尊重することによって、大人は自分と他者の両方を尊重することに基礎を置いた子どもの自己制御の発達を援助することができます。自分の意志を行使できる子どもは、徐々に安定した道徳的、社会的、知的感情や興味や価値のシステムを構成していきます。

ピアジェは、子どもは好意（好き）と反感（嫌い）を組織化して、社会的感情や興味や価値の体系を構成すると強調しました。特に、善意の感情は大変重要です。ピアジェ（1954/1980）は、「道徳的感情は喜びを与えてくれた人に対する善意の感情から生まれる」と述べました（p. 47）。そのような感情はある種の感謝によって彩られ、自発的な義務の感情へと発達していきます。私たちはその逆の状況、つまり否定的で他律的な大人が子どもたちに敵意の感情を生み出してしまうことも想定できます。このような子どもたちには、協同的な態度を発達させることはできないのでしょうか。否定的で非協同的な態度しか発達させることしかできないのでしょうか。

大人に尊重され、大人の善意の恩恵を受けると、子どもは徐々に自分の感情や興味や価値を他者との協同を志向する自我の中に取り込んでいきます。自己制御する可能性が与えられることは、協同的な社会的反応のパターンと安定したパーソナリティーを構成することにつながります。

なぜ協同がそんなに望ましいのでしょうか。自己制御を励ますことと、服従へのプレッシャーを減らすこととが結びつくと、子どもたちの発達によい結果が生じます。子どもたちは情緒的に受容され、認められていると感じます。そして、協同的な態度や平等の感情や自信やルールについての肯定的な考えをもって対応しようとします。知的にも、自分と他者の考えに積極的に関心を示し、質問し、批判的に評価し、理由や原因についても自発的に考えようとします。その中には、多くの間違いから学ぶことのできる構成的活動も含まれます。熟練した大人の助言や仲間との相互作用があれば、そのような構成的活動もいろいろな観点を考慮することのできる道徳的思考へとつながります。探求と実験の可能性がたくさんある教育的経験は、知的な鋭敏さと深い理解をもたらします。構成的な活動を幅広く経験することは、社会的、情緒的、知的、道徳的能力を備えた高度に分化したパーソナリティーをもたらすのです。

他律と自律、強制と協同について語るとき、私たちは同時に知的でもあり情緒的でもある発達のプロセスについて語っています。強制は子どもの知能やパーソナリティーや感情の発達を妨げます。一方、協同は子どもたちが彼らの知能やパーソナリティー、道徳的かつ社会的な感情や信念を構成する機会を広げます。

読者のみなさんは、子どもの生活には完全な強制も完全な協同もあり得ないと言って、私たちの見解に反対されるかもしれません。完全な強制も協同もないという点は、私たちも賛成です。私たちがここで述べているのは、強い強制と強い協同が子どもたちの発達にどのような影響を及ぼすかということです。子どもたちはそれぞれ独自の協同的な経験と強制的な経験をしていますが、私たちは楽観的です。というのは、協同的な保育者が他律の結果を（ある範囲内ではあるが）改善できないほどの強制を経験している子どもはいないと信じるからです。子どもたちは、クラスの中でも強制と協同が混ざり合った経験をします。再度、私たちの立場は楽観的であると申し上げましょう。私たちは、道徳的なクラスは子どもたちの道徳的発達と同様に、情緒的、社会的、知的発達を促進すると確信しています。保育者がいつも完全に協同的であることはあり得ませんが、本書で述べるアイデアが子どもたちとの関係を見直し、協同による教育を発展させようとする保育者の助けになるよう願っています。

3. 子ども同士の関係

子ども同士の相互作用は、子どもの社会化に役立ち、子どもが他者と協同して生活していくことを学ぶために必要であると考えられていますが、その理由はあいまいなままです。不幸なことに、教育は一般に子どもたちの社会的能力と道徳的発達に適した経験を与えるよう組織化されていません。

子ども間の相互作用が許容されていないクラスでは、子ども同士の関係は社会・道徳的雰囲気にわずかな役割しか果たしません。もちろん、好意や反感は、クラス外での子どもたちの相互作用でも発達するかもしれません。しかし、そのようなクラスでの生活の大部分は、子ども同士の相互関係を促進するようデザインされていないのです。お互いに助け合おうとする子どもたちの傾向が不正と見なされたり、罰せられることすらあります。第1章で述べた軍隊型クラスでは、保育者はしばしばごほうびや、非難を避けるための競争（列ごと、男女ごと）を子どもたちにさせます。その結果、クラスの社会・道徳的雰囲気は息苦しいものとなり、みんなで一緒にいたいとは誰も思わなくなるようです。

子ども間の相互作用が奨励されるクラスでは、子ども同士の関係は社会・道徳的雰囲気に重要な役割を果たします。第1章で述べた工場型クラスでは、子ども同士の相互作用はいくらか許されていますが、それらの経験は小さな役割しか果たしていません。保育者は教科の学習を最も重視し、個人的な作業を強調することによって協同を制限します。子ども間のトラブルは抑えられ、子ども同士の相互作用も弱められます。その結果、社会・道徳的雰囲気は「うわべだけのもの」となり、誰もみんなと一緒に行う経験に労力を費やそうとはしません。

これに対して、構成論の保育者はクラスを相互作用の場となるよう整備するだけでなく、子どもたちがお互いに積極的に関わり合えるようにします。コミュニティの中で生活することが主要な「教科」であり、保育者は自然発生的な出来事を利用し、子どもたちが構成的活動によって社会的、情緒的、知的、道徳的問題に取り組む機会を最大限にします。その結果、社会・道徳的雰囲気は活力とエネルギーに満ち、子どもたちは一緒に活動することに労力を費やそうとします。

子ども同士の相互作用から子どもたちが得る利点は何でしょうか。保育者の果たすべき役割は何なのでしょうか。

(1) 構成論を実践するクラスにおける子ども同士の相互作用の利点

ピアジェによれば、子ども同士の相互作用は、子どもの社会的感情、道徳的感情、価値観、それに社会的能力と知的能力の構成に不可欠なものです。子どもと保育者との関係の所でも指摘したように、自律的な道徳性と知能は子ども同士の関係においてのみ発達すると考える人たちに、私たちは同意しません。本書の全体を通して、私たちはピアジェの考えを発展させ、構成論を実践する保育者たちがどのようにすれば子どもたちと協同的に関わることができるのかについて述べています。

子ども同士の関係が社会的、道徳的、知的発達に寄与するのは、特に2つの理由からです。

1つ目の理由は、子ども同士の関係は平等だということです。この平等さは、いかに努力しても大人と子どもの間では達成できないものです。子ども同士の関係は、平等な関係の中にある互恵性の認識を引き出します。この互恵性は脱中心化と相手の視点に立つための心理的な土台になります。自律性は平等な関係のもとでのみ生じるので、大人と子どもの間でよりも、子ども同士の間での方が、自律的に考えたり行動したりすることが容易にできます。しかしながら、ピアジェも指摘したように、不平等は子ども間にも存在しますし、自律性が子どもたちの相互作用の中で妨げられることもあります。

子ども同士の関係が発達に寄与する2つ目の理由は、他者を自分自身であるかのように見ることによって、仲間との交流を動機づける特別な関心が生み出されることです。仲間との交流は、子どもたちの社会的、道徳的、知的な努力の表れでもあります。仲間との相互作用の過程で、子どもたちは自己と他者についての認識とその分化、社会的相互作用の枠組み、思考と行動との協同を構成していきます。

1) 自己と他者についての認識と分化

仲間に対する関心は、子どもたちの自己認識を拡大し、他者の欲求や意図を考慮に入れることを動機づけます。人との相互作用は、事物との相互作用よりもはるかに予測しにくく、子どもは絶えず自分と他者との相違に直面します。予期しない他者の反応、抵抗、否定的なリアクションを経験することを通して、子どもは他者を自分とは別の存在として認識するようになります。それは同時に、自分は人とは違った欲求や考えをもっている人間であるという新しい認識をもたらします。より多くの観点への脱中心化は、同時に情緒的、社会的、道徳的、知的発達が分化していくプロセスでもあります。

したがって、子ども同士の相互作用の過程で、子どもはよりはっきりと自分と他者について知ることができるようになります。自分と他者の意図の相違に気づくことは、道徳的発達にとって特に重要なものです。

2) 社会的相互作用の枠組み

他の子どもに対する関心は、自発的（自律的）な社会的働きかけを生み出します。それに他の子どもが反応すると、子どもは喜んだり悲しんだりする経験をします。子ども同士の相互作用の過程で、子どもは徐々により一貫性のある組織化された社会的な反応のパターンを構成していきます。似たような状況のもとで、一定の方法で働きかけたり働きかけられたりするにつれて、子どものパーソナリティーはよりまとまりのあるものとなり、一貫したパターンが見られるようになります。したがって、ある子どもは「恥ずかしがり」、「親しみやすい」、「怒りっぽい」、「積極的」といったふうに見られます。これらの行動パターンの背後には、その子どもなりの社会的傾向の枠組みや解釈が存在します。このようにして、子ども同士の相互作用がその子どものパーソナリティーの形成の成分となるのです。

3) 思考と行動との協同

協同は社会的相互作用の1つの方法であり、

子どもたちの発達のすべての側面において最も生産的な状況をつくり出します。ピアジェ（1932/1965）は、子どもが自己中心性を克服し、他者の視点を取ることができるようになるのは、協同を通してであると主張しました。仲間に対する関心は、子どもたちが共通の意味を構成し、いざこざを解決し、ルールをつくったり受け入れたりすることを動機づけます。

　①意味の共有

　意味の共有は明らかに人間の生存にとって基本的なものであり、その起源は赤ちゃんが養育者の動作を解釈したり予期したりする乳児期にあります。共有された意味に基礎を置くコミュニケーションは、言語以前の時期からすでに始まっています。パリにおけるスタンバックらの研究（Stambak, 1983）は、2歳前の子どもたちでも、初歩的な協同ができることを明らかにしました。子どもたちはお互いを模倣したり、共通の欲求を表現したり、お互いのアイディアを物を使って試したりしました（例えば、空っぽの樽に乗ったり、不意に落ちるまねをしたり、発声したり、2人の楽しい活動が長続きするようにいろいろな工夫をするなど）。

　子ども同士の間で共有される意味の構成は、外部からの枠組みがなく、子どもたちで共通する意味の枠組みを展開させなければならないごっこ遊びの中で見ることができます。ヴルバ（Verba, 1990）が指摘したように、子どもたちはテーマを共有したり、役割を割り当てたり、行動を決めたりするために、お互いに協同しなければなりません。そこには、提案や受容や拒否や交渉があります。社会的に合意された場面が少なければ少ないほど、子どもたちは自分の考えを表現する必要が多くなり、遊びを展開させるために自分の考えをより正確に、よりはっきりと表現しなければなりません。子どもたちの相互理解には、お互いの意志の歩み寄りも含まれます。ヴルバがさらに詳しく述べているように、相互理解は自己主張と相手を容認することとの均衡化をもたらします。彼女は、「子ども同士の結びつきは、お互いが合意したり共に行動しようとするときに強められる。子どもたちは長い間、お互いに見つめ合ったり、ほほえみ合ったり、笑い合ったりし、それが子ども同士の情緒的な融和をもたらす。」(p. 59) と述べています。共有された意味の枠組みは、客観的な思考の構成にも必要です。したがって、ごっこ遊びやその他の活動における意味の構成の進歩は、子どもたちのコミュニケーション能力や知的能力の進歩をもたらします。

　②いざこざの解決

　子どもたちのいざこざは、とりわけ協同のための豊かな場面となります。もちろん、すべてのいざこざが協同的な解決をもたらすわけではありません。しかし、子ども同士の相互作用が不均衡な時、子どもたちは話し合うことを動機づけられます。相手をパートナーとして維持したい子どもは、遊びを続けるための方法を見つけようとします。ボニカ（Bonica, 1990）は、ごっこ遊びにおける2人の3歳の女の子のコミュニケーションの移り変わりを記述しました。2人の遊びのテーマは人形にご飯をあげることであり、それを一方が提案して他方が受け入れました。2人が協力しようとする間には、譲歩したり、遊びのテーマを共有し、相手をパートナーとして維持しようとする努力が見られたのと同時に、たくさんの誤解や相手に拒否される提案やいざこざも見られました。相手をパートナーとして維持したいという欲求こそが、2人の間の一貫した意味のシステムをつくり出す原動力になるのです。協同はまた、事物を扱う探索的な遊びをする子どもたちの間でも生じます。

　ヴルバ（1990）は、ごっこ遊びにおいて、相手に象徴的な意味を提案することは、以前に同じ活動を共有したことのある子どもたちか、または子ども同士で遊ぶ習慣をもつ子どもたちの間でのみ起こると指摘しました。したがって、子ども同士の友情を育むことが大切であり、そのような状況のもとで意味が構成され、知能や

道徳的感情が練り上げられていくのです。

　ボニカ（1990）は、生産的ないざこざの解決は、自分自身の満足と相手の説得力との均衡化を意味していると指摘しています。さらに、生産的ないざこざの経験は、パーソナリティーの新しい側面の構成をもたらします（例えば、自分と相手との目標を統合できるようになるなど）。

　③ルール

　子ども同士の相互作用の中で見られる喜びは、集団に対する愛着の基礎となります。経験の共有は、コミュニティーとしての意識を育てます。保育者の指導によって育成されたこれらの意識は、構成論のクラスの中で生まれてくるルールの基礎になります。共有されたルールは、子どもたちの生活における道徳的な力になります。子どもたちは、彼ら自身で構成したルールに対する義務と責任感をもちます。

　要約すれば、子ども同士の相互作用は、子どもたちが進歩的な調整を行い、お互いを豊かにしていくための土台となるのです。

(2) 子ども同士の相互作用における保育者の役割

　子ども同士の相互作用における保育者の重要な役割は、可能性の範囲を定めること、子どもたちの自己制御がうまくいかない時に相互作用を促すこと、仲間の1人として時々子どもたちと一緒に活動することです。子どもたちが相互作用から得る教育的な価値に大きな影響を与えるのは、やはり保育者なのです。

　可能性の範囲を定めることには、教材や教具を選んだり配置したりすること、子どもたちの興味にアピールする活動を計画することが含まれます。子どもたちが同じ活動に興味をもつとき、相互作用の準備ができているのです。

　子ども同士の相互作用の価値は、一緒に活動する子どもたちの能力によってだけでなく、子どもの仲間として活動に加わる保育者の能力によっても決まります。例えば、ボードゲームで、保育者は子どもたちの隣に座り、プレーヤーの1人になることができます。1人のプレーヤーとして、保育者もルールに同意し、ルールを守り、それらの結果を受け入れなければなりません。そのような場面で、保育者の権力を放棄することによって、保育者は子どもの自律性を促進します。子どもたちは自分で責任をもつとき、情緒的、社会的、道徳的、知的なすべての側面から、活動に対する最善のエネルギーを費やそうとします。保育者も仲間の1人として子どもたちから指示を聞き、指導する役割を子どもたちに与えることができます。ゲームに負けたとき、保育者は正々堂々とした態度を示したり、相手の失望感を共有したり、負けたことにどう対処するかを示したりすることができます。

　子ども同士の相互作用の価値はまた、子どもたちのいざこざが生じた時に保育者がどのように介入するか、そして、構成的な社会・道徳的雰囲気を維持するためにどのように子どもたちを援助するかによっても決まります。いざこざは構成的なものにもなりますが、非構成的なものにもなります。なぜなら、衝動を自制する子どもたちの能力には限界があり、また相手の視点に立つことにも限界があるので、子どもたち自身にすべてを任すと、いざこざを克服することができないからです。協同を促進する熟練した保育者の指導がなかったら、力こそが正義という社会・道徳的雰囲気が生まれてしまい、多くの未解決のいざこざが不安や怒りや苦しみをつくり出してしまいます。この点については、第5章でさらに詳しく述べることにしましょう。

　したがって、構成論を実践するクラスにおける子ども同士の相互作用は、思慮深い保育者の指示と援助なしには起こり得ないのです。

4. 要 約

　社会・道徳的な雰囲気は、子どもの発達のあらゆる側面に影響を与えます。2つのタイプの

相互作用が、子どもの社会・道徳的な雰囲気の性質を決定づけます。一般に、他律的あるいは強制的な大人は、子どもを服従の道徳に方向づけ、外部からのルールや制御に従わせようとします。一方、協同的な大人は、子どもたちがつくり上げた原則に基づいて自己制御するように子どもを励まします。子ども同士の関係もまた、保育者によって子ども同士の相互作用が励まされるとき、子どもたちの社会・道徳的な雰囲気の性質に影響を及ぼします。仲間に対する関心は、子どもたちの協同をもたらし、それによって子どもたちは意味を共有し、いざこざを解決し、ルールをつくったり守ったりしようとします。構成論を実践する保育者は、可能性の範囲を定めて、ある時は子どもの仲間の1人として子どもと一緒に活動し、またある時は子どもたちを援助することによって、子ども同士の相互作用を促進するのです。

第4章

社会・道徳的な雰囲気をどのように形成するか

　道徳的なクラスは、保育者が子どもたちを尊重する態度によって生まれます。子どもたちのさまざまな興味、感情、価値、意見を尊重する態度が重要です。このような態度は、クラスづくり全体に、また活動の中に、そして保育者の子どもたちとの相互関係の中に現れるものです。

1. クラスづくり

　構成論に基づく教育の全体的な目的は、子どもたちの発達を促進することです。この目的は、子どもたちのニーズに応え、子どもたちの仲間関係や責任感を育てるクラスづくりを行うことにつながります。

(1) 子どもたちのニーズに応えるクラスをつくる

　子どもたちのニーズに即したクラスづくりを行うことは、生理的、情緒的、知的なニーズに配慮することを含んでいます。

1) 生理的ニーズ

　第1章において、食事・排泄・休息といった生理的要求に対するさまざまな態度について述べました。大人が子どもたちの生理的要求に応じなければならないことは、言うまでもありません。それにもかかわらず、これらの生理的要求に対して無神経で無関心である保育者や園を目にすることがあります。このようなことが起こる1つの理由は、園の決まりごとや設備が、子どもたちの生理的要求に応じるためには不便であったり、面倒であったりするためかもしれません。また、園が保育者のニーズに応えていないことも、その理由かもしれません。しかし、子どもたちの生理的要求を満たすことができないというのは虐待的な状況です。構成論に基づくクラスの社会・道徳的雰囲気は、生理的な心地よさによって特徴づけられます。

2) 情緒的ニーズ

　多くの園で、子どもたちの生理的要求は満たされていても、情緒的ニーズは見過ごされているかもしれません。私たちは第3章で、子どもたちの発達のすべての側面に及ぼす他律性の悪影響について述べました。軍隊型クラスの軍曹は、情緒的に虐待的な保育者と見なされるかもしれません。工場型クラスの監督は、情緒的に欠如した保育者と見なされるかもしれません。コミュニティ型クラスの助言者は、子どもたちにとって情緒的に豊かな存在であるだけでなく、子どもたちの気持ちにいつも寄り添い、子どもたちがより安定した気持ちでいられるよう、また複雑な気持ちをうまく処理することができるよう援助します。

　子どもたちを尊重するためには、受容と愛情を伝えることが必要です。子どもたちが感情や興味や価値を表現することを励まし、それを支える環境をつくることが必要です。これは、肯定的な感情と同様に、子どもたちが怒ったり悲しんだりする権利を受け入れることを意味しま

す。

　道徳的なクラスの子どもたちは、クラスは自分たちのものであると感じています。クラスは保育者のものでもあり、同様に子どもたちのものでもあります。道徳的なクラスでは、保育者のパーソナリティーだけが表れることはありません。保育室の壁は子どもたちの作品や書き物でいっぱいで、子どもたちの活動の成果が飾られています。もちろん、保育者も物的環境づくりに参加します。けれども、多くの教師が常に作らなければならないと思っているような手の込んだ壁面の装飾はありません。自分のクラスを自分のものだと感じることは、私たちの自分の家に対する感じ方と似ています。私たちは自分の家を安全で安心で快適で、楽しく、そして便利な場所にしているので、くつろぐことができます。私たちの家にあるものは私たちのものであり、私たちの目的のために自由に使っています。道徳的なクラスにおいても同様で、子どもたちは、安全で安心で快適であることを感じ、さまざまなことを行う楽しみや目的を見つけます。

　3）知的なニーズ
　子どもたちは、彼らの興味を刺激する活動や、どうやるのか知りたくなるような内容の活動を求める知的ニーズをもっています。子どもたちの知的ニーズを尊重するということは、幼児は身体的にも活発で、情緒的にも熱中していなければならないことを認識することです。ですから、子どもたちの知的なニーズに応えることは、彼らの身体的および情緒的ニーズに応えることと結びつくものです。社会・道徳的な雰囲気は、知的にも引きつけられる雰囲気です。本章で後に述べる諸活動の理論的根拠は、子どもたちの知的なニーズに応えることの重要性をさらに詳しく示しています。

(2) 仲間関係を促すクラスをつくる
　活動的であろうとする子どものニーズは、相互に関わり合おうとするニーズを含んでいます。構成論を実践する保育者は、人と人との関わり合いが自然に起こるようなプログラムを組むことによって仲間関係を促します。

　活動の時間は、仲間関係のための広範な機会を提供します。特にごっこ遊びや集団ゲームのような活動は、子どもたちがお互いに関わり合い、どのように協同するかを考える動機になります。物理的知識に基づく活動において、子どもたちは実験し、他の実験者を観察し、考えを交換します。同様に、造形活動、積み木遊び、書く活動などは、子どもが共同作業を行う場になり得ます。子どもたちはこれらすべての活動において、どの活動を行うかだけでなく、誰と遊ぶかを自由に選択することができます。

　構成論を実践する保育者は、グループタイムの時間に子どもたちの相互関係を調整しながら、子どもたちが先生とだけでなくお互いに話し合うよう励まします。グループタイムでは、誰かの問題を解決しようとしたり、意見の相違が生じたり、グループ全体の問題が取り上げられる時、子どもたちの間で意見交換が起こります。

　私たちは、子どもたちの仲間関係を調整し過ぎることに注意します。時として保育者は、遊びや遊び相手を順番に交替させることによって、仲間関係に片寄りのない集団をつくろうとします。私たちの考えでは、この方法は子どもたちの意欲や活動を弱めるものであり、子どもたちの気持ちを尊重していません。子ども集団は、個人の自発性や友情を犠牲にしてつくり出させるものではありません。そのような強制は、クラスを自分たちのものと感じる子どもの気持ちを育てることに逆行するものです。子どもたちは、遊び友だちを選ぶ自由をもつべきです。

　幼児期の子どもたちは、友だちとの関わりについての感情や考えや価値を構成しつつある段階です。非常に年齢の低い子どもたちでさえ、他の子どもたちへの愛着を形成することができます。そして、そこには友情のあらゆる特徴が

見られます。2歳児でも遊び相手に対する一定の好みがあることがあります。遊び相手が園に到着するのを楽しみにして待ち、遊び相手が欠席している時には淋しがったり悲しんだりするのです。そして、彼らに対して特別の同情を寄せます。

私たちは、子どもたちの間の特別な愛着を壊さないよう注意を払います。時々保育者は、子どもたちが小グループに分かれてしまうことを心配します。私たちは、グループ遊びから除外される子どもの気持ちを保育者が心配することには同感ですし、理解もします。しかし、子どもたちの愛着は彼らにとって重要で、社会性の発達の目印となるものです。好みが安定するということは、価値の保存を表しており、それは道徳性の発達に不可欠なものです。ですから、私たちは、子どもたちが特別な友だちをつくることを励ますよう、保育者に提案します。

もし友だちを排除し相手の気持ちを傷つけるという問題が起こったら、さまざまな方法で対処することができます。当事者である子どもの名前をあげずに、一般的な問題としてグループタイムの話し合いのトピックにすることができます。もし子どもが非常に気持ちを取り乱していたら、まず個別に話し合い、何が問題なのかを探ることができます。時には、除外されている子どもの親がクラスメートを家に招待したり、特別な時間を一緒に過ごしたりするよう提案することが助けになることがあります。私たちは、そのような経験を共にした子どもたちに1日で友情の花が開くのを見て来ました。また、除外されている子どもに、どのように他の子どもの遊びに仲間入りしたらよいかを手ほどきすることが役に立つ時もあります。除外されている子どもがクラスメートと一緒にできる特別なゲームを用意することが役に立つこともあります。子どもたちに、ある特定の子どもと遊ぶよう指示する必要はありません。

仲間関係を促すクラスづくりをすることは、必然的にいざこざが起こる状態をつくることになります。第5章で述べるように、構成論を実践する保育者はいざこざとその解決をカリキュラムの一部としてとらえ、いざこざ場面を有効に活用します。いざこざ場面において、子どもたちは自分と異なる他者の視点を認知する機会をもちます。そして子どもたちは、どのように問題を解決するかを考えるよう動機づけられます。

(3) 子どもの責任感を養うクラスをつくる

子どもたちがクラスは自分たちのものであると感じる時、それは責任感を養う準備ができていることになります。道徳的なクラスは、子どもたちが責任を負えるように組織されます。大人はしばしば、子どもたちが進んで引き受けようとする責任の大きさを低く見積もっています。

子どもたちは、クラスでさまざまな教材や備品を使うので、これらを大切に扱わないと何が起こるかを目にすることができます。カラーマーカーにふたをしなければ、乾いてしまって使うことができません。机を片づけてきれいに拭かなければ、昼食を置く場所がありません。さまざまな道具が定められた所に置かれていなければ、子どもたちはそれらを見つけることができません。保育者はこのようなことが起こった時、どうすれば解決できるかをグループで話し合う機会として利用することができます。第6章と第12章では、保育者が日々の役割当番を通して子どもたちと責任を共有できるさまざまな方法について述べています。

同様に、社会的環境に対する責任感を養うこともできます。第7章で述べるように、構成論を実践する保育者は、ルールをつくる責任を子どもたちと共有します。ルールが自分たちのものであると感じている子どもたちは、ルールをよく守り、他の人にもルールを守るように注意します。

クラスの協同が壊れてしまった時、子どもたちはクラスのみんなが尊重するルールが必要な

理由を理解する機会をもちます。保育者の援助のもと、子どもたちは自分たちの問題について話し合い、どのようなクラスで生活したいかを決めることができます。

　子どもたちの潜在的な能力を信頼することはいつも容易であるとは限りません。子どもたちが指示に従うことを学ぶのが、教育の大きな目標であると感じている教育者もいます。事実、「自己制御」は時として大人の要求に従うという意味で使われます。しかし、これは構成論に基づく教育の考え方ではありません。本書によって、子どもたちが自己制御できる可能性を保育者が信頼するようになることを願います。

2. 活　動

　子どもたちを尊重することは、構成論に基づく教育が能動的なものであることを意味しています。特に、構成論に基づく教育は、

1. 子どもの興味を引きつけます。
2. 試行錯誤を伴う活発な実験を奨励します。
3. 大人と子どもの間の、そして子どもたち同士の協同を助長します。

　社会・道徳的な雰囲気にとって、興味や実験や協同がどれほど重要であるかを次に述べます。

(1) 興味を引きつける

　私たちが興味と言う時、それはクラスの活動への子どもたちの積極的、情緒的な参加を意味します。そのような興味は構成論に基づく社会・道徳的な雰囲気に不可欠なものです。なぜなら、それは子どもの視点が尊重されていることを意味するからです。私たちは、構成論に基づくクラスにおいて、なぜ興味が重要なのか述べます。そして、どのように子どもたちの興味を引くのかについて、いくつかの事例を紹介します。

1) なぜ興味は重要か

　ピアジェは、興味は構成的なプロセスの「燃料」だと説明しました。大人は、自分の興味を意識的にとらえ、それを優先順で考えることができます。ですから、大人はしばしば興味が低かったり、何らかの強制的なプレッシャーを感じたりする時でも、建設的な努力をすることができます。しかし、大人にとってさえ、興味の欠如は効果的な努力の妨げになります。興味が完全に引きつけられている時、私たちの努力は最も生産的なものになります。そのような状態にあることは、興味がまだ分化していない幼児にとって一層必要なことです。ピアジェによると、興味は行為の中心をなすもので、子どもは興味によって知識や思考力や道徳性を構成していきます。興味がなければ、子どもは決して経験していることの意味を理解するための、建設的な努力をすることはないでしょう。新たなことに対する興味がなければ、子どもは決して自分の思考や価値観を変えないでしょう。興味は、物や人や出来事へのエネルギーの投入を解放したり中止したりする一種の調節器です。したがって、構成のプロセスを促進するためには、**構成的な活動の中に本来備わっている子どもの自発的な興味を喚起しなければなりません**。

　多くの人々は、認知発達のための構成論に基づく教育が、情緒にも同様に焦点を当てていることを知って驚きます。このピアジェ派の考え方は、ピアジェより以前に教育の目的は努力する能力を高めることだと主張したジョン・デューイ（Dewey, J.）によって提唱されました。しかし、デューイは、ある種の努力は非教育的であると警告しています。この非教育的な努力とは、大きな負担を伴い、ただ継続するよう外的に動機づけられて作業をする努力です。そのような作業は、非教育的であるだけでなく、誤った教育であると彼は述べています。それらが誤った教育だというのは、子どもの心を弱くし、麻痺させ、さらには混沌として鈍感な心の状態へとつながってしまうからです。そのような状

態は、個人的な目的なしに活動をさせられた時にいつも生じてしまうものです。それらはまた、その作業を課す指導者の外的なプレッシャーへの依存につながるという点で、誤った教育と言えます。子どもの興味や動機が、罰を避けたり保育者からの報酬を得ることにある時、それはその作業そのものに向けられていないことになります。デューイは、活動の外に動機を求めるべきではなく、その活動の中に動機を求めるべきだと言っています。保育者が、子どもたちを動機づけるために不自然な方法を取らなければならない時、何かが非常に間違っているのです。

活動への興味は、構成論に基づく教育の中心となります。デューイとピアジェは、子どもの能動的なパワーから出発することを勧めています。幼児はどのようにして精神的に能動的になるのでしょう。この問いに対する一般的な答えは、幼児は身体的な活動において精神的に能動的になるよう動機づけられるということでしょう。ピアジェにとって、知能は乳児期の活動から生まれ、その活動は同時に精神的でも身体的でもあるのです。精神的な発達は、主に精神的活動が身体的活動から徐々に解放されていくという問題です。しかし、子ども時代の長い間、身体的活動は精神的活動と密接に結びついており、精神的活動にとっても必要なものなのです。

2) 子どもたちの興味を引きつける事例

能動的な教育（active education）は、子どもたちが他者から孤立して机に座り、ワークシートに取り組んでいるようなクラスでは起こりません。構成論に基づいたクラスは、さまざまな活動が同時に行われているようなクラスです。これらの活動は、幼児教育における児童発達の長い伝統と結びついた活動を含みます（例えば、描画やその他の造形活動、積み木やその他の構成的活動、ごっこ遊びなどです）。構成論を実践する保育者は、このほかにも物理的知識に基づく活動（DeVries & Kohlberg, 1987/1990; Kamii & DeVries, 1978/1993）や集団ゲーム（DeVries & Kohlberg, 1987/1990; Kamii & DeVries, 1980）を加えます。

ヒューストン大学人間発達実験校では、保育者はいつもカリキュラムの内容について子どもたちと話し合います。例えば、4歳児クラスのペイジ・フラー先生は、グループタイムにおいて、子どもたちに何について知りたいのかをたずねました。そして子どもたちの答えをリストにし、そこからその学期のカリキュラムの内容を決めました。リストにあげられたトピックの中には、宇宙人、ガラスを割ること、ママとパパ、大学に行くこと、リンゴ、手を洗うこと、恐竜、フラワーガールなどがありました。あるインタビュー（1992年6月）において、ペイジ先生は自分の考えを次のように述べています。

　子どもたちの願望を尊重することや、それらのトピックから構成論に基づく活動を生み出すことは、チャレンジです。保育者の心にもまた、カリキュラムに入れたいことや、子どもたちに知ってほしいことがあります。援助者（facilitator）であるということは、子どもたちが知りたがっていることを把握しているということです。そして、子どもたちの考えを土台に、対人間の不均衡と認知的な不均衡が起こるような活動を生み出すことを意味します。構成論を実践する保育者は、そこに本当の学習が起こることを知っています。

　私は、子どもたちの学びの中に初めから子どもたちを参加させることから、保育者として多くのことを学びました。それができるためには、子どもたちの考えを尊重し、子どもたちを新たな段階にどのように引き上げるかを知っていることが要求されます。それは何を取り入れるか、つまり子どもたちとどのような調査をし、どこへ出かけ、どのような議論や問題に取り組むことができるかについて考えるということです。幼児教育に携わる醍醐味は、カリキュラムを子どもたちと共に計画するところにあります。保育者は、出来る限り子どもたちの学びの援助者となることに心を注ぎます。それから、保育者は子どもたちが知りたがっていることが何であるかを把握します。そして、世界にあるものすべての中から何をカリキュラムのトピックにするかを考え、計画するという実に大変な話し合いをするのです。

子どもたちの興味を真剣に取り上げることによって、ペイジ先生は多くの思いがけない経験

をしました。子どもたちの興味に従うことによってどのようなよい結果がもたらされるかを説明するために、いくつかの事例を紹介します。

①ガラスを割る

「初めてこのトピックについて聞いた時、とても心配しました。振り返ると、それを実践するのはとても簡単なことでした」とペイジ先生は話します。このガラスを割るという学習は、安全性というより大きなテーマへと展開しました。もちろん、子どもたちがガラスを割ることは許可しませんでした。ペイジ先生は、危険であることや子どもたちにケガをさせられないことを子どもたちに説明しました。代わりに、子どもたちは保育者が安全な方法（タオルで覆われた箱の中で）でガラスを割るのを見ました。ペイジ先生は、ガラスが割れたらどうなるのかを見ておくだけにしましょうと子どもたちに言いました。子どもたちはこの活動を通して、ガラスを扱う時、なぜ大人が興奮して気をつけるように言うのか、その理由を学んだとペイジ先生は推測しました。

②フラワーガール（結婚式で花をもつ少女）

これはおそらく、新たな知識だけでなく、新たな思考や理解をもたらす上で最も難しいトピックでした。自分の結婚式を計画していた副園長が、グループタイムに招待されました。そして、彼女は、恋愛関係や結婚することや家庭を築くことについて、子どもたちに話しました。子どもたちは、家族の意味について考える機会をもちました。もちろん、子どもたちは彼女に赤ちゃんが欲しいかどうかもたずねました。彼女は、「ええ、いつか」と答え、赤ちゃんがより一層家族を特別なものにすることを付け加えました。別のグループタイムで、さまざまなタイプの家族について話し合いました。子どもたちは、ファミリー・ネーム（姓）について学び、ファースト・ネーム（名）の後に、ファミリー・ネームのイニシャルを書くようになりました。衣装コーナーもこのトピックに合うように準備されました。ペイジ先生は次のようにコメントしました。

私にとって、フラワーガールそのものは主眼点ではありませんでした。でも、それが大切だと考えた2、3人の子どもにとっては、ファンタジーの世界を探検するチャンスでした。その子どもたちは現実に結婚式でフラワーガールを体験し、その時大人になったようで夢のようだったので、その特別な時間をもう一度体験したいと思ったのかもしれません。堅苦しいことは嫌だとしても、夢のような体験することは素敵なことです。

このテーマに取り組んでいる間に、男の子がフラワーガールになれるかどうかという議論が起こりました。ペイジ先生は次のように説明してくれました。「私たちは、男の子がやりたいといっているならば、フラワーボーイがいてもいいと考えたのです。だから、男の子たちもみんな、レースと花束とたくさんのきらきらした布を身につけて楽しみました。」

③手を洗う

ある男の子がこのカリキュラムのきっかけでした。彼は、両親や先生がなぜ頻繁に手を洗うように言うのか不思議に思っていました。私たちは、筆者（デヴリーズ）の母親が語ったある子どもの話しを思い出しました。その子どもは、料理の前に手を洗うように言われた時、「ぼくは洗わなくていいんだ。朝お風呂に入ったから」と言ったのです。ペイジ先生は、子どもたちにバイ菌の話をしても、その存在を示す証拠がないと考えました。そこで彼女は、ある母親（微生物学者である）の助けを借り、微生物培養用のペトリ皿を準備しました。ペイジ先生は、大人が子どもたちに手を洗うことはもちろん、口も覆うように言うことがあることを思い出しました。子どもたちが砂場で遊んだ後、ペイジ先生は子どもたちの爪を切って1つの皿に置きました。そして、子どもたちが手を洗った後にまた爪を切り、他の皿に置きました。グループタイムの時、別の皿が子どもたちに廻され、その皿の上で子どもたちは口を覆うことなく咳をしました。もう1つの皿に子どもたちは口をふさ

いで咳をしました。ある子どもは、口を覆わずにクシャミをするとどうなるかを見るために、綿棒を使って鼻から粘液を採ることを提案しました。もう1つの皿は、空気にさらしておくだけにしました。子どもたちは、すべての皿にラベルを付け、それぞれの皿について話し合い、何をしようとしているのかを明確にしました。微生物学者である母親は、彼女の実験室の暖かくて湿った場所に皿をもっていきました。それから2日後、劇的な結果を肉眼で見ることができました。1つの容器は、あまりにも有毒なものになっていたため、封をし、実験室に戻して廃棄しなくてはなりませんでした。子どもたちは、何をしたか、そして結果がどうであったかをグループタイムで話し合いました。その活動の間、子どもたちはそれらの皿をよく観察し吟味しました。このプロジェクトによって、バイ菌が子どもたちにとって観察できるよりリアルなものになったのです。

(2) 実験を励ます

私たちが実験と言う時、それは事物への子どもの働きかけと、これらの働きかけに対する事物の反応の観察、そして、それらの観察によって導き出される新たな働きかけを意味します。

1) なぜ実験が重要か

物を使って自由に実験することは、構成論に基づく社会・道徳的な雰囲気の重要な部分です。なぜなら、それは子どもの興味や考え方をどうとらえているかという保育者の態度を表しているからです。それには、子どもたちが知識を構成していく中で、間違いも大切であるという認識が含まれます。子どもの思考は、7歳ぐらいまで、身体的、物質的、そして観察可能な経験によって占められています。事物に対する子どもの主な興味は、それらに働きかけるとどうなるかということです。特に乳幼児期において、子どもたちは事物に働きかけることによって物理的世界の知識を構成します。ピアジェによると、実験の過程において、子どもは物理的知識だけでなく知的能力（知能そのもの）も構成します。

子どもたちの実験に対する大人の反応は、社会・道徳的な雰囲気にとって決定的に重要です。もし大人が実験をよくない行動と見なすなら、大人はその行為を罰するかもしれません。子どもの実験的な態度を押しつぶすことは容易なことです。構成論を実践する保育者にとってのチャレンジは、子どもの実験的な態度をどのように助長するかということです。

2) クラスにおける実験の事例

構成論に基づくクラスでは、保育者は子どもたちの実験的な態度を積極的に促します。例えば、人間発達実験校のコリーン・サミュエル先生は、5歳児の物を浮かべたり沈めたりする活動で、子どもたちの予想と観察結果との間に矛盾が生じるような事物を用意し、子どもたちの好奇心を刺激します。彼女は、「どうなるかしら。浮かぶかしら」といった質問をしたり、意見を言ったりします。「〜した時にどうなるかしら」と個々の実験への子どもたちの注意を促します。実験的な子どもたちには、「どうなるか見てみましょう」、「見せてあげましょう」、「試してみましょう」、「やってみましょう」と言います。子どもたちは発見したことを喜びや驚きをもって知らせにきますが、それは、その問題について意識的に考えていることを示します。驚きは子どもたちの予想と観察結果の間の矛盾を表しているので、保育者は子どもたちの驚きを特にうまく利用します。例えば、Sは木製の中くらいのトラック（金属の車軸とゴムのタイヤがついている）が部分的に沈んでいて、もっと大きな木製のバスが浮かんでいることに驚いているようでした。コリーン先生（保）は、さらに実験を進めて比較するよう助言し、なぜこれらの結果が起こったのかについて考えるよう促しました。

S：見て、見て、コリーン先生。木のトラックが沈んだよ。
保：もっと大きいのはどうかしら。
S：（水の中に大きな木製のバスを入れる。驚きの表情でコリーン先生を見る。）
保：あらまあ、見てごらんなさい。バスが浮かぶのを初めて見たわ。
S：これは沈んだよ（トラックをもち上げる）。
保：どうしてこれは沈んだのかしら。このトラックの方が小さいのに。
S：小さいからだよ。
保：トラックは小さくて、バスは大きいわね。バスの方が重いのかしら。どっちが重いと感じるかやってみましょう。
S：こっち（バス）。
保：どうしてこれは浮いたのかしら。
S：（小さな木製の自動車を水の中に落とす。それは浮いた。）どうしてこんなちっちゃなものが浮いたのかな。
保：大きい物だけが浮くと思ったの？
S：そうだよ。でも小さな車が浮いたよ。
保：とっても不思議ね。
S：（厚紙のペーパータオルの芯をもってくる。）これは浮くと思うよ。見て。ヘビみたいに浮いてる！
保：何てことでしょう。このつまようじを見て！　これはどうなると思う？
S：（つまようじを水の中に落とし、浮くのを見る。）

　Sはこの活動において、大きい物だけが浮くという彼女の予想と、小さい物もまた浮くという観察結果との間の矛盾を解決していません。しかし彼女の困惑は、さらなる実験、熟考、そして最終的な矛盾の解決の土台となっています。
　この例は、子どもたちが私たちを驚かすような予想をすることを示しています。このように、保育者もまた、子どもたちがどのように推論し、思考を修正するかについての知識を構成し続けます。

　コリーン先生は、たとえ間違っていても子どもたちの考えをサポートし、ほかの子どもたちがそれに気づくように注意を喚起します。例えば、Tが発泡スチロールの断片は穴が空いているので浮くという仮説を立てた時、コリーン先生は、「Tちゃんが、穴が空いていれば沈まないと言っているわよ」と繰り返して言いました。それから先生は、「これ（プラスチック製のカゴ）は沈むわね、でも穴があいているわよ」と言って、子どもたちの思考に挑戦することを試みます。後に、他の子どもたちが木製の物は浮くらしい気づいた時、車軸が金属でタイヤがゴムでできたトラックが部分的に沈んだことに注意を向けさせ、「これの何が違うと思う？」と聞きました。ある子どもが「木を削ったからだよ」と言いました。彼は、トラックが1つの木の固まりからできていることを言ったのです。子どもたちのあるグループが、金属は沈み、木は浮くという結論に達したとき、コリーン先生は、縁が金属で出来た木製の定規を見せて、浮くか沈むか予想するように促しました。
　ここで、コリーン先生が、浮く特性と沈む特性の両方を合わせもつ事物を、この実験から除外していないことを指摘しておきます。材質の特徴から浮き沈みの結果がはっきりとしているものがある一方で、そうでないものもあります。コリーン先生は、現実の世界にある不確かさを子どもたちに避けて通らせることはしません。

(3) 協同を促す

　協同は、他者の行動、願望、感情、考え、そして心理的な状態との関係の中で操作することを意味します。ピアジェは、単一の視点の認識から脱中心化することが認知的、道徳的に重要であると語っています。子どもたちが脱中心化して、他者の視点について考えなければ、協同は不可能です。協同、そしてそこに内在する互恵性は、社会・道徳的な雰囲気に決定的な重要性をもっています。

1) なぜ協同が重要か

協同は、視点の協応、他者を理解すること、イニシアチブを受け入れること、あるいは反対意見や修正案を交換するなどの高度な調整を必要とします。子どもたちが相反する行動をしている時や公然とその意見が異なっている時に、調整の必要性が明らかになります。一緒に遊びたいという欲求は、子どもたちの友好的な関係、すなわち社会・情緒的な結びつきから生じます。一緒に遊ぶ習慣は、より複雑な形態で協同することを可能にします。協同し問題を解決しようとする動機は、相互作用が壊れた時に生じ、友だちとの間の方がそうでない時より一層強いのです。

自分の考えを他の人と共有したいという欲求は、相互理解のために努力することへとつながります。他者を理解し、他者から理解されているという感覚は、友だち関係を発展させるための条件になります。子どもたちの遊びにおいて、彼らが最も興味をもっているのは、遊びの内容よりも社会的な相互関係であることが多いのです。協同の経験は、対人理解の発達と、公平さや公正さの問題について考える土台となります。

一緒に遊ぶ子どもたちは、外部からの取り決めがない場合、何をするかについての意見を一致をさせなければなりません。ごっこ遊びでは、シンボルの意味を共有しなければなりません。ゲームでは、ルールに同意する必要性に直面します。一緒に積み木遊びをする時は、何をするか、誰がどの役割を果たすかについて同意しなければなりません。ですから、協同は、社会的、道徳的な発達と同様に、知的な発達にとても重要です。

2) クラスにおける協同の事例

興味と実験が促進されるように計画されたクラスでは、協同も促されます。積み木を使いたい子どもたちは、一緒になって何かを組み立てようと思うかもしれません。ごっこ遊びをする子どもたちは、役割や考えを調整しながら、共有された複雑なシンボルを生み出すことができます。おやつ作りは、2人のコックさんが何を作り、どのように責任を分担するかについて同意しながら進める活動として計画することができます。

集団ゲームのような活動は、協同を必要とします。例えば、1年を通して頻繁にチェッカー（訳注：チェス盤上で12のコマを用いてするゲーム）を一緒にやっていた2人の5歳児の事例を見てみましょう。彼らが一緒にルールづくりをし、対人理解を深めながら、高度な視点の調節を行っているのは明らかでした。ゲームを始めた時、彼らは伝統的なルールをまったく知らず、無意識にゲームを作り替えました。例えば、Kは、相手のコマが進路上にない限り、チェスのビショップ（訳注：将棋でいう角）のようにコマを斜めに何マスでも進めることができると決めました。Jは、相手のコマを獲得する時は2マス飛び越えられることを考えました。Kは、コマを後ろに進めることができると決めました。

構成論に基づくクラスでは、保育者は子どもたちと協同します。保育者は、何を学ぶかを決めるに当たって、子どもたちの考えを歓迎します。そして、探索と実験と調査と発明を助長します。構成論を実践する保育者は、子どもたちと話し合うことによって子どもたちと協同し、しばしば仲間として、ゲームの1プレーヤーとして、そして対等な実験者として行動します。

3. 保育者の役割

第1章で示したように、保育者と子どもたちとの関係は、社会・道徳的な雰囲気にとって極めて重要です。これらの関係が対人間の雰囲気の性質を決めると言っても言い過ぎではありません。構成論を実践する保育者は、子どもたちと協同することを試み、子どもたち同士の協同を促します。

(1) 子どもたちと協同する

　大人と子どもたちの協同について語られる時、しばしばそれは大人の要求に子どもたちを服従させることを意味することがあります。これは私たちの意味することではありません。私たちにとって協同とは、保育者と子どもたちとの互恵的な関係を意味しています。それは、子どもたちを人として尊重し、子どもたちの発達の特性を尊重することから生まれます。ここでの教育の一般的な原理は、保育者ができるだけ権威を少なくすることです（その理論的根拠については第3章を参照）。協同が社会・道徳的な雰囲気にとって重要なのは、それがクラスの子どもたちの平等を尊重すること、すなわち権利と責任の平等を反映しているからです。

　私たちは、構成論を実践する保育者がどのように子どもたちと協同するかについて、保育者が何を試みているかという点からとらえています。彼らは、1）子どもたちの思考を理解することと、2）子どもたちの知識の構成を援助することを試みます。

　1）子どもたちの思考を理解する

　保育者が前操作的発達段階についてのピアジェの研究と理論を知っていることは、幼児の思考を理解する助けになります。ここで私たちはピアジェの研究の解説はしませんが、いくつかのガイドラインと事例を紹介します。それによって構成論の保育の経験が浅い人たちは、子どもたちを観察し、子どもたちの意見に耳を傾ける習慣をもつようになるでしょう。

　この習慣は、子どもたちの言うことを真剣に取り上げることが特徴です。例えばある子どもが、「今日、天気予報のおじさんが雨を降らせるよ」と言った時、保育者はこれを単にかわいらしい言い方としてでなく、真面目な意見としてとらえます。保育者は同様に、散歩中に子どもが表現した直観的な考えにどのような意味があるのか知ろうとします。例えば、子どもたちが園に戻るために向きを変えた時、影はもはや彼らの後ろにはなく、前にありました。「どうしてあなたの影は今あなたの前にあるの？」とたずねると、答えは「風が吹いたんだよ」というものでした。保育者は、子どもが光と物体と影の空間的因果関係について考えられないことを知ります。同様に、ある子どもが、彼の作った積み木にほかの子どもがわざとぶつかったと言い張る時、保育者は、行為は必ずしも意図を表すものではないことを子どもは理解していないし、おそらく理解できないのだということを知ります。

　構成論を実践する保育者は、子どもたちが大人のように考えるとは仮定しません。子どもたちが何を知っていて、どのように思考するかを仮定するよりも、むしろ、保育者は子どもたちが考えていることを誠実にたずね、予想しない答えが返ってきたときのために備えます。

　2）子どもたちの構成を促進する

　子どもたちの思考を理解することは、発達を助長するための土台となります。構成論を実践する保育者は、子どもたちが知識と知能を構成するのを援助するために、子どもたちの思考の糧となる新しい要素を提案しながら関わります。例えばコリーン・サミュエル先生は、B（人間発達実験校に通う5歳男児）が影絵活動において、スクリーンから離れるにつれて影が大きくなることに気づいたのを見ました。彼女はBが光源について考えているかどうか疑問に思い、「どれだけ大きくできるかしら。できるだけ大きくして見せて」とたずねました。すると、Bは光源として使っているスライド・プロジェクターの後ろまで下がりました。「ゾウの影はどうなったかしら。見えなくなったわね。」Bは予期しなかった結果にびっくりし、暗闇の中でゾウを揺り動かしました。影が無いのを見て、彼は前方へ移動しましたが、それは光の通り道の外でした。ゾウを左右に揺り動かすうちに、偶然にそれが光に当たり、影がちらりと現れました。このことで、Bは光の通り道の真中

へ移動することができ、「ほら！」と言いました。コリーン先生はもう一度「どれぐらい大きくできるかしら」とたずねました。まだ光源に気づいていないBは再び後ろへ下がり、また影を失ってしまいました。「ちぇっ！」彼は、ゾウをあちこちに揺り動かしたり、プロジェクターの上やそばに置いたりして、そしてついに、さっき影を見た所に戻ってもう一度影を作りました。1年間を通して、コリーン先生は、Bがさらに影を使って実験できる場面を用意し続けました。天井に影を作ってみるのは、特にわくわくする実験でした。Bはさまざまな仮説を試し、徐々に光と物体、そして物体とスクリーンの関係を調整していきました。

　構成論を実践する保育者は、しばしば子どもたちと一緒にプレーヤーの1人として集団ゲームに参加します。このような立場で保育者は、自分の考えていることを声に出し、そうすることによって子どもたちがルールと作戦をもっと意識するよう援助します。例えば、ある教育実習生は人間発達実験校で子どもたちとチェッカーをしながら、「あのコマをここに動かしても安全だけど、ここに動かしたらあなたが私を飛び越してしまうでしょう。だから安全な所に動かそうと思うわ」と言いました。このようにして子どもたちは、前もって考えたり、相手の立場に立って可能な動きを推測したりするよう促されます。

　構成論を実践する保育者が、子どもたちの独自の思考や知識の構成を真剣に受け止めることによって、子どもたちと協同している多くの事例が本書全体を通して紹介されています。

(2) 子どもたちの間の協同を助長する

　構成論に基づくクラスでは、子ども同士の相互作用が非常に多く起こるので、子どもたち同士の関係は社会・道徳的な雰囲気の重要な部分を占めます。構成論の目標は、子どもたちが情緒的なバランス、対処能力、対人理解、そして社会・道徳的な価値を構成することです。これらすべての目標は、保育者が子ども同士の相互作用の中で子どもたちを援助することを通して達成されます。

1) 情緒的なバランスと対処能力の構成を促進する

　情緒的に不安定な幼児にとって、情緒的なバランスの構成は継続的な努力を要するものです。彼らは安定したパーソナリティーと不安定な情緒に対処する能力をまだ構成していません。それは大部分において、視点について考える知的な能力に制限があることと、自己と他者の相互作用や関係が複雑であることによるものです。意図と行為を分けてとらえていない子どもは、自分の権利が偶然に侵害された場合でも常に怒りを表します。子どもたちは、他者がどのような意図をもっているかを知る必要性を認識し、すぐに判断せず、自分自身の他者理解について問い直すことを学習することによって、徐々に情緒的なバランスをもつようになります。大人の中にも、これをうまく学習していない人、つまり自分自身の感じ方しか投影していない結論を急いで出してしまう人がいます。構成論を実践する保育者は、自己理解と対人理解の発達を促すことによって、子どもたちが情緒的なバランスと精神的な健康を獲得していくプロセスを助長します。

　構成論を実践する保育者は、子どもたちが自分の感情や自分にどのような反応をする傾向があるかについて考えるよう援助し、子どもの自己理解の発達を促します。子どもたちが混乱状態になった時、保育者は、何が彼らを混乱させているのかをたずねることができます。保育者は、子どもの感情を理解していることを知らせ、子どもの感情に共感することができます。子ども同士のいざこざの場面では、次の章で論じる仲裁の方法を用います。もし子どもが親とのことで気持ちを取り乱して学校に来たら、保育者は事情を聞くことができ、子どもがその問題について親とどのように話し合えるかを考える援

助ができるかもしれません。構成論を実践する保育者は、子どもがずっと気持ちを取り乱したままであったり、変えることのできないことに対して腹を立てているようなことがあれば、「自分で自分の気分がよくなるようにすることもできるのよ。気分がよくなるように何かできないかしら」と言うことによって、子どもが苦しい気分を忘れ、克服することを助けようとします。子どもの怒りが破壊的で平静を取り戻せないような状態や、子どもが自分を哀れんでいるような時は、「自分で気分をよくすることも悪くすることもできるのよ」と言うことが助けになることもあります。ペイジ・フラー先生（保）と彼女のクラスに来てまだ数日の4歳児の次のやりとりを見てみましょう。

C：（泣いている）
保：何かあなたを困らせることがあるから泣いているの？　何が悲しいの？
C：ママにいてほしいの。
保：そうなの。あなたをとても悲しくすることがこのクラスで起こったの？
C：（うなずく）
保：なにがあったの？
C：ママにいてほしいだけなの。
保：ママにいてほしいだけなの？　ペーパータオルを取ってきたのね。何かおやつを食べたいの？
C：（首を横に振る）
保：いらないのね。ここに座って、私たちがレゴを片づけるのを手伝ってくれたら、とても助かるのだけれど。
　　（他の子どもたちがレゴを片づけている間、彼女はCをひざに抱いている。）
　　（その後、Cはまだ泣いている。）
保：（Cの高さにかがんで、彼の手を握り、彼の目を見る。）Cちゃん、あなたはとても悲しい気持ちのままでいたいようですね。もし、泣くのをやめたいと思うなら、それがいいと思うわ。ママがいなくて淋しく思っていることはわかります。でも、泣くのをやめれば、新しい友だちと一緒に楽しく遊ぶこともできるのよ。
C：（泣きながら）でも、ママがいないと淋しいの。
保：ママは今日の午後にあなたを迎えに来てくれるわ。でも、今は来れないの。

　情緒的なバランスと不安定な情緒に対処する能力の構成は、対人理解の構成にとって重要です。

2）対人理解の構成を促す
　対人理解の構成は、他者の意見について考え、話し合いを通して自分の意見と他者の意見を調整する方法を見つけ出す脱中心化のプロセスです。第2章では対人交渉の方略と共有経験の発達的なレベルについて述べました。子どもたちが、他者の心理状態に関心をもち、友だち関係を築くことに興味をもつようになったら、彼らは、さまざまなタイプの対人交渉の方略と共有経験のレパートリーをもつようになります。構成論を実践する保育者はそれを促すために、レベルの進んだ方略を自ら使ったり、時にはいざこざ場面でそれらを使うように子どもたちに提案したりして、子どもたちが交渉する努力を支援します。例えば、活動においてほかの子どもの手助けを得るように促したり、いざこざ場面においていろいろな意見があることを知らせたりします。
　シュアとスピヴァック（Shure & Spivack, 1978）は、子どもたちのいざこざに介入する場合と介入しない場合の素晴らしい事例を紹介しています。これらは、私たちの教育の原理をとてもよく反映しているので、そのままここで紹介します。次の2つの事例は、母親が自分の息子とその友だちの間のいざこざに介入する場面です。最初の事例は、息子がおもちゃを奪い取るのを見た母親が、してはいけないことについて説明しています。読者は、その母親の介入が第2章

で述べたレベル1の対人理解であることに気づくでしょう。

母：あなたはどうしてジョンからトラックを取ろうとしたの？
子ども：だってぼくの順番だもの。
母：ジェームズに返しなさい。
子：いやだ。ぼくのだ。
母：自動車で遊んだらどうなの？
子：消防トラックがいい！
母：一緒に遊ぶか、交替で遊びなさい。奪い取るのはよくないわ。
子：でも、今トラックが欲しい。
母：一緒に使わなくてはいけません。ジョンは怒るだろうし、もうあなたと遊ばないでしょうよ。
子：でも、ママ、ジェームズはぼくにそれをくれないよ。
母：物を奪い取ることはできないの。彼があなたにそれをしたらどう？
子：いやだ。
母：ごめんなさいって言ってきなさい。(p.32)

シュアが開発した対人的な認知問題解決スキルのトレーニングを受けた別の母親は、物の取り合いが見られた時、次のような方法で関わりました。

母：何があったの？　どうしたの？
子：ぼくのレーシング・カーを彼が取ったんだ。返してくれないんだ。
母：どうしてそれを今取り返さなければいけないの？
子：だって、ずーっと彼が使ってるんだもの。

シュアのコメントによると、この母親は自分の息子が相手の子どもと共有しておもちゃを使ってきたことを知りました。その事実を知ることによって、この母親は、一緒に使いなさいとすぐに子どもに要求するのではなく、違った視点からその問題を見ることができたのです。

母：あなたがおもちゃを取ったら、あなたの友だちはどう感じると思う？
子：怒るよ。でも、ぼくは知らない。ぼくのおもちゃさ。
母：あなたがおもちゃを奪い取った時、あなたの友だちはどうした？
子：ぼくを叩いたよ。でもぼくはおもちゃが欲しかったんだ！
母：あなたはどう感じた？
子：怒った。
母：あなたが怒って、あなたの友だちが怒って、彼があなたを叩いたのね。違った方法でおもちゃを返してもらえないかしら。2人とも怒らずに、ジョンがあなたを叩かないですむような方法で。
子：ジョンに頼むことができるよ。
母：そうしたらどうなったかしら？
子：ジョンは、いやだと言うよ。
母：ジョンはいやだと言うかもしれないわね。ほかに、レーシング・カーを返してもらえるのにどうしたらいいか何か考えられない？
子：ぼくのマッチボックス・カーを彼に渡してあげられるよ。
母：2つの違った方法を考えたわね。(pp.36-37)

これらは、子どもが対人感情、行動の結果、そして対人間の方略について考えるよう促すことによって、大人が子ども同士の協同を促進することを示した例です。子どもたちの対人理解と行動がさらに発達するにつれて、社会・道徳的な雰囲気は変わっていきます。

3）道徳的な価値の構成を促す
　道徳的な価値の構成は、他者を尊重するようになっていく緩やかなプロセスです。子どもたちは、自分が尊重されなければ、他者を尊重するようになりません。保育者が子どもたちに対

する尊重を表現することは、長い道のりを経て、自己尊重と他者尊重を構成する土台を築くことになります。他者への尊重は、他者の意見を考慮するという知的な、そして情緒的な脱中心化に基づいています。子どもたちは、思いやりや共有、他者との衝突といった数え切れない経験を通して、人と人との互恵的な関係についての考えを構成します。

青年期の道徳教育のための「公正な共同体アプローチ」(Just Community approach)の中でコールバーグが奨励しているように、構成論を実践する保育者は、公平性を支持することや、子どもたちが話し合えるように社会・道徳的な課題を提示すること、またクラスの中で起こる問題を活用することによって、道徳的価値の構成を援助します。構成論に基づくクラスの子どもたちは、集団が社会・道徳的な問題を解決する力をもつことを知っています。そのようなクラスでは、集団が道徳的な権威をもち、子どもたちはそれに貢献し、それに対して責務を感じます。

私たちは通常、2人の子どもの間で起こった問題についてはクラスで話し合わないよう保育者に勧めています。しかし、多くの子どもたちが、ある個人の行動に関心をもった時には、話し合いは有益であるかもしれません。例えば、ある朝、実験学校の5歳児クラスの子どもたちが、園庭でのHの行動に気をもみながら戸外活動から返ってきました。Nは、「Hちゃんの問題について話し合う必要があるわ」と言いながら保育室に入ってきました。保育者（コリーン・サミュエル）は、クラス全体で話し合うべきか、後で個別に話し合うべきかたずねました。Nはあまりに怒っていたために待つことができず、他の子どもたちも彼女の不満に同調しました。Nは、「Hちゃんは私の絵を破ったのよ。そして私を滑り台の上から落としたのよ」と説明しました。Hはこれを否定して、Nを下に落とした覚えはないと言いました。Nは、「やったわ。あなたはうそをついているのよ。そうやって問題から逃げようとしているのよ」と責めました。ほかの子どもたちはNの話を支持しました。そして、A（5歳）はこの1つの出来事に含まれるより広い意味について雄弁に述べました。

　私たちがすべきことは、私たちがどう感じているかをHちゃんに知らせることだと思うわ。もし私たちが手を貸さなかったら、問題は少しもよくならないし、私たちはちゃんと教わらないことになるわ。そして、大きくなっても、たぶんわからないままでしょう。もし人が誰かを傷つけることを放っておいたら、人は傷つけることを学んでしまうでしょう。もし私たちがこれを止めなかったら、大きくなった時に人を傷つけることを学んでしまうでしょう。だから私は、目の前にあるこれらの問題を放っておいて、このまま先に進んで、これらの問題に手を貸さないのはとてもよくない考えだと思います。

保育者が続けました。「Nちゃん、Aちゃんは自分も同じことを見たと言っていますよ。そして提案してくれています。あなたは、どう感じているかをHちゃんに言う必要があるようですね。これはあなたとHちゃんの問題だから、Hちゃんと話しませんか？」NはHに、「Hちゃん、あなたが私を突き落として、私の紙を破ろうとした時、とてもいやだった」と言いました。ほかの子どもたちも、園庭で人を傷つけることについての懸念を表現しました。コリーン先生は、「園庭は楽しい場所ではなくなってしまったようね」と言い、「このような手に負えない状態になった時、その子たちでできることは何かしら」とたずねました。Aが再び、道徳的な演説者のように話しました。

　私たちは彼らに、私たちがどのように感じているか伝えるべきです。世界のみんなが感情をもっています。さっき言ったように、彼らは大きくなってほかの人たちを傷つけるでしょう。彼らが大きくなった時に、彼らを助けることができるかわかりません。彼らはその方法しか学んでいなくて、ほかの方法は何も学んでいないのです。

コリーン先生は、次のように話し、脱中心化を強調します。「私たちが言いたいのは、ほかの人たちの気持ちを考えようということです。先生たちもそうしているのですよ。だれかが本当に気分を害していたら、私たちはその人の気持ちを考えるし、その人を助けようとします。」そこでJが、「みんながいつもけんかしていたら楽しくない」と言いました。Aがまた次のように言いました。

　私たちは大きいクラスなのよ。そして、小さい子どもたちに私たちの行動で教えようとしているのよ。大きい子どもたちがどう行動すべきかを、小さい子どもたちに本当に見せているかどうかわからないわ。そしたら、小さい子どもたちが大きいクラスになった時、同じことをすることになると思うわ。

　コリーン先生が言いました。「Hちゃんの考えを聞いてみましょう。たぶん彼は自分をコントロールすることができるでしょう。園庭をもっとよい場所にするためにあなたができることは何ですか？　園庭は楽しい場所でなくなってしまったの。」Hは、「叩いちゃいけないんだ」と答えました。コリーン先生は、そのためにはどうするのかをたずねました。そこでのHの答えは、彼がAの主張を聞いていたことは示していましたが、コールバーグのレベル1の道徳性、つまり罰への恐れによる他律的な道徳性によるものでした（第9章を参照）。

　Aちゃんが言ってたとおりだと思う。もしだれかを傷つけたら、そしてそれから大きくなったら、叩くことが当たり前だと思うようになるだろうし、もし叩いたら、叱られるし。

　この時点で保育者は、「叩いてはいけないほかの理由はないかしら」とたずね、罰を避けるというレベルを越えた考えをもつ機会を子どもたちに与えることもできます。

　この事例で、私たちは、子どもたちが道徳的な関心と責任に対してどのような感情をもっているかを知ることができました。それは、目の前の問題だけでなく、長期にわたって自分たち自身にどのような影響があるか、また年少の子どもたちにどのような影響があるかまで言及したものでした。

4. 要　約

　構成論に基づく社会・道徳的な雰囲気は、子どもたちの興味と感情と価値と考えを尊重する保育者の態度に基づいています。クラスは、子どもたちの身体的、情緒的、知的なニーズを満たすように組織されます。また、子ども同士の相互作用を促し、子どもの責任感を養うように組織されます。活動は、子どもたちの興味や実験や協同を引き起こすものです。保育者の役割は、子どもたちの思考を理解し、構成的なプロセスを促進することによって、子どもたちと協同することです。保育者の役割はまた、情緒的なバランスと不安定な情緒に対処する能力、対人理解、道徳的な価値の構成を促進することによって、子どもたちの間の協同を育成することです。

第5章
対人間のいざこざとその解決

　自由な社会的相互作用が見られる活発なクラスの中では、いざこざは避けられないものです。多くの園や学校では、けんかやいざこざは望ましくないもので、どんなことをしても避けるべきだと考えられています。私たちはこの考え方に同意しません。構成論に基づくカリキュラムの中では、いざこざやその解決は極めて重要なものです。本章では、発達におけるいざこざ（あるいは葛藤）の役割について述べ、第1章で紹介した軍隊型、工場型、コミュニティ型クラスの子どもたちのいざこざを解決する能力を調査した結果を検討します。また、構成論を実践する保育者がいざこざに対して全般的にどのような姿勢をもっているかについて述べ、援助する時の原則について事例をあげながら示し、保育者と子どもの間に起こるいざこざについても検討します。

1. 発達における葛藤の役割

　対人間のいざこざを解決する能力が、実際においてなぜ重要であるかを理解することは簡単です。もしすべての大人がこの能力をもっていたら、世界は平和になるでしょう。いざこざを実際に解決する能力を育てることは、構成論における重要な教育目標の1つです。しかし、ピアジェ理論において葛藤（訳注：原語は"conflict"であり、広い意味では「葛藤」と訳し、対人間に起こる葛藤については「いざこざ」と訳している）は、それ以上に複雑な意味をもっており、構成論が葛藤を重視する理論的根拠もまた、明らかな社会的目標を超えた意味をもっています。

　構成論では葛藤は2種類に分類されます。1つは個人内（intraindividual）葛藤であり、もう1つは対人（個人間 interindividual）葛藤です。ピアジェは主に個人の中で起こる葛藤を重視しましたが、発達にとってはどちらの葛藤も不可欠であると考えました。個人内葛藤は、例えば子どもが影遊びの中で、自分の行動によって影の位置が変わると考えるような時に見られます。壁に向かって歩いていくと影ができるのを見ていた子どもは、ほかの壁に向かっていっても影が見られないことに驚きます。予測と結果の食い違いが、物と光とスクリーンの間の空間関係と因果関係を見つけることにつながるのです。

　個人内葛藤の別の例は、すごろくのようなボードゲームで、いくつコマを進めるかをサイコロで決める時に見られます。第2章で説明したように、多くの子どもは数を構成していく過程において、厳密なまでに1対1対応の原則を当てはめようとする時があります。彼らは、マスを1つずつ数えていくという論理に動かされ、自分のコマが乗っている次のマスから「1」と数えるのではなく、自分のコマが乗っているマスから「1」と数えることが正しいと信じているのです。しかし、サイコロで1を出し、口で「1」と言いながらも前に進まない時、明らかに葛藤が起こっていることを示す子どもが多くい

ます。そのような場合に子どもがよくすることは、「1」と言ってコマが乗っているマスを数え、もう一度「1」と言って次のマスに進むことです。このような経験の繰り返しの中で、子どもたちは内的な認知的葛藤を起こし、そのおかげで論理を再構築するのです。私たちは、子どもたちがこのような間違いをしている時、1と2だけでできているサイコロを使うことを勧めます。そうすることによって、コマが乗っているマスを確かめるという論理と、前方に進んでいくという論理の間に起こる葛藤を経験する機会が多くなるからです。

2つ目の葛藤は対人間で起こるものです。このような葛藤は、知的発達と道徳的発達のどちらも促すとピアジェは主張しました。その発達とは、1つの視点から見るという段階から、ほかの視点を考慮する段階へと脱中心化することであり、他者の願望や考えに直面することによって促されるものです。ピアジェ（1928/1976）は「社会的生活は論理性の発達に不可欠な条件である」（p.80）と述べ、子どもは自分が話した内容に対する他者の反応を経験することによって、論理の一貫性や物事の真偽を感じ始めると主張しました。対人間の葛藤は、他者が感情や考えや願望をもつことを意識するようになる場を子どもたちに与えているのです。他者に対する意識や、自他の視点を調整しようとする試みが増していくことによって、より高いレベルの対人理解へとつながっていくのです（セルマンの発達レベルについては第2章参照）。

対人間の葛藤が個人内の葛藤につながることがあります。例えば、上述した子どもは数を足すことに関する論理上の間違いをしていますが、一緒に遊んでいるもう1人の子どもがその考えに反論し、正しい進め方を示すかもしれません。子どもたちは、大人による訂正よりも、ほかの子どもに訂正された時の方が寛容にそれを受け取ることが多いといえます。しかし、第2章で見たように、コマが乗っているマスを数えなくてはならないと考える子どもを納得させ

るためには、マスの数え方を訂正するだけでは不十分です。実際に、論理上の間違いをしている子どもが、正しく数えている子どもを訂正しようとすることも時々あります。対人間の葛藤が起こるとそれが動機づけとなり、どのようにコマを進めるかを異なる意見があるものとして考えるようになるのです。

葛藤はピアジェの構成論の中で特別な役割をもっています。それは、知識の構造をより適した形に再構成する動機となります。ピアジェ（1975/1985）は、葛藤は新しい知識構造を獲得していく上で最大の影響をもつ要因であると述べています。つまり、葛藤は発達における進歩の源泉と考えられるのです。

2. 社会・道徳的雰囲気といざこざの解決

私たちは第1章と第2章で述べた研究（DeVries, Haney, & Zan, 1991; DeVries, Reese-Learned, & Morgan, 1991a）の中で、異なる社会・道徳的雰囲気を経験した子どもたちの社会・道徳的発達に差があるかどうかを知ろうとしました。軍隊型、工場型クラスの子どもたちと比較して、構成論に基づくコミュニティ型クラスの子どもたちは、非常に多くのいざこざ（対人間の葛藤）を解決していたことから、より高度な対人スキルをもっていることがわかりました。コミュニティ型クラスの子どもたちは、大人の手助けなしに、70％（77件中54）のいざこざを解決し、工場型クラスの子どもは33％（48件中16）、軍隊型クラスの子どもは40％（37件中15）でした。軍隊型クラスの子どもは、相手を身体的、感情的に圧倒することによっていざこざを終結させようとする傾向があり、工場型クラスの子どもは相手の不平や不満を無視する傾向がありました。それに対してコミュニティ型クラスの子どもは、お互いの意見の相違を調整しようとしていました。

子どもたちのいざこざをより深く分析すると、コミュニティ型クラスの子どもは、高い対

人理解が要求されるような場面においても、ほかの2クラスの子どもより、レベル2の交渉方略を多く使っていました。さらにコミュニティ型クラスでは、いざこざが起こった場面でより多くの共有経験が見られました。これは、友好的な働きかけによって、いざこざの緊張状態が緩和されていることを意味します。私たちは、コミュニティ型クラスの子どもたちがいざこざを解決できるのは、クラスの中で相手と交渉する態度とその方略を学んでいること、そして友だちとの関係を維持することを大切に思っていることによると考えます。

(1) 子ども同士のいざこざに対する保育者の姿勢

私たちは、保育者が子ども同士のいざこざに対処する場面を観察し、それについて保育者と話をした結果、構成論に基づく指導の根底にある保育者の姿勢を見つけ出すことができました。指導上の原則として14項目を（2）にあげていますが、その根底にあるのが次の3つです。

1) 冷静に対応する

これは慣れることが必要ですが、保育者は、時に見られる子どもの暴力的で興奮した状態に対して、冷静さを見せる必要があります。保育者自身が落ち着いておれないような場合でも、平静さを子どもたちに伝えることが重要です。それは、身振りや表情、口調を抑制することを意味します。保育者は、身体的な危険を防ぐ時以外は、衝動的に行動したり、あわてて助けに行ったりすることを避けるべきです。子どもたちは、このような冷静さを、困難を乗り越える時の支えとしてもてることを、嬉しく思うようになるでしょう。

2) 子ども同士のいざこざは子どもたちの問題であることを認識する

構成論を実践する保育者は、問題の解決法を子どもたちに押しつけることはしません。子どもたちがいざこざを自分たちの問題として扱うことが重要だと信じています。このような姿勢は、子どもたち自身でいざこざを解決するよう促し、それを支援するという指導上の原則につながります。

3) 子どもたちのいざこざ解決能力を信じる

いざこざ場面で子どもたちをうまく援助できるかどうかは、子どもたちがいざこざを解決できると保育者が信じているかどうかによって決まります。私たちは、構成論に基づく社会・道徳的雰囲気によって支えられてきた子どもたちのもつ能力の高さに常に驚かされます。しかし、保育者が子どもたちの能力を信じるためには、実際に子どもたちの潜在的な能力を引き出す経験をしながら自信をつけていかなければならないでしょう。

(2) いざこざ場面における指導上の原則

次にあげる14項目は、多くの保育者と共に20年以上続けてきた研究、特にヒューストン大学人間発達実験校の保育者との過去13年間の共同研究から、いざこざ場面における指導上の原則として共通するものを取り出したものです。子どもたちのいざこざに効果的に介入しながら、いかに子どもたちを尊重することができるかを示す事例を紹介します。

1) 子どもたちの身体的安全を守る

保育者は、可能な限り子どもたちの身体的危険を防がなくてはなりません。子どもがほかの子どもを傷つけようとする時、その子どもを両腕で包んで、危険を防ぐことができます。このような場合、保育者は自分が強く感じていることを伝えるべきです。次の事例について考えてみましょう。
（ペイジ先生〔保〕の4歳児クラスでKが泣いている。）
保：どうしたの、Kちゃん。
K：Sちゃんが押したの。

保：Sちゃんが押したの？
K：うん。
保：Sちゃんに話しに行った方がいいのではないかしら。どう感じたかをSちゃんに言ってごらんなさい。行って話せますか？
K：（同意している様子。）
保：どう感じたかをSちゃんに話しに行きましょう。Sちゃん？
S：何？
保：私たちのところに来てください。
S：（やって来て保育者のひざの上に座る。）
保：どうぞ、Kちゃん。
K：押したらいや。悲しくなる。
保：Kちゃんはあなたが押したらいやなんですって。悲しくなるんですって。何か気に入らないことがあったの？
S：（うなずく。）
保：何が気に入らなかったの？ Kちゃんに怒っていたの？
S：（首を振る。）
保：違うのね。でもね、Sちゃん、話しておきたいことがあるの。もしKちゃんに腹が立ったり、Kちゃんが何か気に入らないことをしたら、Kちゃんにそれを伝えることができるのよ。言えるように先生が手伝ってあげたり、一緒にKちゃんに話してあげることができるから、先生を呼びに来てもいいのですよ。でもね、Sちゃん。（保育者と向かい合うようにSの体の向きを変える。）Sちゃん、先生はSちゃんがほかの人を叩くのも、ほかの人がSちゃんを叩くのもさせることができません。だから、もしあなたが話し合うというのであれば、先生が手伝ってあげます。叩いたり押したりしようとしても、それをさせることはできません。粘土で遊ぶのはもう終わりにしますか？ それとももっと粘土で遊びますか？（このようにペイジ先生は、Sがいざこざ場面からほかの活動へ移行する援助をした。）

同じ4歳児クラスの別の場面では、Rが泣いていて、Kがその横に立っていました。この2人は、ビーンバッグ（訳注：お手玉のようなもの）を投げる遊びをして、得点をつけていました。ペイジ先生（保）は、部屋の反対側からその様子を見ていました。先生は、Rを慰めながら、行動のよし悪しを判断せず、次のような率直な態度で問題に取り組みました。

保：（Rを抱きしめて）どうしたの、Kちゃん。
K：私が私の字（得点）を書きたかったの。
保：あなたが書きたかったのね。でも、聞きたいのだけれど。Rちゃんをひっかいたり押したりしていて、誰が書くかを決めることができますか？
K：ううん、でも自分で字を書きたかったの。
保：自分で字を書きたかったのね。でも、Rちゃんを押したり蹴ったりして、あなたが自分で字を書きたいと思っていることがRちゃんにわかるかしら？ Rちゃんを押したら自分で字が書けるようになるかしら？
K：ううん。
保：Rちゃんに言葉で言えるかもしれませんよ。Rちゃんはここにいますよ。Rちゃんに何て言いたいですか？ Kちゃんが言いたいことがあるそうですよ。OK、Rちゃんもいるし、これで準備ができました。
K：私の字は自分で書きたいの。
保：Kちゃんは自分の字を自分で書きたいのね。Rちゃんは何を書いたらいいですか？
K：Rちゃんの字はRちゃんが自分で書いたらいい。
保：自分の字は自分で書くのね。じゃあ、自分の番がきたら、どう書きたいの？
K：2点入っていた。
保：2点入っていたの？ 2点入っていたから、Kちゃんはそれを書きたかったのね。
R：違うよ。
保：違うの？
R：2点じゃなかったよ。

保：Rちゃんが2点じゃなかったって言っていますよ。じゃあ、Kちゃんは何点取ったの？
R：1点。
保：Kちゃん、Rちゃんが2点じゃなかったと言っていますよ。1点だったそうですよ。じゃあ、2点って書いていいですか？
R：ううん。
保：何点って書いたらいいですか？
R：1点だけ。
保：Kちゃん、Rちゃんが1点だけ書いたらいいって言っていますよ。
K：（同意している様子。）
保：Rちゃん、Kちゃんに何と言ったらいいですか？
R：何もないよ。
保：何もないの？ 押された時、どう感じたかを言いたいですか？ どうですか？ どう感じましたか？ それとも言いたくないですか？ 言いたくないのですね。もう気分がよくなりましたか？ もっと遊びますか？ あなたたち2人は、お互いにどうしたいかがわかったし、もっとビーンバッグで一緒に遊べるかもしれませんね。

　この事例でペイジ先生は、問題の原因がKの点数についての意見の不一致であったことに気づきます。先生は、自分の感情について話す機会をRに与えていますが、無理に言わせようとはしていません。また、Rに気分がよくなったかどうかをたずね、問題は解消されたと両方の子どもが感じていることを確かめています。子どもたちの感情の中で問題が解消されたことに満足したペイジ先生は、協同の遊びに戻ることができるよう子どもたちを方向づけています。

　2）言葉以外の方法を使って、子どもを落ち着かせる

　いざこざに冷静に対応することに加えて、保育者が身をかがめるか座るかして、子どもを腕で包んであげることも、子どもを落ち着かせるのに役立ちます。話せないほど子どもの気分が高ぶっている時、会話をさせる前に落ち着きを取り戻す時間を与えましょう。

　3）すべての子どもの認識や感情を認め、受け入れ、正当ととらえる

　子どもは自分なりに感じる権利をもっています。保育者は、ある子どもが他者の権利を侵害していると思った場合でも、その子どもの感情を尊重することが重要です。その子どもの視点から見ると、その行動が正当であるかもしれないのです。さらに大人は、両方の子どもの話を聞くまでは状況を理解したと思うべきではありません。「どちらも怒っているようですね。何があったのか話してくれませんか？」子どもたちの話を聞いた後、「Kちゃんが自動車を取ったから悲しいのですね。そして、あなたはJちゃんが叩いたから悲しいのですね」と、それぞれの感情を認めることができます。この指導上の原則は、ほかの原則を示す事例にも多く見ることができます。

　4）自分の感情や願望について言葉で伝え合えるように、またお互いの話しを聞くように援助する

　どちらかの味方をするのではなく、それぞれの子どもが相手の視点を理解し、相手の感情に気づき、共感できるように援助することが重要です。幼児の言葉によるコミュニケーションは脈絡がないことが多く、そのためにお互いを理解することが困難なことがよくあります。それに加えて、子どもがお互いの話しをよく聞かないこともあります。お互いに話すのではなく、保育者に対して話すことも多くあります。保育者は、仲裁者として子どもの考えを明らかにし、それを復唱して確かめ、子どもがお互いの考えや感情を伝え合うように援助をするという重要な役割をもっています。次の事例で、ペイジ先生は3歳の子どもたちの援助をし、人を押した

りつねったりしたらどうなるかを気づかせながらCが脱中心化するよう促しています。

（ペイジ先生がCをそっと腕で抱きかかえている。ZがCに向かって話そうとしている。）
Z：……した時、いやなの。悲しくなるの。
保：Cちゃん、聞こえましたか？　Zちゃんの顔を見てごらんなさい。Zちゃん、もう1度Cちゃんに言えますか？
Z：いやなの、それから……。
保：それからどう思うの？
Z：もうお友だちになりたくない。
保：（Cに対して）あのね、押したりつねったりしたら、お友だちになりたくないんですって。
C：（逃げようとしながら）あっちに行く。（その場を去る。）
保：Zちゃん、気分が少しよくなった？
Z：（うなずく。）
保：よかったね。

　この状況でのCは、Zに共感したり、脱中心化してZの感情について考えているようには見えません。しかしCは、人を押したりつねったりする時、それに対して反応があることを学んだかもしれません。そしてZは、自分の感情を表現し、ペイジ先生に正当と受け止めてもらったことで、きっと慰められたことでしょう。次に、2人の5歳児による遊具の使い方に関する事例について考えてみましょう。保育者（保）はカレン・エイモス先生です。
（ボート作りをしている中で、Eの近くにある木の板をNがもっていく。）
E：それもいるんだよ。返してよね。
N：（その場から去る。）
E：カレン先生、Nちゃんがあの板を返してくれないよ。
保：言葉で言いましたか？
E：うん。
保：じゃあ、一緒に行きましょう。言葉でNちゃんに言ってみましょう。
E：（Nに対して）その板を返してもらいたいんだけど。
N：ぼくが使ってるんだ。
E：ぼくの横に置いときたいの……（板をつかむ）。
保：待って。先生がもっていてもいいですか？（板を取り上げる。）
E：……ボートを作るから。
保：この板1枚しか残っていないの？
E：ううん。まだあるよ。でもそれがいるの。
保：Nちゃんがこれを使っていて、それが欲しかっただけじゃないかしら。
E：違う、違う。
保：これを使っていたの？
E：使ってた。
N：違うよ、もってるところ見なかったもん。
E：ぼくが先に使ってた。
N：ぼくが先に使ってた。
保：あのね、もっているところを見なかったってNちゃんが言っていたのだけれど。
E：だから、ぼくの横に置いてたの。だって、全部もてないし、全部ひっつけることができなかったから。
保：なるほど。Nちゃん、この板はここにあったの？
N：そこら辺だった。
E：それでもぼくのだよ。
保：Eちゃんはボートの横にこの板を置いていたんですって。使おうと思っていたんですって。全部もっていられなかったんですって。
（そこにJが現れ、Eに別の板を渡す。）
保：じゃあ、この板（問題になっている板）を誰に渡せばいいかしら？
E：Nちゃん。
保：そうね。Jちゃん、もってきてくれてありがとう。

　子どもが他者に共感しないことも時々ありま

す。次の事例はペイジ先生の4歳児クラスで起こりました。CをつねったZは、Cの痛みをまったく感じていません。しばらくしてZがWに押されたと不満を言った時、ペイジ先生（保）はその機会を利用して、痛みを感じた人の気持ちについて考えさせようとしました。

Z：Wちゃんに足を押されて痛かったからWちゃんに言ったんだけど、ずっと積木を置いて、押してきて、足が痛かったの。ここ見て。
保：すごく怒っているみたいね。
Z：ここ見て。Wちゃんがやったの。
保：困りましたね、Zちゃん。だって、今朝あなたが痛いことをしたってCちゃんが怒っていたでしょう。Cちゃんの気分がよくなるように何かしてあげましたか？
Z：ううん。
保：しなかったの？　最初にCちゃんをつねった時、すぐにやめましたか？　もっとしたの？
Z：もっとした。
保：あのね、そうやっていると、あなたがだれかに痛いことをしてもかまわないと思っているように見えるの。Wちゃんがあなたに痛いことをした時、してもいいことだと思いましたか？
Z：（首を振って）ううん。
保：でもね、あなたはCちゃんをつねっていたから、人に痛いことをしてもかまわないと思っているように見えますよ。もしそれをやめれば、そしたらみんながZちゃんは人に痛いことはしてはいけないと思っていると思って、みんなも「Zちゃんに痛いことはしない」と思うかもしれませんよ。
C：それで、Zちゃんがお友だちに痛いことをしたら、たくさんお友だちができなくなるよ。
保：本当にそうですね。

次の事例は2人の3歳児の間で、遊具の使い方について意見の不一致があったものです。保育者（保）はカレン・キャポ先生です。
（ビーンバッグを投げ入れる穴に、Hが小さなはしごをかけた。Mははしごを置いてほしくないと思っている。）
保：ごめんなさい、聞こえなかったわ。もう一度言ってくれますか？
H：（聞き取り不能。）
保：ああ、もっと面白くするためにあそこに置いたのね。それだともっと難しい？　もっと簡単？
H：（聞き取り不能。）
保：じゃあ、Mちゃん、そうやって遊ぶと面白いと思いますか？
M：（聞き取り不能。）
保：Hちゃんはもっと面白くなると言っているけれど。
M：面白くない。
保：それじゃあ、Hちゃんに言ってみたらどうですか？　何て言いたいですか？
M：わからない。
（この事例は以下に続き、5)の原則を表す例でもある。）

5) 何が問題になっているかを明らかにする
何が問題になっているかが明らかな場合、保育者はそれをはっきりと言うべきです。そうすることによって、どちらの子どもも、相手がどのようにその問題をとらえているかを理解することができます。子どもたちが違うことを問題にしている場合もあります。上からの事例が続きます。

保：うーん、Hちゃんはこうやって遊びたいと言っているのだけれど、どうしたらいいと思いますか？
M：（肩をすくめて何かを言うが聞き取り不能。）
保：Hちゃん、Hちゃん、あのね（Hの横に座

る）。困ったことになったのだけれど。何で困っているかわかりますか？（Hははしごで遊び続け、聞いていない様子。）Hちゃん、先生の言葉が聞こえますか？　これで遊びたいみたいだけれど（はしごを取る）。Mちゃんはこれで遊びたくないって言っているのだけれど、どうしたらいいと思いますか？
H：Mちゃんと遊びたい（聞き取り不能）。
保：Mちゃん、Hちゃんの考えが聞こえますか？　Hちゃん、どんな考えがありますか？
H：（聞き取り不能。）
保：Hちゃんのアイデアが聞こえましたか？
M：うん。片づけた後に……（聞き取り不能）。
保：Hちゃん、Mちゃんの考えが聞こえますか？
H：うん。
保：聞きましょう。Mちゃん、どんな考えがありますか？
M：だから……。
H：（ビーンバッグを投げて、聞いていない様子。）
保：Hちゃん、Mちゃんの考えを聞きましょう。考えがあるそうですよ（ビーンバッグを取る）。Hちゃん、ほかの考えを聞きたいから、ビーンバッグで遊ぶのを少しやめましょう。Mちゃん、ほかの考えは何ですか？
M：片づけた後に、もう1回出してきたらいい。
保：いい考えだと思いますか？
H：ううん、ぼくはこうやって遊びたい。
保：Hちゃんは今すぐに遊びたいそうですよ。
M：じゃあ、Mちゃんがあと2分だけその赤いの（はしごを指差す）で遊んで、それからぼくがやる（穴とはしごを指差す）。えっと、一緒に使えるかもしれないけど、わからない。
保：一緒に使えるかもしれない？　Hちゃん、一緒に使えると思いますか？　Mちゃんはそうすればいいかもしれないと言っていますよ。
H：（聞き取り不能。）
保：わかったわ！　あのね、2人でやってみて、手伝ってほしかったら先生に教えてください。でもきっと2人でできると思いますよ。（子どもたちの協同的な態度を見て、2人で解決できるだろうと感じた保育者はその場を去る。）
（HとMは、ビーンバッグを穴に向かって投げながら一緒に遊び続ける。）

6）どのように解決したらよいかを考える機会を与える

　ビーンバッグを投げ入れる穴に、はしごをかけるかどうかについてのいざこざの中で、カレン・キャポ先生は問題点を明らかにした後、「どうしたらよいと思いますか？」、「どんな考えがありますか？」と慎重にたずねています。子どもたちは、大人にとって解決とは思えないような解決法を提案することが多くあります。しかし、重要なことは子どもたちが納得するかどうかです。ですから、キャポ先生は子どもたちの提案を否認するのではなく、単に合意できるかどうかをもう1人の子どもにたずねているのです。

7）子どもたちに解決法のアイデアがない場合には提案してみる

　子どもたちに解決法のアイデアがいつもあるわけではありません。そのような場合は、保育者がアイデアを提案することができるでしょう。そのアイデアは提案であって、押しつけであってはなりません。ごっこ遊びのコーナーで起こった次の事例について考えてみましょう。ペイジ先生（保）は、子どもたちが行き詰まってしまったことがわかるまでは、ほかの原則を用いています。子どもたちが言い争いをしているのに気づいたペイジ先生が、子どもたちに近づいていきます。

保：みんなどうしたの？
G：これはお父さんの椅子。これはお父さんの椅子。（Mに）ここに住んでないでしょ。その椅子のところに住んでないでしょ。（Mを椅子から引きずり下ろそうとする。）
保：Mちゃん、そこに座ったままで話をしなかったら、いつまでも解決できませんよ。どう思っているかGちゃんに話さないといけないと思いますよ。
M：うーん、でも、あなたが椅子からいなくなったからぼくが座ったの。
G：でも、Mちゃんはここに住んでないはずよ。私たちよ。私たちがここに住んでるのよ。Mちゃんはここに住んでないの。これはお父さんの椅子。
M：ごめんね。椅子からいなくなったからぼくが座ったの。
保：Mちゃんは、あなたがいなくなったから座ったと言ってますよ。
G：でも、これはお父さんの椅子。
保：そうね、でも、お父さんは椅子からいなくなった？
G：でも、私たちは外にご飯を食べに行ったの。それからお家に帰ってきたの。
保：それじゃあ……。
C：ぼくはMちゃんが外にご飯を食べに行ってる時に、Mちゃんのものを取らないよ。
保：Cちゃんはあなたが外にご飯を食べに行っている時に、あなたのものを取らないって。
M：だってぼくはここに住んでないから。
C：でもぼくたちはここに住んでるよ。
G：そう、私たちがここに住んでるの。
保：この人たちがここに住んでいて、あなたはどこか別の所に住んでいるって言っているけれど。
K：だって私はお姉さんだもん。
G：そうそう、それで私があなたのお母さんよね？
M：そしたら、Cちゃんはここで何やってるの？ Cちゃんはここにいちゃだめだよ。

保：お兄さんかもしれないわよ。あなたもお兄さんになりたい？
M：（うなずく。）
保：お兄さんになりたいって。
C：いいよ。そしたらお姉さんがもう1人で、もう1人お兄さんができるんだよ。これが最後だよ。
M：（椅子から立ちあがってお兄さん役でCたちの遊びに加わる。）

　別の事例では、DがYからボールを取り上げようとしているのにペイジ先生が気づきました。Dは自閉的な傾向があり、ほかの子どもと関わることがとても困難な子どもでした。ペイジ先生は次のように言いました。「あのね、Yちゃん。あなたがボールを投げて、それからDちゃんにボールをあげて、Dちゃんが投げる番になって、そしてDちゃんがボールをくれて、あなたが投げる番になるっていうことができますよ。」Dに対しては次のように言いました。「投げたかったらYちゃんに聞いてみたらどうですか？ 『Yちゃんが投げる番で、それからぼくが投げる番だよ』って言ってごらんなさい。」

8）合意する重要性を強調し、相手が提案した解決法に反対できる機会を与える
　構成論を実践する保育者の役割の中で重要なことは、合意に至ることの大切さを強調することです。ほかの子どもが同意するかどうかを確かめずに、最初に出された解決法を受け入れたくなることも時々あります。ビーンバッグ投げのはしごに関するいざこざでは、まず保育者はHの考えを聞いています。そしてMに「Hちゃんの考えを聞きましたか？」とたずねています。HがMの考えを聞いたことを確かめた後、「いい考えだと思いますか？」とたずねています。次に、誰からゲームを始めるかに関する2人の5歳児の事例を見てみましょう。保育者（保）はレベッカ・クレチ先生です。

保：誰から始めるの？
Y：ぼく。
C：ぼく。
保：2人とも最初にしたいのね。
Y：（自分とCを交互に指差しながら）バブルガム、バブルガム（訳注：「どれにしようかな」に似たもの）。
C：「バブルガム、バブルガム」はやりたくない。
Y：投票しよう。
C：だめ、投票したい人の数が足りないよ。

　この2人の子どもが使っている方略は、単にそれぞれがどうしたいかを強く主張する以上のものです。彼らの言い争いは、どうやって決めるかに的が絞られています。保育者は、話し合いが続くように間に入っていきました。

保：「バブルガム、バブルガム」と「投票」が出てきたけれど、どちらもいやなようですね。Cちゃん、どう思いますか？
C：ぼくが最初に行く人を選んだらいいと思うよ。
保：Yちゃん、そのアイデアはどう思いますか？
Y：だめ。
保：だめ？
C：ぼくが選ぶよ。
Y：だめ、ぼくが先に言ったんだよ。ぼくが話している時に、入ってきたんじゃないか。だからぼくが「バブルガム、バブルガム」をするよ。
C：いいよ。でもすごくいやだなあ。

　Yが自分の要求を主張したために、それぞれが自分の解決法を繰り返し主張し、再び行き詰まってしまいました。Yのアイデアを採用することに嫌々同意したCが、不満を表しました。ここでの保育者の課題は、Cの感情を尊重すると共に、彼に公平さについて考えさせることにあります。

保：Cちゃん、「バブルガム、バブルガム」でいいと思いますか？
C：いいと思わないけど、Yちゃんがやりたいって言うんなら（肩をすくめる）。
保：Cちゃん、あなたが選ぶというやり方はフェアだと思いますか？
Y：だめ、Cちゃんが選ぶべきじゃないよ。

　再び行き詰まってしまいました。さらに保育者は、子どもの力で合意に至らせようとしますが、その中でも相互に合意することの重要性を強調します。保育者は、2人のアイデアを尊重することによって、いざこざはすべての感情を考慮しながら解決するべきだという考えを示したのです。

保：2人ともがいいと思うやり方に決められるかしら。
C：ぼくが誰かを選べばいいと思う。「バブルガム、バブルガム」はいやだ。
Y：わかったよ。（多数決を試してみることにする。）「バブルガム、バブルガム」がいいと思う人。（手を挙げる。）
C：誰もいないよ。ぼくはいやだよ。
Y：（保育者に向かって）「バブルガム、バブルガム」をやりたい？
保：でもね、もし私が手を挙げたらそれに決まってしまいますよ。だってあなた方2人は意見が違うのだから。
C：ぼくはそれでもいいよ。だって先生は大人だから好きなことしてもいいよ。

　保育者は、大人の望むことをするのが公平だと考える子どもたちを一歩前進させようと、2人が合意することの重要性を強調します。

保：でも、あなたたちがゲームをして遊ぶので

すよね。あなたたちが決めるべきだと思いますよ。
C：ぼくが選ぶよ。
保：ほかに何かアイデアはないですか、Yちゃん？
Y：先生も手を挙げなきゃだめだよ。
C：あのね、Yちゃん、「イーニィ、ミーニィ、マイニィ、モウ」（訳注：「どれにしようかな」の別のやり方）だったらぼくはいやじゃないよ。それだったらいいよ。でも「バブルガム、バブルガム」はいやだよ。
Y：わかった。イーニィ、ミーニィ、マイニィ、モウ。

9) 恣意的な決定をする場合に使える公平な手段を教える

　子どもたちの口論の中には、上の事例のように恣意的にしか決めることのできないことがあります。公平な手段を使って恣意的な決定をすることを教えることも有益なことです。次の事例では、ペイジ先生（保）がAとNにボードゲームの遊び方を教えています。この2人の4歳児は「イーニィ、ミーニィ、マイニィ、モウ」というやり方は知っていますが、その手続きのほんの一部しか理解していません。

保：誰が先にやる？
A：ぼく！
N：ぼく！
A：全然できない……。
N：ぼくが先に……。
A：いつもそう言うんだから！　ぼくは全然できないよ（腕を組んで、ふくれっつらをする）。
保：（Aを真似て）私もできないわ。どうやって決めましょうか。
N：「イーニィ、ミーニィ、マイニィ、モウ」ってやればいいよ。
保：いいよ。
A：イーニィ、ミーニィ、マイニィ、モウ（言葉を唱えるだけ）。
N：指差してないよ。
保：指差してないよ。
A：（やり直す）イーニィ、ミーニィ、マイニィ、モウ……。最初の人が選ばれるってお母さんが言ってたから、ぼくになる。（言葉を唱えながらあいまいに指を差し、明らかに間合いをとって自分に当たるようする。）
N：（疑わしげな表情をし、保育者を見る。）
保：それでいいですか？
N：たぶん。
保：たぶんね。いいわよ。じゃあ、あなたが次に行って、その次に私が行きますね。
N：うん。

　Nが満足していないことに気づいたペイジ先生は、反論する機会をNに与えています。しかし、ゲームを進めるために、Nが嫌々同意したかどうかを追求することはしませんでした。
　このように言葉を唱えるやり方をどのように使っているかによって、子どもたちの発達レベルがわかることを指摘しておかなければなりません。最初は、子どもたちはこのようなやり方を儀式のようなものとしてとらえます。その次に、自分の好きなように使うようになり、自分に好都合になるにはどうしたらよいかを知恵を使って考えるようになります。そしてある時点で、ほかの人も同じことをしようとしていることに「気づく」ようになります。すると、言葉を唱えながら指を差す人が1番になってしまうので、誰がその役をするかについての言い争いが起こってきます。子どもたちがこのようなやり方を公平な手法でないととらえ始めた場合は、番号を書いたくじを引いたり、赤と黒のコマを入れた袋から選んだ色を取り出すといったほかの方法を提案することができるでしょう。

10) 両者が興味を失った場合はそれ以上追求しない

4歳児クラスでMがドーラ・チェン先生に不満を言いに来ました。先生はすぐにMと一緒にその場へ行くことができませんでした。先生がようやくMと一緒に行くと、問題は解消されていたことに気づきました。「Cちゃんに話しましたか？　問題は解決しましたか？　していませんか？　もう話し終わりましたか？　終わったのですね？　いいですね。」先生は、どちらの子どももその解決法で納得していることを確認し、それ以上関わることをやめました。

11) いざこざ場面に自分が関わっていることを認識させる

憤慨している子どもが、いざこざの何らかの原因である場合が多くあります。今起こっている誤解や口論に自分が関わっていることを認識させることは、子どもたちにとって有益なことです。カレン・エイモス先生（保）が介入した次の事例を見てみましょう。どうした理由からか、子どもたちは口にセロハンテープを貼りつけるのが面白いと思って遊んでいました。MがDの口に貼られていたテープをはがし取り、痛がったDがMをつねりました。

（MとDが走っている。重なるように倒れ、MがDのシャツをつかんでいる。）
保：Mちゃん、どうしたの？
M：Dちゃんがつねった。
D：だって……（聞き取り不能）、それでぼくが……だってMちゃんがテープを（口から）はがしたから。いやだったから。ぼくはMちゃんが口に貼ってたテープをはがさなかったよ。
保：つねったの？
M：ここだよ。
D：違う、違う、Mちゃん、Mちゃん、Mちゃんが先にやったんだよ。
保：Mちゃんが先にやったの？　あなたの口にテープを貼ったの？
M：違う、はがしたの。
保：それで、Mちゃんがテープを強くはがした時、どう感じたの？
D：いやだった。だって、顔をひっかかれたから。
保：顔をひっかかれたのね。それでその後どうしたの？
D：つねった。
保：うーん。どうしてDちゃんがつねったかわかりますか、Mちゃん？
M：うん。ぼくは強くはがさなかったよ（再現してみる）。
D：やったよ。すごく強かったよ。速かったし。速くやると強いんだよ。
保：自分のテープをはがした時はどう感じた？
M：そっとはがした。
保：うーん。
M：強くはがした。
保：どう感じた？
M：何にも感じなかった。
保：何も感じなかったの？　でもね、Dちゃんは痛かったんですって。それですごく腹が立って、だからつねったんですって。でも、それはしてよいことではありませんね。つねらないでほかにどうしたらよかったですか？
D：いやなの（聞き取り不能）。
保：何がいやなの？　Mちゃんがしたことで何がいやだったの？
D：強くテープをはがしたのがいやだったの。
保：じゃあ、今それをMちゃんに言えますか？
D：強くテープをはがしたのがいやだった。
M：つねられたのがいやだった。
保：どうしてつねったかわかりましたか？　言葉で言うべきだったと思うけれど、でもどうしてつねったかわかりましたか？
M：（うなずく。）
保：言葉で言わなかったですね。どうしたらいいですか、Mちゃん。今度Dちゃんが口にテープを貼っていたら、Dちゃんに何て言えますか？

M：テープをはがしなさい。
保：そしたらDちゃんはどうすると思いますか？　もう大丈夫ですか？　もう怒ってないですか？　大丈夫ですか？
（MとDは同意して、遊びに戻る。）

12）適切であればつぐなうことができる機会を与える

　子どもがほかの子どもに害を与えてしまった場合、それをつぐなう機会を与えることは重要なことです。相手の気分がよくなるような何かをすることができれば、その子どもが罪悪感や怒りをもったままでいることは少なくなるでしょう。つぐなうことによって、いざこざが終わった後に再び友好的な関係をもつことが容易になり、害を与えてしまった子どもの肯定的なイメージ（自分に対しても相手に対しても）を維持することもできます。身体的に危害を与えてしまった場合、保育者はそれに対する懸念を表し、共感を求めるべきでしょう。「泣いているということは、どんな気持ちなのかしら？」保育者は次のようにたずねることもできるでしょう。「慰めてあげるにはどうしたらいいかしら？」もし子どもが何かを提案したら、傷ついた子どもに「それで気分がよくなりますか？」とたずねるべきでしょう。傷ついた子どもが同意したところで、その子どもに対してつぐなう援助をしてあげることができるでしょう。人間発達実験校でよく好まれる方法は、傷ついた子どもを台所へ連れて行って氷をもらってあげたり、痛がっている箇所に絆創膏を貼ってあげたりすることです。怒りの感情が消えた時に抱きしめてあげることも、気持ちを癒すことになる時があります。

　次の事例はペイジ先生の4歳児クラスで、子どもたちが植物の種を小さな容器にまいていた時に起こったことです。何人かの子どもは種を家へもって帰り、何人かは成長を見るために保育室に置いていました。SがCの花を抜き、根元が切れてしまいました。Cが泣いてしまい、ペイジ先生（保）は2人を脇へ連れて行って、話しをしました。以下はSとCとペイジ先生の長い話し合いの一部です。

保：Sちゃん、あなたはCちゃんの植木鉢のお花を抜いてしまったのですね。根っこが切れてしまったから、もう育ちません。どうしたらいいでしょう。
S：わからない。
保：うーん。あなたのお花はありますか？
S：ない。
保：ないのですか？　どうして？
S：お母さんがお家にもって帰ったと思う。
保：お母さんがもって帰ってお花がないから、ほかの人のお花をちぎってしまってもいいのですか？
S：うん。
保：もしCちゃんがあなたのお家に行って、あなたのお花をちぎってもいいと思いますか？
S：ううん。
保：じゃあ、あなたにはお花があるのですね。問題はあなたがCちゃんのお花を抜いてしまったということです。どうしますか？
C：もう1回育つように元に戻したい。
（ペイジ先生は実験してみるだけの価値があると考え、もう1度植えたいというCの望みを受け入れますが、根っこがないので育たないだろうという説明をしました。）
S：片づけに行く。
保：でもね、Sちゃん、どうしたらいいかまだ考えてないですね。あなたがCちゃんのお花を抜いてしまったから、Cちゃんにはお花がないのです。どうしますか？
S：わからない。
保：Cちゃん、どうしたらいいか何か考えがありますか？
C：わからない。
保：私もわからないわ。
C：やったらだめなのよ。

保：やったらだめだったのね。
C：また別のが育つのにすごく時間がかかるの。
（植物が育つのに時間がかかることについて話し合う。）
保：あのね、Sちゃん、あなたがCちゃんのためにどうしたらいいか私にもわからないの。私もアイデアがないの。
S：もっと種をまいたらどう？
保：もっとここに種をまく？
S：うん。
保：もっと種があったらできますね。コリーン先生（5歳児クラスの先生）に聞きに行かなくてはなりませんね。もっと種があるかどうか2人でコリーン先生に聞きにいったらどうですか？
（Cもこの解決法に納得したので、種をもらいに行き、Cのためにもう1度種をまく。）

　ペイジ先生は、つぐなう責任はSの肩にかかっているということをはっきりと示しています。先生はSを非難せず、彼がCの花を抜いてしまったので、Cのために何かをしなければならないということを淡々と述べています。CがSの家に行って、Sの花をちぎってもいいと思うかという質問には、2つの目的があります。1つは、Sがこの状況をCの視点から見るように援助することであり、もう1つは「目には目を、歯には歯を」式の解決法が適切ではないことを示すことです。結局、Sが別の種を見つけてきてもう1度まくという案を思いつき、Cもその解決法で満足しています。そしてSは、Cに対するよい印象を再び得ることができたのです。
　私たちは子どもたちに無理に謝らせることは決してしません。家庭や学校では大人が子どもに「うるさく言わない」ですむように単に言葉で謝るよう強要するやり方が広く行われていますが、これはそれに反する考え方です。強要された謝罪というのは不誠実であることが多く、脱中心化や共感性の発達に反する働きをもつのです。

13）関係を修復する援助はするが、不誠実な謝り方を強要することはしない
　コリーン先生（保）は5歳児クラスで片づけをしている時、親友であるRとNの間に深刻な仲たがいが起こっているところを見つけました。先生はどのようにして問題が起こったかを見ていませんでした。後にわかるように、Rが偶然にNの頭にぶつかってしまったのです。この事例では、保育者と共にほかの子どもたちも介入してきました。以下にその一部が描かれていますが、何人かの子どもがRとNの手助けをしようと努力しているのがわかります。特にGは、自分が友だちと仲たがいした時の経験を基に思いを分かち合おうとしています。

R：間違ったのよ。私の手が……（聞き取り不能）。
N：うるさい！
R：ちょっとやめてよ！
S：けんかしてるの？
保：そうね、何が……。
R：もう友だちじゃないわよ。
S：あなたたち、けんかはやめなさいよ。
R：（Nに近づいていって叩く。）
N：叩かないでよ！
保：Rちゃん、言葉で言わないとだめですよ。もう友だちじゃないと思ってもいいけれど、叩くことはできませんよ。それはだめですよ。Nちゃんがあなたに腹を立てて、あなたを叩いているのを先生は放っておけません。友だちに腹が立つことは時々あります。でも怒っているということを言葉で伝えることができますよね。
R：彼女は話し合いたいと思ってないのよ！それなら私もいいわよ。
保：彼女は話し合いたいと思っていないの？
N：話し合いたいと思っているわよ。
R：思ってないわよ。

N：思っているけど、でも……。
R：思ってないわよ！　だって手で耳をふさいでいるもの。だから私も彼女に話さないの。
保：耳をふさいでいるの？
N：最初はそうしていたけど……。だって（聞き取り不能）したくないから。
保：ああ、あなたが話を聞きたがってないとRちゃんが思ってしまったのはそのせいかもしれませんね。彼女の話を聞きたいのなら……。
N：話し合いたいと思っているの！
R：私はあなたとは話し合いませんからね！
保：うーん。
N：でも話し合わなくちゃ。
R：でも、私は話し合いません。
保：Rちゃんは今本当に怒っていて、心の準備ができていないみたいですね。Rちゃん、ちょっと時間がいりますか？　Rちゃんは心の準備ができていないみたいです。もしかしたら少し時間がいるのかもしれません。それでもいいですか、Nちゃん？　少し時間をあげても。だめですか？　今話し合いたいですか？
R：でも、少し時間をくれたとしても、私は話し合いもしませんからね。
保：もう友だちにならないということ？
R：（うなずく。）
G：（疑っているような強い口調で）えー、でもね、Rちゃん、それはどうかな。友だちが大きなけんかをすることは時々あるのよね。私とCちゃんも大きなけんかをするけど、でも仲直りするのよね。
保：そうね、けんかするわね。
G：するよね、Cちゃん。
保：だからあなたたち（RとN）も仲直りできるわ。前にもできたでしょう。前にやった方法でまたできるかもしれませんよ。この間はどうやったの？
N：どうしたかって？　しばらくの間離れておいたの。そしたらある時Rちゃんが私のところに来て……（聞き取り不能）。
保：じゃあ、またそれでうまくいくかもしれませんよ。それでやってみたらどうですか？　Rちゃんは少し時間がいるみたいだし。先生も今、無理やり話をさせたくないし。
N：時々私がRちゃんのところに行って「遊ばない？」って言うときもある。
保：じゃあ、どっちの場合もあるってことですか？
G：時々NちゃんがRちゃんに腹を立てることもあるよね。
R：ちょっと！　放っておいてちょうだいよ、Nちゃん！
G：時々NちゃんがRちゃんに腹を立てることがあって、RちゃんがNちゃんと仲直りしようとするときがあるよね。今は頭にぶつかったことで、RちゃんがNちゃんに腹を立てているのよね。それでNちゃんがRちゃんと仲直りしようとしているのよね。だから2人ともお互いのことがすごく好きなんだけど、でも友だちでも時々けんかしてしまうのよね。
保：そうね。
G：私とCちゃんも親友だけど、時々けんかしてしまうのよね。ね、Cちゃん？
C：時々ものすごくけんかするよね。
（子どもたちが外に遊びに行ってもいいかをたずね、先生が許可をする。Rが部屋から出て行く。コリーン先生とNは部屋に残り、一緒に積み木を片づける。）
保：あなたが我慢してRちゃんを待ってあげることができてとても嬉しいわ。
R：（部屋に戻ってくる。）Nちゃん、私は外に行くわよ。
（NはRの後から外へ行き、ゲームに参加する。RはNを見ているがゲームに参加しない。Rは悲しそうにしている。）
N：ゲームに入りたい？　面白いよ。1、2、3ってやるの（足を上げて大股で歩く真似をして、砂ぼこりを立てる）。

（2人とも笑う。Nは腕でRを包み、ゲームに参加するようにRを導く。）

　ほかの場面では、5歳の男児2人がチェッカー（ボードゲーム）で遊んでいる時に、激しいいざこざが起こりました。JはルールどおりにKのコマを飛び越したのですが、KはJがルールに反して、続けて2回コマを動かしたと信じています。2人は折り合うことができず、言い争いは激しくなり、ゲームのボードをひっくり返し、テーブルの上のコマを全部床に落としてしまいました。保育者が介入した時、JとKは泣きながら相手に向かってまとまりのないことを叫び合っていました。保育者はひとりひとりと話そうとしましたが、2人は手で耳をふさぎながら叫び続けていたのでできません。横で見ていたEが「あの2人はお互いの話を聞こうとしていないね」と言いました。保育者がKとJに、話しができる状態になるまで離れているように言うと、Jはトイレに行って、Kはテーブルに座っていました。驚いたことに、KはJが戻ってくるまでずっとトイレの方向を見ていました。そして、Kは部屋の反対側にいるJと「いないいないばあ」のような遊びを始め、足をピンとはって体を横に揺らすJの動きを真似ました。Jがそれに気づいたことがわかると、Kは自分の腕に息を吹き付けておかしな音を出しました。Jが笑うと、KがJに近づいていきました。その途中で保育者がKを止めて、「話しをするか、片づけをするか、どちらを先にしたらいいと思いますか？」とたずねました。Kは保育者に「片づけ」と言い、「一緒に片づけよう」とJを誘いました。保育者はJにKと一緒に片づけをしたいかどうかたずねました。KとJは互いに微笑み合って、床に落ちたチェッカーのコマを拾い始めました。Kは腕に息を吹き付けて変な音を出し続け、Jはその音に笑いころげていました。

　この2人の男児の関係は、ふざけることによって修復されたことになり、そのおかげで再び友好的なやりとりをすることができました。私たちがこの事例で読者に注目してもらいたいのは、子どもたちは自分たちなりの方法を使って関係を修復するということです。この事例の2人は言い争いそのものを解決することができませんでしたが、彼らの友情の強さともう1度仲よくなりたいという願望が、彼らなりに解決することへつながったと言えます。

14）子どもたちだけで解決できるように援助する

　長期的な目標は、保育者の介入がなくても子どもたちだけでいざこざを解決することができるようになることです。そのため、構成論を実践する保育者は、子どもたちが解決しようとしている場合や解決できる場合は、介入することを避けます。子どもたちがほかの子どものことに関して不平を言いにきた時、ヒューストン大学人間発達実験校の先生たちは、自分たちで解決するように励まします。「相手に何と言うことができますか？」、「言葉で言えますか？　いやだって相手に言うことができますか？」、「どうやって解決したらよいか考えられますか？」もし子どもたちが援助を必要としている場合は、もちろん保育者はそれに応じます。

　構成論に基づく社会・道徳的雰囲気の中では、全般的にいざこざを解決したいと思う子どもたちの態度が育ち、子どもたちはあらゆる交渉方略を使うようになります。経験を共有しながら喜びや親近感を感じることは、親密な関係が熟し、その関係を維持したいという願望が育つ状況をつくり出します。次に、親友である5歳児3人が「神経衰弱」で遊んでいるときの事例を見てみましょう。3人は、2枚のカードがペアになるように順番にめくっていきます。Nは歌いながらギターを弾く真似をしています。Mは自分のカードがペアにならなかった時と同様に、DとNのカードがペアにならなかった時もがっかりしています。

M：（カードをめくって、叫ぶ）見て、ペアになったよ！　見て、ペアになったよ！（Mは非常に活発で元気があり余っているような子どもで、彼のかん高い叫び声がクラスの話し合いのテーマになったことがあることを読者に伝えておかなければなりません。）
D：Mちゃん、叫ばないでよ。
M：（悲しそうにする。）
D：耳が痛くない、Nちゃん？
M：（2人に背を向けて、組んだ腕の上に顔を伏せる。）
N：ううん。
D：ぼくは耳が痛い。Nちゃん、ちょっとだけ耳が痛くない？
N：ほら、Mちゃんが悲しくなっちゃったじゃないか。
D：（Mに）ごめんね。仲よしになってもいいよ。Mちゃんが叫んだからちょっと耳が痛かったんだ。
N：ぼくの耳は痛くなかったよ。ぼくはMちゃんを泣かせてないよ。Dちゃんが泣かせたんだ。でもだいじょうぶだよ。だって、慰めてあげられるから。（Mのところへ行って、顔をのぞく。）
D：耳がちょっと痛かっただけだよ。
N：Mちゃん、遊ばない？　Mちゃん。
M：（嬉しそうな顔をして振り返る）あのね、Nちゃん。見て、ペアになったんだ！
D：ぼくもペアになった！（Mに見せる。）
M：わーい！
N：ぼくも100個ペアになった。
M：ぼくもペアになった。（Dに見せる。）
D：ぼくもペアになった。（Mに見せる。）
M：きみもペアになった！
N：もうこのゲームやめようよ。

　私たちは、構成論に基づく社会・道徳的雰囲気の中で、子どもたちがこのような対人理解ができるようになることを望んでいるのです。

3．保育者と子どもの間のいざこざ

　保育者と子どもの間にいざこざが起こることは珍しくありません。それは、子どもが保育者の行動がフェアでない、あるいは単に嫌だと思って、保育者に腹を立てる時に起こります。また、保育者が子どもに対して腹を立て、いざこざが起こることもあります。次にこのような状況について述べます。

(1) 保育者がフェアでないと子どもが思っている時

　子どもがフェアでないと思うのは、自分が誤解されていると感じる時です。このような問題は、保育者が子どもを理解しようと努力をし、子どもたちを非難したり裁いたりすることを控えることによって回避することができます。指導上の原則としての14項目は、子どもたちが誤解されていると感じないための予防策になります。保育者が子どもたちの感情やもののとらえ方を受け入れ、すべての視点から問題を明らかにし、子どもたちを問題解決に集中させれば、そのような感情が生まれてくることはありません。もし、子どもが誤解されたと感じ、怒ったり傷ついたりしたら、保育者はその感情を認め、受け入れ、そして、心配していることを伝える努力をするべきでしょう。

　子どもたちが大人の行動を理解しなかったり、理解できなかったり、その両方であったりすることが時々あります。保育者が説明しようと最善の努力をしたにもかかわらず、このようなことが起こることが時々あります。そのような稀なケースでは、保育者は子どもが気分を害していることを残念に思うと伝えることしかできないかもしれません。したがって、関係を修復する方法を見つけることが重要になります。

(2) 子どもが保育者のやることを好まない時

　保育者は、子どもが自分に対して気分を害し

ていることに驚かされることが時々あります。そのような状況でも（1）のことを応用することができます。説明し、関係を修復しようと努力することが重要です。ある5歳児は、劇遊びで取り上げるお話をクラスの投票で決めた時、自分のやりたいものとは違うお話に決まってしまい、その結果を受け入れることができませんでした。そしてその子どもは泣いてしまいました。その状況では、保育者は多数決の決定を尊ばなければなりませんでした。保育者は子どもががっかりしていたのを認め、彼がやりたがっていたお話はほかの日にできると言って慰めようとしました。多数派の子どもたちが少数意見をもった子どもの感情に共感することは重要なことです。落胆が激しい子どもがいる時は、妥協案を出すかどうかをクラスの子どもたちに相談することもできるでしょう。しかし、場合によっては少数意見を実行することが不可能なこともあります。ここでの目標の1つは、子どもたちが自己中心的な態度を克服し、集団の一員であるために多数意見を受け入れるようになることです。

（3）保育者が子どもに腹を立てる時

ほとんどの場合、保育者は自分の感情をコントロールし、プロとしての態度をもって子どもたちに関わることができます。しかし保育者も人間なので、感情を抑制しようとあらゆる努力をしたにもかかわらず、子どもたちに腹を立ててしまうことがあります。私たちは、子どもがほかの子どもを傷つけたことに対して保育者が怒ってしまった事例を見たことがあります。また、保育者が子どもに叩かれたり蹴られたりした時に腹を立ててしまった事例を見たこともあります。

保育者が子どもに腹を立て、感情を抑えることが難しいような場合、私たちはその保育者に、できるだけコントロールをしていざこざを仲裁する立場から離れることを求めます。保育者がいざこざの当事者の1人である時、効果的に仲裁することはできません。そのような状況では、2つの選択肢があります。1つ目は、あまりにも腹が立っているか取り乱しているために、今すぐ話すことができないので、感情を抑えるまで待ってほしいと子どもに説明することです。そして保育者は、怒りが子どもに悪影響を及ぼさなくなったら、子どもと問題について静かに話す時間を見つけるべきです。2つ目は、仲裁してくれるほかの保育者を探すことです。そこで、保育者は自分の視点を述べ、子どもの視点にも耳を傾け、解決にいたる努力をすることができます。

4. 要 約

本章では、ピアジェ理論の2種類の葛藤をあげて、発達における葛藤の役割について検討しています。個人間の葛藤は、認知発達における進歩の源泉としてとらえられます。対人間（個人間）の葛藤も個人内葛藤を引き出すので、やはり認知発達と道徳的発達を促す重要な源泉です。対人間のいざこざは、子どもたちの対人理解とその現れである交渉方略が発達していくための重要な場となります。

構成論に基づく社会・道徳的雰囲気は、権威的な雰囲気に比べ、高いレベルの対人理解が発達するための望ましい状況であることを研究結果は示しています。構成論を実践する保育者のいざこざに対する全般的な姿勢は、冷静な対応をすること、いざこざはそこに関わる子どもたちの問題だと認識すること、子どもが自分たちでいざこざを解決する能力を信じることです。子どもたちのいざこざ場面に対処する具体的な方法を、14項目の指導上の原則として詳しく説明しています。最後に、保育者と子どもの間のいざこざについて述べています。子どもが保育者に対して腹を立ててしまった時は、関係を修復する方法を見つけるのが保育者の課題です。保育者が子どもに対して腹を立ててしまうという稀なケースでは、保育者は自制心を失わずに、

その状況から自分を切り離さなければなりません。その問題について話すことが困難であれば、仲裁をしてくれる人を探さなければなりません。

第6章

グループタイム

　すべてのクラス活動の中で、「グループタイム」(grouptime) は社会・道徳的な雰囲気という見地から最も重要だと言えるでしょう。また、多くの保育者にとって1日のうちで最も困難で、努力を要する時間とも言えるでしょう。本章では、構成論に基づくグループタイムの目的について述べます。そして、グループタイムを計画し指導する保育者の役割についてその概要を説明し、その中で行う活動について述べ、そして、グループタイムをよりよく運営するための提案をします。最後に、あるクラスが経験したグループタイムの事例を紹介します。

1. グループタイムの目的

　グループタイムの目的は、社会・道徳的目的と認知的目的という大きな2つのカテゴリーに分けられます。この2つの領域を別々に述べることにしますが、実際には分けられないということを心に留めてください。

(1) 社会・道徳的な目的

　グループタイムの主な目的は、社会的で道徳的な思考を助長することです。このねらいの下で構成論を実践する保育者は、子どもたちの間に積極的なコミュニティの意識を育て、子どもたちが自治的に行動するようにし、そして、子どもたちが特定の社会的、道徳的な問題について考えるように導きます。

　保育者はコミュニティを築くために、子どもたちが1つのクラスに所属しているという思いをもつような活動を取り入れます。好きな歌や手遊びは、決まってみんなで行う活動の1つで、クラスのアイデンティティを深めることができます。クラスのアイデンティティはクラスの名前に象徴されており、そこからも団結が生まれます。例えばヒューストン大学人間発達実験校では、クラスは年齢が低いクラスから順に、探索者 (the Explorers)、実験者 (the Experimenters)、研究者 (the Investigators)、発明者 (the Inventors) と名づけられています。これらの名前は、研究者や発明者になるとはどういうことだろうと話し合うことのできる年長の子どもたちにとって、特に意味深いものです。

　構成論を実践する保育者は、子どもたちが次第に自治的になるように導きます。子どもたちは、グループ活動を計画したり、自分たちのクラス運営の責任を共有したりする中で、個人の必要や要求を越えたグループの目的を知るようになります。子どもたちはルールづくりに加わり、クラスの問題を扱い、クラスの活動を提案したり選んだり、他にもいろいろな事柄を決定しながら、民主主義について多くのことを学ぶのです。彼らは、すべて人の声に耳が傾けられ、すべての意見が等しく尊重されるべきであること、そして、クラスの中で起きている問題を自分たちで決める力をもつことを学びます。子どもたちは一緒に活動し、お互いの意見に耳を傾け、意見を交換し、問題について交渉し、クラス全体に関わる決定を投票で決めることを通し

て、お互いを尊重し、協同することを学びます。決定することと投票することについては、第7章と第8章で述べます。

構成論を実践する保育者は、現実生活における社会・道徳的なジレンマと仮想の社会・道徳的なジレンマの両方について話し合わせることを通して、子どもたちの道徳的な思考を助長します。そのねらいは、子どもたちが、何が正しいか間違いか、よいか悪いか、公平か不公平かについて考える必要性を感じるようになることです。社会的で道徳的な話し合いは第9章で取り上げます。

これらすべての社会・道徳的活動の根底にあるのは、単一の視点から脱却して、複数の視点を調整することを試みるように、子どもの脱中心化を助長するという全般的な目標です。このことは、人々が互いに思いやるようなコミュニティにおける公平さと正義について考えることにつながります。

(2) 認知的な目的

グループタイムの第1の認知的な目的は、思考と知能の全体的な発達を助長することです。いろいろな視点を考慮し、それらを調整する脱中心化は、社会的で道徳的であると同時に知的な努力でもあります。

グループタイムの第2の認知的な目的は、さまざまな内容領域における知識の構成を助長することです。グループタイムは、広い範囲の認知的な内容に焦点を当てる機会です。例えば、出席、日付、歌や手遊びの中に出てくる足し算や引き算、投票などのあらゆる活動の中で数について考える時、子どもたちは論理・数学的知識に関わっています。子どもたちが、物を浮かべたり沈めたりする活動やパラシュートの実験などの物理的知識に基づく遊びで、何が起こるか考えるよう励まされる時には、論理・数学的知識と物理的知識が助長されます。お話を聞いたり、書かれた友だちの名前に気づいたり、そして、歌やお話や活動の計画や投票などでどのように言葉を読んだり書いたりするのかを考える時、子どもたちは文字に出会います。子どもたちが日、月、祭日、そして、特別なテーマ（恐竜の名前や分類など）について考える時、慣習的知識と論理・数学的知識に関わっています。

2. 保育者の役割

グループタイムでの保育者の役割は2つあります。1つ目は、保育者がグループタイムの前に計画を立てるということです。よい集まりは自然には起こらないので、注意深い計画が要求されます。2つ目は、グループタイムで保育者がリーダーの役割を果たすということです。それはほかの時間で保育者が果たす役割とはいくらか異なります。これらを分けて述べましょう。

(1) グループタイムの計画

計画することは、グループタイムをスムーズに運営する上で重要です。グループタイムをうまく進める保育者は、子どもが興味を示さなかったときのことを考えて、1つか2つの代案を含めて計画を立てることが多くあります。計画は集まりの種類によって異なります。あるときはお話を聞くために集まります。ある時はクラス全体で集団ゲームをするために集まります。特別の問題を解決するため、あるいは活動を計画するためにクラスが集まることもあります。クラスが集まって片づけについて話し合うことは、第12章で述べます。

一般的に、朝はグループタイムから始まり、歌、手遊び、出席、当番の確認、今日の日付、今日の活動の紹介などが行われます。グループタイムは、活動の時間に行う物理的知識に基づく活動や造形活動に子どもたちの興味を引きつけるよい機会です。もし、保育者が子どもたちの前でやって見せることを計画しているなら、上手くいくかどうか前もって試しておかなければなりません。準備を整えておくことは、子ど

もたちが立ちあがったり、注意が散漫になったりするのを避けるために重要です。

グループタイムの詳細な計画は、そのグループの能力や興味や必要性によって異なります。どんな歌を歌いたいかやどんな本を読んでほしいかを選ぶことができるグループもあるでしょうし、保育者がそれらを決める必要があるグループもあるでしょう。保育者は、子どもたちが計画したり決めたりするとき、どのような決定であれば子どもたちにできるか、どのようなことは大人が決めたほうがよいのかを判断しなければなりません。

(2) リーダーとしての保育者

前にも述べたように、グループタイムでの保育者の役割は、ほかの時間での役割といくらか異なります。活動の時間では、一般的に子どもたちがリーダーとなり率先して自分の遊びや仕事を進めます。そこでの保育者の役割は、第11章でさらに詳しく述べるように、援助したり提案したり、子どもたちが目的を達成できるよう促すことです。そのとき保育者は、子どもと同等であろうと努力します。しかしグループタイムでは、保育者はリーダーでなければいけません。構成論を実践する保育者の何人かは、リーダーの役割を果たすことは他律的に感じられ、心地の悪いものだと言ったことがあります。その人たちは、この一見矛盾した2つの役割のバランスを取ることに困難を感じているのです。この2つの役割は矛盾しているのではなく、実際は補い合っていることを証明しましょう。

保育者が不必要な権威をもたずに指導性を発揮する具体的な方法については、グループタイムの運営という次の節で述べます。ここでは、構成論を実践する保育者にとって、グループタイムで指導性をもつことは理にかなったことであるとだけ述べておきましょう。保育者は、グループを指導することに臆病になってはいけません。ある保育者は、平等性と指導性のバランスを取ることに混乱し、自分が話したい時や話す許可を得たい時に手を挙げていたことがあります。こうした行動は子どもたちを混乱させます。誰がグループをリードするのかを明確にする必要があります。もし、子どもがリーダーの役割を取るのであれば（5歳児クラスの子どもたちが、大変効果的にその役割を果しているのを見たことがあります）、保育者はグループの一員として行動し、手を挙げるなどの慣習的なやり方に従わなければなりません。しかし、保育者がグループをリードするのであれば、保育者は申し訳ないという感情をもたずに指導しなければいけません。

構成論に基づく教育の一般的な目標と目的を心に留めておくことは、リーダーとしての保育者の役割を的確にとらえる手助けになります。つまり、グループタイムの目標は、歌を歌うことやお話を読むことや日付を言うことではありません。これらの活動は、自己制御、協同、そして、視点取得などのより大きな長期の目標のためにあるのです。保育者の役割は、これらの目標を達成できるような環境を創造し、子どもたちの発達を助けることです。特に、グループタイムで子どもたちが落ち着かなかったり、誰も歌わなかったり、座って話を聞こうとしない時、こうした長期の目標を心の中にもっていることは、保育者が、次に何をするべきか知る助けになります。つまり、グループタイムを早くやめるのか、まったく異なることをするのか、あるいは、他に何をするのかを子どもたちと話し合うのかを決める助けになるのです。

リーダーとして指導することと強制することは違います。指導性を効果的に発揮するには、理性や相互尊重や責任の共有を訴えることが必要です。大人でさえ、抑圧的で罰を与えるようなリーダーより、尊敬でき道理の通ったリーダーに従いたいと思います。この点では、子どもたちも大人と異なりません。子どもたちは、道理が通っていて自分たちを尊重してくれるリーダーと協同しようとするでしょう。

3. グループタイムの運営

ここではグループタイムの基本的な問題について、つまり、グループタイムで何をするのか、そしてどのように進めていくのかという「肝心な部分」に焦点を当てます。ここではグループタイムの3つの側面について触れます。それは、形式的な側面、運営、そして内容です。最後に、実りあるグループタイムの事例をいくつか紹介します。

(1) グループタイムの形式的な側面

形式的な側面とは席の配置とグループタイムの長さです。

1) 席の配置

グループタイムは、子どもたちがお互いを見ることができるように、輪になって床に座って行うことを勧めます。物理的に不可能でない限りは、保育者も床に座り、輪の中に入らなければなりません。このことは、保育者もグループの一員であることの象徴となります。例外はお話の時間です。この時は、子どもたちが本を見ることができるように、保育者だけが椅子に座るほうが適切です。

ある保育者は、子どもたちにあぐらをかいて座らせ、手を組んでひざの上に置くようにさせますが、これは不必要な命令であり、強制的です。子どもたちが他者を傷つけたり、他者を妨害したり、手足を動かしてグループをじゃましたりしない限りは、子どもたちが最も心地よいように座らせることが、子どもたちをより尊重することになります。

子どもたちの席を保育者が決めるか、子どもたちが決めるかは、子どもたちの自己制御の能力によります。あるクラスでは、特定の子どもが隣に座ったとき、自分を制御できない子どもがいたために、保育者が席を決めなければならなかった場合がありました。席を決める1つの方法は、子どもたちの名前が書かれた座布団を使うやり方です。保育者は、子どもたちが集まってくる前に、輪の中のどこに座布団を置くかを決めることができます。年長の子どもに有効なもう1つの方法は、その問題について子どもたちと個人的に話し合うことです。保育者は次のように言うことができます。「あなたと○○ちゃんが特別の友だちで、一緒に遊びたいことは分かります。けれど、グループタイムの時に遊んだら、みんなのじゃまになります。そして、あなたはみんながやっていることを見逃すことになります。この問題をどのように解決することができるかしら？」保育者の援助と理解で、子どもはしばしばその友だちの隣に座らないことを決めます。構成論に基づく目標は、子どもが自己制御できるようになることなので、どこに座りたいかを子どもたち自身に決めさせることは、道理にかなった長期的な目標なのです。

最初の子どもが輪にやってくる前に、保育者はその場にいなければいけません。そして、最初の子どもが座ったら、集まりを始めることができます。ほかの子どもたちがやって来るのを待つ間に、すでに輪にやって来た子どもたちと好きな歌を歌ったり、手遊びなどをします。そして、ぶらぶらしている子どもたちを引きつけるのです。ある保育者は、子どもたちを集まりに招くときだけに歌う歌をもっています。保育者がその歌を歌い始めると、子どもたちは輪にやって来るときだとわかります。

2) グループタイムの長さ

グループタイムの長さは、子どもたちの興味と集中できる能力によって決めます。保育者は、子どもたちの能力と必要性に敏感でなければいけません。一般的に、グループタイムは、3歳以下の子どもたちは5〜10分、3〜4歳は10〜20分、5歳とそれ以上は30分と言われています。これらの時間はおおよそです。もし、子どもたちが話題に興味をもって取り組み、落ち着きをなくさないのなら、時間を延ばすことができま

す。子どもたちが話題に大変興味を持し、3歳児クラスで30分、4歳児クラスで45分のグループタイムを行っているところを見たことがあります。子どもたちが興味をもっているけれど、落ち着かないような場合は、保育者は集まりをやめて、次のグループタイムにその話題を再び取り上げるよう子どもたちに言うことができます。

(2) 運営の方法
幼い子どもたちにとって、静かに座り、1つの事柄に集中し、お互いの話しを聞くことは難しいことなので、保育者は問題を避けるための予防的手段と、問題が起きた時に対処する方法の両方を準備しなければなりません。

1) 予防的な手段
グループタイムは、グループダイナミックスという観点から見ると、もろく壊れやすく、保育者の役割は、グループの集中と持続を保持することです。保育者が問題を予防するためにできる最も効果的なことは、グループタイムを活発にし続けることです。どのようなペースで進めるかは、子どもたちの興味と注意を保持するためにとても重要です。長い静寂はできる限り避けるべきです。そうでないと、子どもたちは退屈さを紛わそうとしますし、保育者は指導性を失います。1人の子どもが続けて長く関わる活動も避けるべきです。子どもたちは自分が能動的に関わらないとき、退屈し、落ち着きがなくなり、勝手な活動を始めます。

保育者は自分の話し方に注意し、子どもたちがすぐに耳を傾けなくなったり、考えなくなってしまうようなくどい言葉や余計な言い回しはやめるべきです。例えば、「みんなが静かになるまで待ちますよ」、あるいは「(活動を始める)準備はいいですか?」といった言い回しが含まれます。また、「楽しいお話ありがとう」といった典型的な言い回しを無造作に使うことに注意することが必要です。それよりは、「叔母さんに会いに行った旅行の話を私たちにしてくれてありがとう」と言う方がよいのです。子どもたちへの応答は、保育者が子どもの言うことに興味をもち、耳を傾けていることを伝えるものでなければなりません。

保育者は、グループタイムが中断され、子どもが集まりから離れてしまうことを避けるように努力しなければなりません。子どもの親がそのような中断の原因になることがあります。保育者は、グループタイムには親と話すことができないことや、いつなら会うことができるかを親にはっきりと知らせなければなりません。クラスの中に助手の先生がいるなら、助手の先生が親と話すべきです。親が保育者に何か伝える必要がある場合は、そのことをほかの人に伝えるか、書いて渡すか、あるいは、後で電話するかの方法を取ってもらうように指導しなくてはいけません。グループタイムは、保育者がちょっといなくなったり、じゃまが入っただけで壊れることがあるのです。

遅れてやって来る子どももグループタイムを中断させます。この問題の解決の1つは、助手の先生が部屋の入り口の近くにいることです。助手の先生は子どもを迎えて、必要な手助け(上着、かばん、弁当箱を置くなど)をすることができ、同時に、静かなグループタイムに向けて子どもを落ちつかせることができます。

2) 直接的な対処方法
グループタイムにおける問題を予防しようとする保育者の努力にもかかわらず、より積極的な対処方法が必要な時があります。グループタイムへの子どもたちの興味が欠けた時、子どもたちが一斉に話し出した時、子どもたちが保育者に向かってのみ話した時、そして、規律を与えるような方法が必要な時、保育者ができることについて述べましょう。

①興味が欠けた時
保育者は、規律を与えるような発言を避けて、興味を呼び戻すための間接的な方法を取らなけ

ればいけません。経験豊かな保育者は、子どもたちの興味が欠けたら、歌や手遊びを始めることでグループの集中を取り戻すことができることを知っています。一般的に、1人や2人の子どもが落ち着きをなくしても、そのままにしておくことができます。保育者は、ほとんどの子どもたちが注意を払っている限りは、グループタイムを続けることができます。しかし、多くの子どもたちが落ち着きをなくしたら、保育者は子どもたちが興味を失ったと見るべきです。興味を失うことは、罰を与えるべき反則ではありません！　そうなったときは、保育者は残りの計画をあきらめ、さっさと終わりにすべきです。

②みんなが一斉に話し出した時

話題に大変興味があると、子どもたちはよく一斉に話したがります。それにはいくつかの理由があります。子どもたちは、その自己中心性と衝動性のために、声を出さずには考えることができないのです。子どもたちは、話す機会を得るために他者と競わなければならないと感じるかもしれません。3、4人以上の子どもが1つの話題について話したがるとき、保育者は順番を決め、話したい人は誰でも順番に話せることを子どもたちに確信させなければなりません。「○○ちゃんから初めて、ぐるっと回りましょう。みんな話すことができるのよ。だから、手を下ろしましょう。」それぞれの子どもが順番に話すことによって（もちろん、「パス」することもできます）、保育者はこの問題を避けることができます。子どもたちは「私の番、私の番」と言いながら、手を振る必要を感じなくてよいのです。子どもたちは保育者の注意を得ようと一生懸命にならずに、話す順番がくるまでリラックスでき、お互いの話に耳を傾けることができます。

私たちは保育者に、黙って手を挙げている子どもを指名する方法を取らないように勧めます。多くの子どもが黙って手を挙げているとき、誰の名前を呼ぶかはあいまいになってしまいます。私たちは、グループタイムで1人の子どもが忍耐強く黙って手を挙げ、そして、決して保育者の注意を引くことがなかった例をたくさん見てきました。黙って主張しない子どもを簡単に無視してしまうことがあるのです。順番に回って、すべての子どもに話す機会を与えることは、このようなことが起きるのを防ぎます。

子どもたちが一斉に話し出し騒がしくなった時、保育者はその騒がしさ以上の大きな声で叫ばないようにしなければいけません。効果のあるやり方は、黙って座って騒ぎが落ち着くのを待つこと、手で耳をふさいで辛そうにすること、そして、ささやくように話すことです。ここでの目標は、子どもたちが順番に話す状況に戻すことです。静かにするよう子どもたちに口うるさく言うことは効果がないことが多く、保育者の指導性を弱くすることになります。極端な場合、歌い出すことで、子どもたちを通常の集中状態に戻すことができます。

グループタイムで会話することに関する最終の目標は、子どもたちが規制する必要なしに話しができるようになることです。すなわち、グループタイムにおいて子どもたちが、手を挙げたり話す順番を決めることなしに、何気ないギブアンドテークのやり方で話せるようになってほしいのです。しかしながら、これは大人にとっても時には難しい課題なので、保育者による何らかの規制が必要かもしれません。みんなが一斉に話したがるという問題を解決するよう子どもを励まし、子どもたちの解決策を試してみましょう。

③子どもたちが保育者に向かってのみ話した時

保育者は子どもたちに、保育者に向かってだけでなく、グループのみんなに話すように励まさなければなりません。子どもは自分の言いたいことをいつも保育者に向けるものなので、これは難しいことです。保育者は、「みんなに話してちょうだい。みなさん、Rちゃんはみんなに話したいことがあるようですよ」といったこ

④規律が必要な時

規律を与えるような発言は控え目に使うべきです。しかしながら、必要な時は、はっきりと、簡潔に、良し悪しを判断することなく、そして、直接言うべきです。例えば、グループタイムで子どもがやかましい音を立てた時、ある保育者が冷静に次のような発言をしたのを聞いたことがあります。「Ｓちゃん、『アー、アー、アー』というのは廊下でやってちょうだい。音を立てるのが終わったら、集まりに戻ってきてほしいわ。」この保育者はまた、子どもが犬の振りをして歩き回っている時、「Ｔちゃん、犬になって集まりから離れたいですか？それとも、男の子になって自分の座布団に座りたいですか？」と聞きました。そして、その子どもが座ることを選ぶと、「あなたがここにいる方を選んでくれてとても嬉しいわ。私たちはあなたに集まりにいてほしいのよ」と応えました。

時には集団を大きく乱す子どもがいます。子どもたちはそれぞれにユニークで、集団を乱す理由はさまざまなので、このような難しい子どもたちに対してがんじがらめの規則を用いることはできません。保育者はそれぞれの子どもの生育暦、ニーズ、そして現状に対応しなければいけません。その上で、集団を乱した子どもには、その行為に対する道理にかなった制裁として、戻って参加する心の準備ができるまで集団から離れさせることができるでしょう。子どもが集団を離れなければならないときも、保育者は「１人で離れられますか、それとも、先生の助けがいりますか？」と言って、子どもに対する尊重を示さなければいけません。

子どもたちに選択させることは、子どもたちへの尊重を表すよい方法であり、同時に明確な制限を設けることになります。それによって、子どもは自分の行動を制御することに責任をもち、そして、自己制御する機会をもつのです。例えば、２人の子どもがおしゃべりするのを押さえられない時、保育者は彼らに、集まりから離れてみんなのじゃまにならないところで話を続けるか、あるいは、集まりに留まって話すのをやめるかを選択させることができます。一般的に、グループタイムの活動が面白ければ、子どもたちは留まることを選びます。また、保育者は子どもたちに、友だちの隣に座って静かにするか、あるいは離れて座るかを選択させることができます。

次に紹介するのは、ヒューストン大学人間発達実験校でペイジ・フラー先生が担当する４歳児クラス（３歳半～４歳半）の事例です。保育者（保）は、行動と感情に問題をもつ子ども（Ｓ）に対応しなければなりませんでした。この日のグループタイムでＳはほかの子ども（Ｃ）を触ったり押したりして悩ませていました。Ｃはこの実験学校にやってきてまだ日が浅く、主張することはあまりありません。ですからＣは、明らかに妨害だと感じていることに対処するため、保育者の援助を必要としていたのです。保育者が問題の子どもに対して良し悪しを判断していないことに注目してください。

（午前の１回目のグループタイムで、ＣはＳと保育者の間に座っている。Ｓが自分の手をＣの足や肩に置き、そして彼の首に回す。ＣはＳの手を振り払い、それから、保育者の方に近寄る。）

保：（Ｃに対して）「触らないで」と、Ｓちゃんに言うことができるのよ。

（少しして、Ｓが再び自分の腕をＣにからませる。Ｃはのたくり出て、Ｓの腕を取り除く。ＳはＣの足を触る。）

保：Ｓちゃん、Ｃちゃんは触ってほしくないのよ。Ｃちゃんはいやだと言っていますよ。そうされることが好きじゃないのよ（Ｓの腕を取り除く）。あなたがしなければいけないことは、Ｃちゃんに触らない場所へ動くことよ（ＳをＣから離す）。さあ、これでいいわ。Ｃちゃんはいやがっているのだから、触ってはいけません。いいですね。Ｃちゃん、もしＳちゃんがまた触ってやめなかったら、あなたがほかの場所に移れば

いいのよ。いいですね。そうすれば問題がなくなるわ。ここにくればいいわ（反対側の隣の席を軽く叩いて合図する）。
（Sは自分の手をCの足に置き続ける。Cが保育者に近づくと、Sはさらに窮屈なくらいCに近づく。）
保：（Cに対して）場所を変えたいですか？
C：（うなずく。）
保：ここに場所があるわ。（Cが移動する）さあ、これでいいわ。
（SはCが移動したばかりのところに、自分の座布団をもって行こうとする。）
保：Sちゃん、あなたの場所はここよ、ねえ。Cちゃんはあなたが近くへ近くへとやってくることが嫌なの。Cちゃんはそうしてほしくないのよ。Cちゃんが頼んで、そして私が頼んでもやめなかったから、Cちゃんは場所を変えたのよ。これでCちゃんはもう困らなくて済むわね。
（その後、保育者がお話を読む。Sは保育者に近寄り、Cに触る。）
保：（Sの手を取り除き、Sの目をまっすぐに見つめながら冷静に話す。）Sちゃん、友だちから手を離していられないのなら、集まりから離れなければいけません。あなたは集まりのじゃまをしています。だから、もし友だちを触ったら、集まりから離れなければなりません。
（保育者はお話を続ける。Oがやってきてsの隣りに座る。SはOを触る。）
O：（保育者にささやく）ペイジ先生、Sちゃんがじゃまするの。
保：じゃあ場所を変えましょう。
O：（ほかの場所に移動する。）
保：Sちゃん、これは問題ね。あなたがみんなを触り続けるから、みんながいやがって、別の場所に移ってしまうのよ。それで、もう誰もあなたの隣に座ってくれないのよ。

保育者がSに対して腹を立てることは1度もありませんでした。実際、彼が注意を引きたがっていることを認めて、自分の隣に座らせ、抱きしめることもありました。そして、自分の足や手や顔などをSに触らせながら、その一方でグループタイムを続けました。しかし彼女は、ほかの人が自分に触れてもよいかを決めるのはその子どもの権利であるという考えを支持し続けました。彼女はSに、触られることを望んでいないのに触れれば、誰も隣に座ってくれなくなることを指摘しました。このような道理にかなった制裁を用いることは第10章で述べています。

（3）グループタイムの内容

グループタイムの活動の多くは、構成論に特有なものではなく、すべてのよい幼児発達プログラムに共通するものです。それらは、音楽、絵本やお話、出席や日付などの日常の決まった活動、誕生日や祭日のお祝い、特別のテーマ活動、そして、活動の時間にする活動の紹介などです。構成論に基づく実践で見られる特有の活動は、ルールづくりや民主的な決定をすること（第7章を参照）、投票（第8章を参照）、そして、社会・道徳的な話し合い（第9章を参照）です。加えて、構成論に基づくグループタイムは、集団での問題解決や遠足の計画やそのほかの活動を含みます。ここでは、これらの活動の中から他の章で述べられていない事例を紹介します。それに加えて、構成論を実践する1人の保育者が考え出したユニークな誕生日の祝い方の例を紹介します。

読者はここで、グループタイムの活動として至るところで実践されている"Show and Tell"あるいは"Share Time"と呼ばれる、子どもが何かを見せながらみんなに伝えたいことを話す活動が含まれていないことに気づくでしょう。私たちは、この活動の問題点を述べ、なぜ私たちがグループタイムの活動の中にそれを入れないのかを説明します。

1）個人的な問題の話し合い

　第4章で、1人や2人の子どもに関する問題は、グループでよりも個人的に扱うべきだと述べました。1人の子どもの問題がグループ全体に及んだ時は例外で、その実例を紹介しました。私たちはまた、子どもが個人的な問題で友だちの援助を必要とする時、グループが力になると思ってほしいと考えます。次の事例は、5歳児クラスのSが、いつも登園してくるのが遅すぎて、朝のグループタイムで当番になることができないという問題をみんなにもちかけたものです。（この例では、保1は担任のコリーン・サミュエル先生で、保2は助手のカレン・エイモス先生です。）

S：どうすれば私がもっと早く園に来ることができるか、だれかいい考えがないかと思っていたの。
N：えーと、あなたのお母さんとお父さんに手紙を送ればどうかしら。そしたら、それを読んで、あなたをもっと早く連れて来ることができるよ。
S：だめ。だめ、だめ、だめ。
保2：どうしてだめなの？
S：だって、そのことはお母さんに言ったことがあるもの。
J：えーと、お母さんにもっと早く起こすように言ったらいいと思うよ。
保1：知っていますか？　私はSちゃんのお母さんに話したところなの。そうしたら、お母さんが言うのには、お母さんは早く起きているけれど、Sちゃんを起こすことが難しいのですって。
S：（うなずく。）
保1：お母さんがあなたを起こすことがとても大変だったら、Sちゃん、あなたはどうすることができる？
S：だって、だって、夜、妹が私と遊ぼうとするの。
N：あなたは2段ベッドで寝ているの？
S：いいえ。
保1：みんな、Aちゃんにいい考えがあるようよ。
S：Aちゃんが？
A：しー、しー、静かに。いい考えがあるよ。お母さんとお父さんは古い目覚し時計をもっているかな、物置かどこかに。えーと、だれかに目覚し時計を買ってもらって、そうしたら……。
S：（さえぎって）だめ、それはもう……。
A：……お母さんたちに時間を合わせてもらうように頼んだら、そしたら、目覚ましがなって、早く起きることができるよ。
S：もう目覚まし時計はもっているわ。とても新しいのよ。クリスマスにもらったけど、お父さんは一度もセットしてくれないわ。
H：お母さんに頼んだら。
S：お母さんはできないわ。だって、新しい赤ちゃんがおなかにいるから。
保1：それでお母さんは目覚ましをセットすることがきないの？　でも、Sちゃん……。
S：目覚ましのコンセントがささっていないわ。
保1：目覚ましをセットしてもらうこと、それがあなたにできることかもしれないわよ。
S：お父さんにそうするように言ってみるわ。だって、1度もしていないから。ずーとずーと前にね、お母さんがそうするように言ったけど、お父さんはしなかったの。
A：じゃあ、お父さんとお母さんと一緒に話し合いをして、そして、君が園に遅れてくることで、何ができなくなっているかを言えばいいんだよ。
S：（鼻をつまみながら話したので、理解することができない。）
保2：もう一度言って、それではあなたの言葉が聞こえないわ、Sちゃん。
子どもたち：（笑う。）
保2：私たちはあなたを助けたいのよ。でも、あなたはふざけているように見えるわ。

A：真面目にしないなら、ぼくたちはやめてしまうよ。
保2：そうね、私たちは他のことをすることができます。Sちゃんは私たちに助けてほしいの？
A：それなら、そんなにふざけるのはやめてよ。
保2：そうね。えーと、口をこうしていた時、何を言おうとしていたの？　話し合うことについて？
S：夕飯の時に、お母さんとお父さんにこのことを話せると思うわ。
保2：それはいい考えね。
A：ルールみたいに、書くといいよ。
保2：Eちゃんの考えは何？
E：お母さんのおなかから赤ちゃんが出てきたら、そしたら、お母さんが目覚ましをセットできると思うよ。
S：それは時間がかかりするぎるわ。私の当番の順番がきた日に、早く起きることができないわ。そうなったら、当番の順番が最後になっちゃうわ。
保1：えーと、次は、Cちゃん。
C：えーと、私がどうして早く園に来るかと言うと、ちょっと早く目を覚まして、とても早く服を着て、そしたら、お母さんがとても早く園に来ることができるのよ。

　子どもたちは、どうすればSが朝早く起きて早く登園することができるかについて、提案し続けました。話し合いの間中、子どもたちはSの問題に興味と関心をもって関わり、心から彼女を助けたいと思いました。Sがふざけた時、Aは穏やかに彼女を非難して、これはSの問題であり、解決するのを助けてほしいなら、真面目にならなければいけないことに気づかせました。このように、問題を抱えた友だちを助けるためにみんなが話し合うことは、コミュニティの意識を育てることに役立ちます。保育者は、お母さんは妊娠しているので目覚ましをセットできないというSのおかしな考えも含めて、子どもの考えのよし悪しを判断せず、子どもたちの提案を認め、そしてそれらをよりよいものにしようとするのです。

　もちろんグループタイムは、みんなに影響する問題の解決策を子どもたちに考えさせるのにもよい時間です。第12章では、みんなが平等に片づけに参加するという問題を抱えた5歳児クラスの事例を紹介します。

　2）グループ活動の計画
　グループ活動やパーティーや遠足を計画することは、有意義なグループタイムの活動になります。保育者は、子どもがどれだけ計画することができ、保育者がどれだけ行わなければならないかを決めます。次の例でペイジ先生（保）は、3、4歳の子どもたちと、子どもたちが提案した動物園への遠足で、七面鳥は飛べるのかどうかを調べることについて話し合っています（七面鳥は飛べるのかどうかに子どもたちが疑問をもった話は、第8章ですべて述べていますので参照してください）。彼女は子どもたちの考えを尊重して聞き、そして、子どもたちの考えを引き出し、それらをよりよいものにしています。そのため、子どもたちはその計画に全面的に参加しています。

保：覚えていますか？私たちは七面鳥が飛べるかどうかについて話し合いましたね。だから、動物園に行って、それが正しいかどうか調べようということでしたね。そこで、動物園に行くためにしなければならないことがあります。お母さんやお父さんから許可をもらうことと、それから、私たちと一緒に行ってくれる少なくとも2人のお母さんかお父さんが必要なこと。
D：ぼくにはお母さんが1人いるよ。
M：私もお母さんが1人いるわ。
保：お母さんが1人いるの？　車を運転してくれる人が必要なのよ。
G：私もお母さんがいるわ。

K：ぼくのお父さんが運転してくれると思うよ。
保：お父さんができると思う？
（子どもたちは、お母さんやお父さんがボランティアをすることと車について話し続ける。）
C：ペイジ先生、私に考えがあるわ。
保：さあ、Cちゃんに考えがあるようよ。Cちゃん、どんな考え？
C：お母さんみんなに電話をして、私たちが動物園に行くことと2人以上のお母さんが必要なことを知らせるの、そうしたら、お母さんたちは一緒に行きたがるわ。
W：でも、ぼくのお父さんは仕事に行かなきゃいけないから、来れないよ。
保：さあ、みなさん、聞いて。Wちゃんのお父さんは仕事に行かなければならないので、来ることができないんですって。私が思うのに、お母さんやお父さんは仕事を休まなければいけないから、今日は行くことはできないわ。お母さんやお父さんに手紙を書いて、Jさん（事務の人）にそれをコピーしてもらって、お母さんやお父さんみんなにそれを渡すことができるわ。
Z：Jさんも一緒に来てもらったらいいよ。
保：そうね、Jさんも一緒に来てもらったらいいですね。
Z：A先生（副園長）もね。
保：A先生もね。JさんとA先生にもたずねてみましょう。私たちが動物園に行きたいことを伝えるために、お母さんやお父さんに手紙を書くことはどう思う？ そうしたら、私たちを連れていくために、仕事を休んでもらえるのではないかしら。いい考えだと思う？
W：うん、思うよ。
C：私も、思うわ。
G：そうしたら、たくさんのお母さんとお父さんが来るね。
保：そう、たくさんのお母さんとお父さんがね。
（ペイジ先生は当番の子どもに紙とペンをもってくるように頼む。）
C：そして、私たちは電車に乗ることができるわ。それで、いろんな動物を見ることができるわ。
保：Cちゃんが、いろんな動物を見ることができると言っているわ。七面鳥だけでなく、いろんな動物もね。
G：鳥もいるわ。
保：他の鳥もね。
（子どもたちは、動物園で見たい動物について話す。）
保：（書きながら、読む）お母さんとお父さんへ。私たちが言いたいことは？
C：私たちは、動物園に行きたいのです。
保：私たちは、動物園に行きたいのです．
D：お母さんやお父さんに来てほしいのです。
保：（書きながら）私たちは、動物園に行きたいのです。動物園（zoo）って、どう書くか知っている？
子どもたち：Z-O-O。
保：Z-O-O。私たちは、動物園に行きたいのです。そのために何が必要なの？ お母さんやお父さんに話さなければいけないことは何かしら？
S：お金。
G：電車に乗るのにお金がいるわ。
保：ああ、電車に乗るのにお金がいるのね。
K：それでね、切符がいるよ。
保：電車に乗るのにキップが必要で、そのためにお金を払わなくてはいけないのね。そして、動物園に入るのにもお金が必要だわ。そう、電車に乗るためのお金と動物園に入るためのお金が必要ね。でしょう？ そして、車を運転してくれるお母さんとお父さんも必要だわ。どういうふうに、このことを頼みましょうか？ だれか考えがあるかしら？
C：どうぞ、車を運転してください。
保：どうぞ、車を運転してください。わかったわ。そして、一緒に来てくれるお母さんと

お父さんが必要ね。そのことをどのように頼みましょうか？
N：上手にね。
保：上手に？　どうすると上手に頼めるかしら？
N：どうぞ、と言うの。
保：どうぞ、何というの？
C：どうぞ、私たちと一緒に来てください。これはどう？　どうぞ、車を運転してください。どうぞ、私たちと一緒に来てください。
保：それから、いく日を決めなければいけないわ。
Z：今日、行くの？
保：行きたい？……でも、だめだわ、今日は行けないわ。だって、お母さんやお父さんにお手紙を出さなければいけないから。
W：だって、お母さんやお父さんは仕事だもの。
保：そう、お仕事ね。帰ってきて、お金を用意して、いろいろしなければいけないから。次の月曜日に行くというのはどう？
子ども：いいよ！
子ども：だめ！
C：すごーくいい考えがあるわ。木曜日に行けると思うわ。
保：木曜日？　お母さんやお父さんがお手紙を受け取って、全部のことをするのに、十分な時間があると思う？
C：そうよ、だって、火曜日に手紙を出して、水曜日に返事をもらって、木曜日に行くの。
保：私に、考えがあるわ。金曜日はどうかしら。そうしたら、全部のことをするのに2日間あるわ。
C：どうしてなの？
保：えーと、それはね、お母さんやお父さんが休みを取ることを仲間に頼むのに、時間がかかるときがあるのよ。
D：金曜日に行くのはどう思う？
C：月曜日はどう？
保：わかったわ。金曜日か、次の月曜日に行くことにしましょう。みんなで投票しましょう。いいですか、今日は火曜日です。一番早く行けるのは金曜日、でも、次の月曜日に行くとしたら、もっと多くのお母さんとお父さんが参加できると思うわ。じゃあ、金曜日に行くか、次の月曜日に行くか投票しましょう。
（子どもたちは投票して、金曜日に行くことを決める。）
保：わかったわ。手紙には「どうぞ、私たちと一緒に来てください。金曜日に行きたいのです」と書くのね。
C：何時にするの？
保：Cちゃんが「何時」と言っているわ。朝のうちに行かなければね。
C：7時がいいわ。
保：うーん、私たちは7時にはまだ園に来ていないわ。グループタイムが9時に始まるのよ。9時半なら出かけられると思うわ。
子どもたち：いいよ！
保：わかったわ。金曜日に9時半に出かけたいのね。そうそう、お弁当をもっていって、そこで食べたいと思わない？
子どもたち：いいよ！
保：いいですか、手紙にはこう書いてあります（読む）。お母さんとお父さんへ。私たちは動物園に行きたいのです。電車に乗るのと動物園に入るのにお金が必要です。どうぞ、車を運転してください。どうぞ、私たちと一緒に来てください。金曜日の9時半に行きたいと思います。お弁当をもっていきます。これでいいわね。この手紙はだれから？
子どもたち：研究者クラス（Investigators）から。
保：そうね、ここに研究者クラスからと書かなくてはいけないわ。
子どもたち：そうだね！
保：（書きながら）研究者クラスより。

　ここに示したグループタイムの事例は、保育者が遠足の計画に子どもたちをどのように関わ

らせるかを詳しく説明しています。保育者は、その過程を支配せずにリードしながら、子どもたちの言うことに耳を傾け、彼らの考えを引き出し、そして、彼らの決定を尊重しています。

3）一緒にお祝いすること

　グループタイムは、誕生日などをお祝いするのによい時間です。私たちは、4歳児クラス（3歳半〜4歳半）でペイジ・フラー先生が行った、特別に愛情のこもった誕生会を見ました。通常、親が子どもの誕生日にケーキやカップケーキを園へもってきて、朝の活動の後でパーティーをします。ペイジ先生（保）は、グループの中央にケーキを置き、誕生日の子どもをひざに乗せて、話を始めました。

保：昔々、男の人と女の人がいました。彼らの名前はVさんとMさんです。2人はとてもとても愛し合って、結婚しました。まもなく、Vさんのおなかが大きく大きくなり始めました。おなかの中で何が大きくなっていたかわかるかしら？
N：なあに？
C：赤ちゃんよ。
保：彼女はおなかの中で赤ちゃんを育てていました。そして、ある日赤ちゃんが生まれました。彼らはそのかわいい小さな赤ちゃんをMと名づけました。
K：Mちゃん！
保：そうよ。彼はとっても小さかったので、腕の中で抱っこできたわ（赤ちゃんを抱くまねをする）。そして、彼はかわいい小さな指とかわいい小さなつま先とかわいい小さな鼻をもっていました。まもなく、こんな音を立て始めました（赤ちゃんが出す声をまねる）。こんなふうにね。小さな赤ちゃんの声。えーと、それから、彼は大きく大きくなって、1歳になりました。彼は何ができるようになったかわかる？
子どもたち：なあに？

保：歩いたのよ。彼はちょっと歩けたわ。でも、赤ちゃん歩きでね。そして、何か欲しいときは、「アウ、バウ」と言ったのよ。その意味はね、「ボールが欲しい」と言うことだったの。
子ども：どうして？
保：彼は「お水が欲しい」時も、「アウ、バウ」と言ったわ。
C：アグア！
保：うーん、赤ちゃんの時そう言ったでしょうね。そして、あっという間に、もっと大きく大きくなって、2歳になったわ。いろんなことができるようになったのよ。もっと話せるようになったわ。
W：彼は大きな男の子になったんだ。
保：それから、彼はもっともっと大きくなったわ。そしてこの園に来たのよ。お友だちができたわ、KちゃんやNちゃんやCちゃん。
S：それから、私もね。
保：それから、もっとお友だちができたわ、DちゃんやNちゃんやKちゃん。それから、WちゃんやSちゃんやMちゃんやSちゃんやPちゃん。それで、彼は3歳になったの。それからある日、何が起こったか知っている？
子どもたち：なあに？
保：ある日、この小さな赤ちゃんだった男の子が、1歳だった男の子が、2歳だった男の子が、3歳だった男の子が、4歳になったの。
S：それはMちゃん！
保：そのとおり。
（ペイジ先生は、ケーキのろうそくに火をつけ、「ハッピー・バースデイ」の歌を歌い、そして、Mが火を吹き消しました。）

　ペイジ先生は誕生日の話しを、きょうだいの名前や他の関連したことなどを入れてそれぞれの子どもに合わせて作って語りました。時には、赤ちゃんのときの写真や大きなおなかをしたお

母さんの写真を見せました。子どもたちはこの話が大好きで、決して飽きることがありませんでした。

4)「見せてお話をする活動」(Show and Tell)の問題点

多くの幼児教育のプログラムでは、週に1度、それぞれの子どもがお気に入りの物を園にもってきてクラスのみんなに見せたり、最近したことを話したりする活動をしています。私たちは、子どもたちがこうした個人的な興味をグループで共有するべきでないとは言いませんが、こうしたタイプの慣習化した共有の活動に見られる問題点を指摘したいと思います。

第1に、子どもたちは度々自分の「共有する日」を忘れて、何ももってきません。そして、園に来て自分の失敗に気がつくと、大変がっかりします。子どもがあまりにもがっかりし、落ち着くために助手の先生と一緒にクラスを離れなければならなかったのを見たことがあります。

第2に、子どもたちは共有したいものが何もないことが時々あり、それにもかかわらず何かを共有しなければいけないと強く感じます。彼らは、口ごもったり、言葉が詰まったり、ばつ悪く感じたり、その場にそぐわないと感じたりします。

第3に、ある子どもたちはとても恥ずかしがり屋で、共有の活動を苦痛に感じ、気後れしてしまいます。共有する時間は、そんな子どもたちに当惑を感じさせ、自分が恥ずかしがり屋であることを思い出させるだけです。

さらに、ある子どもたちは共有の時間を独占して、サーカスに行ったことや裏庭で見つけた蛇のことを話し続けます。こうした子どもたちの話を、中断することなく、また嫌な気分にさせることなく、手短にさせることは困難です。1回のグループタイムで1人以上の子どもが話すと長くなり、子どもたちは落ち着きをなくし、機嫌が悪くなってしまいます。

"Show and Tell"の問題をどうすることができるでしょうか。私たちは、子どもたちが家から物をもってきて共有することに利点があることは認識しています。子どもたちは自分が特別だと感じ、「人前に立つ」機会をもち、そして、みんなの前で話す技能を伸ばします。そこで私たちは、第1に共有が自然に起こるようにすることを提案します。それを慣習化しないことによって、共有する回数はもっと少なくなるでしょうし、より意味のある事柄が含まれるようになるでしょう。1人か2人の子どもが共有したい特別の物をもってきたら、それをグループタイムに組み込むことは簡単にできるでしょう。それ以上の人数の子どもたちが望んだときは、それを活動の時間に移すことを提案します。子どもがグループタイムの前に、共有したい物をもってきたことを保育者に告げた場合、保育者は共有する機会を活動の時間の一部として紹介することができます。例えば、テーブルや棚や他の空間を使い、子どもたちが家からもってきた物を置くための場所にすることができます。子どもは活動の時間にそのテーブルの傍にいて、それを見に来た友だちに話すことができます。それについての説明を紙に書いたり、友だちがそれを触っていいかどうかを決めたりすることができます。子どもたちの中には、グループタイムのときよりも活動の時間に共有することを好む子どももいるでしょう。こうした方法は、子どもが家からもってきた物を共有する機会を奪い取ることなく、共有の活動の問題点を取り除くことができます。

4. 取りやめになったグループタイムと再開されたグループタイム──あるクラスの事例から──

次に紹介する事例は、ある構成論に基づく5歳児クラスが経験したグループタイムに関する問題と、その問題を解決するために保育者が取った手段を詳しく説明しています。

その5歳児クラスでは、毎朝2回のグループタイムが行われていました。9時に行われる最初の集まりでは、やることがたくさんありました。通常、歌を1、2曲歌って始めます。そして今日の当番を発表します。当番は何人が出席か数えます。時々当番は数えそこなって、何度も何度もやり直します。その間、クラスの子どもたちは待ち続けます。それから、この日に「見せてお話をする活動」の順番になっていた子どもたちが、クラスにもってきた物を見せながら話します。時には4、5人の子どもが話をするので、時間がかかります。そして、保育者が朝の活動を紹介し、そのことについて話し合います。そのことにもまた、時間がかかります。時々保育者がお話や詩を読むことがあります。時には解決すべき問題があるので、決定のために投票します。9時50分まで次の活動を始めることができないことが度々あります。
　多くの子どもたちにとって、そのように長い時間じっと座って聞いていることは困難です。彼らは落ち着きをなくし、手を挙げることを忘れて話し出してしまいます。時々子どもたちの間でいざこざが起こり、子どもたちにお互いを尊重し合い、話を聞いてほしいと思っている保育者は機嫌が悪くなります。
　朝の活動の時間の後、もう1つのグループタイムがあります。2回目の集まりでは、活動の時間に何をしたかを話します。時々、お話や歌があります。もし、「見せてお話をする活動」をする順番だったのに、最初のグループタイムにできなかった子どもがいると、2回目の時に行います。当然2回目のグループタイムも大変長くなります。子どもたちは落ち着きをなくし、外で遊びたくてたまりません。保育者は、子どもたちが保育者やほかの子どもの話を聞こうとしないので不満に思います。
　とうとうある日、保育者たちは、子どもたちが「もうたくさん！」と感じていると判断しました。子どもたちはグループタイムが好きではないと思っているようなので、グループタイムをやめることにしました。そして、子どもたちが月曜日に登園して来た時、保育者たちは彼らにグループタイムをしないことを伝えました。「すぐに活動を始めなさい」、「みんなが集まりたいと思うまで、グループタイムはしません」と言いました。子どもたちは喜びました。彼らは歓声をあげて、グループタイムは好きでなかったと言いました。2日間彼らはグループタイムをもちませんでした。
　3日目に、1人の子どもがハロウィンのパーティーの計画をする必要があると判断しました。しかし、グループタイムをしないで、どうして計画を立てることができるでしょうか。彼女はクラス中を回って、朝の活動の後にグループタイムをして、パーティーの計画を立てたいと思う子どもの名前を集めました。4人を除いて全員が紙にサインをしました。そして、計画を立てたいと思う全員が部屋に残って、グループタイムをもちました。
　彼らは次第に、活動の時間後のグループタイムを再開し始めました。子どもたちは部屋に留まりグループタイムに参加するか、あるいは、外に行くかを選択することができました。最初、多くの子どもたちが外に行きましたが、すぐに、みんながグループタイムのために部屋に留まるようになりました。子どもたちは一緒にいること、活動の時間に何をしたかを話すこと、歌を歌うこと、そして、お話を聞くことを好みました。
　約3週間後、彼らは1回目のグループタイムを再開しました。保育者が「1回目のグループタイムをまたやりましょうか？」と言うことなく、自然に再開されたのです。けれど、再び1回目のグループタイムを始めた時、以前とは異なっていました。出席を取るのに長い時間を費やさず、そして、「見せてお話をする活動」をやめました。保育者は、短い集まりをしてすぐに次の活動の時間に移ることにしました。グループタイムが短くなると、子どもたちは以前より注意を払うようになり、落ち着きをなくすこと

がなくなりました。時々手を挙げることを忘れますが、前ほどではありません。保育者は子どもたちに、静かにすること、手を挙げること、順番を待つこと、友だちの話しを聞くことなどを伝えるのに、多くの時間を費やす必要がなくなりました。みんながグループタイムをより楽しんでいるように見えました。

　グループタイムをやめてしまうことはかなり思いきったやり方でしたが、保育者たちはそれが必要だと思ったのです。保育者は、子どもたちがグループタイムの有用性に気づいて、再びやりたいと思うようになってほしいと期待しました。そして、そのとおりになりました。子どもたちは、グループタイムに参加する自分自身の理由を見つけたとき、再びグループタイムをもつことを提案したのです。保育者もまたこの経験から学びました。それは、グループタイムの大切な要素は、子どもたちがお互いの話に耳を傾け、共に計画を立て、そして、グループで決定するコミュニティ集団として、みんなと一緒にいたいと思うことなのです。

5. 要 約

　グループタイムのねらいは、自己制御や協同や視点の調整を必要とする活動を通して、知的、社会的、そして、道徳的な発達を助長することです。グループタイムで保育者は、活動の時間よりもより積極的に指導的役割を果たします。グループタイムには、子どもたちの間にコミュニティの意識を育てる特別の可能性があります。内容は、音楽、絵本やお話、お祝い、特別のテーマ活動、出席など日常の決まった活動、遠足の計画、そして、活動の時間に行う活動の紹介などです。それに加えて、グループタイムには、ルールづくり、民主的な決定、そして、クラスの問題や社会・道徳的なジレンマについての話し合いが含まれます。保育者は、席の配置やグループタイムの長さなど運営上の形式的な側面や、問題を予防したり問題に直接対応するような方法についても配慮しなければなりません。ある5歳児クラスで起こったように、子どもたちがグループタイムを尊重しないように見える時、保育者はそれを続けるのをやめて、子どもたちが必要とするグループタイムを見つけ出すよう援助することもできます。

第7章

ルールづくりとクラスでの決定

　構成論を実践する教育のユニークな特徴は、クラスで決定する責任がクラスの全員によって共有されることです。構成論に基づくクラスでは、保育者はどのようにクラスを運営するかを決定する権限の多くを子どもたちに任せます。本章では、クラスでの決定とルールづくりのプロセスに子どもを参加させる目標について述べます。その後、ルールづくりとクラスでの話し合いを指導するためのガイドラインを示して、例をあげます。集団で決定をするための民主的な方法である投票については、第8章で述べます。

1. 目　標

　子どもたちがクラスでの決定やルールづくりに参加するねらいは、保育者と子どもたちが自己制御と協同を実践し、お互いを尊重し合う雰囲気をつくり出すことです。子どもたちにルールをつくらせたり、決定させたりすることは、他律を少なくし、自律を促進する1つの方法です。ピアジェ（1932/1965）は「すべてのルールは、年上の子どもから年少の子どもに強いられたものであろうと、大人から押しつけられたものであろうと、内的なルールになる前に外的なものとして始まる」（p.185）と言っています。私たちは第3章で、保育者が子どもたちと協同することと、不必要に権威を行使する機会を減らすことの重要性について述べました。要約して言えば、これは子どもたちに自分たちの行動を自発的に統制する可能性を与えることを意味します。私たちは第3章で、子どもたちがお互いに協同できる環境をつくることの重要性についても述べました。構成論を実践する保育者は、集団でルールをつくり、決定することを通して、それらすべての関連した目標を達成します。

　子どもたちがルールづくりとクラスでの決定に参加することのより具体的な3つの目標として、(1) ルールと公平性が必要だという感情を育てること、(2) クラスのルール、運営の手順、決定は自分たちのものだという感情を育てること、(3) クラスで起こっていることや、クラスのみんなが仲よくすることについて責任を共有する気持ちを育てること、があげられます。

　クラスの生活の中で起こる問題について一緒に考えることを通して、子どもたちはルールの必要性をはっきりと理解します。クラスで起こる問題の決定に参加することによって、子どもたちはその決定が自分たち自身のものであることを自覚します。子どもたちは、なぜそのようなルールがあるのかや、なぜそのような方法を取るのかを理解する機会をもつことになります。自分たちで決定することによって、それが自分たちの問題であるという意識をもつようになり、それによって子どもたちはクラスで起こっていること（それがよいことであれ悪いことであれ）に対する責任を共有するようになります。さらにそれは、ルールやクラスの運営を自分たちで実行しようとする責任感へとつながっていきます。

2. ルールづくり

ルールづくりは明らかに子どもたちが自律する機会を与えます。多くの保育者は、ルールづくりの過程を子どもたちの手にゆだねることに最初は臆病になります。そのような保育者は、子どもたちはルールをつくることができないと信じているのかも知れません。彼らは、子どもたちが受け入れられないルールをつくったり、もっとひどい時にはまったくルールがない状態になるのではないかと不安に思っているのかもしれません。私たちが幼児のルールづくりへの参加を観察して来た経験の中では、こういった不安は現実には起こりませんでした。もちろん構成論の保育者たちは、すべてのことを子どもたちに任せているのではありません。むしろ子どもたちがルールづくりのプロセスを進め、ルールづくりに関する子どもたちの態度や知識が発達するように、リーダーの役目を果たしているのです。

ここで私たちは、ルールづくりの話し合いを導くためのいくつかのガイドラインを示します。そして、子どもたちがつくったルールを記録し、掲示するいくつかのアイデアをあげ、子どもたちにどのようにルールを実践させるかや、子どもたちがルールを守らなかった時はどうするかについて述べます。

(1) ルールづくりの話し合いの指導

子どもたちにルールづくりをさせた経験のない保育者は、自分がつくったいくつかのルールに子どもたちがつくったルールを加えることから始めたくなるかもしれません。私たちは保育者にこのようなやり方を控えるよう強く勧めます。私たちは、保育者がある一定のルールは必要だと感じていることは認識しています。しかしその一方で、子どもたちはルールを何らかの形で（保育者が与えるようなルールの形ではなくとも）提案することができるということを読者に理解してもらいたいのです。

もし、保育者がルールは大切であると信じているのであれば、子どもたちがそのルールの必要性に気づくような方法でそれを提示しなければなりません。保育者はなぜそのルールが必要なのか、その理由についてよく考えなくてはなりません。保育者はしばしば、そのルールが本当に必要かどうかを考えないで、あるいは単に「今までそうしてきたから」ということで、細かいルールを子どもたちに押しつけます。例えば、公立学校によく見られるルールに「廊下は1列でまっすぐ歩く」というルールがあります。通常子どもたちはこのルールを独断的かつ高圧的に感じます。保育者として、これを子どもたちに必要なルールとして受け入れさせることができるか想像してみてください。そのルールの根拠は何でしょうか。これは学校内で問題になっていることでしょうか。子どもたちは廊下で大騒ぎをし、他のクラスを邪魔しているでしょうか。たとえそうであっても、独断的にそのルールを課するのを避けることができます。独断的にルールを課する代わりに、保育者はこの問題を次のように提示することができます。「私は時々廊下で大騒ぎをしている子どもたちがいることに気がつきました。そのことでほかのクラスが困っています。私のクラスの子どもたちが前を通ると、話が聞こえなくなると、ほかのクラスの先生たちが教えてくれました。私たちはこの問題についてどうしたらいいでしょう？」子どもたちは、この問題を「廊下を歩く時は静かにしなくてはいけない」、「話をしないために、廊下を歩く時は口に手を当てて歩くようにする」といったような「廊下を1列で歩く」のとは違う方法で解決することを考えるかもしれません。

ルールをより広い視野でとらえることは重要です。構成論の考え方では、ルールはクラス組織が円滑に進むためだけにあるのではありません。ルールはこの機能をもつ一方で、それ自身の目的をもっているのです。子どもがルールづ

くりの経験をすることは、子どもの発達的な目標の達成につながります。実践面では、子どもたちによってつくられたルールは、既成のルールより力強いものであることを、読者のみなさんは確信していただきたいと思います。

次に、具体的な例をあげながら、ルールづくりの指導のための10項目のガイドラインを示します。

1) まずルールという言葉を使うことを避ける

子どもたちは、ルールという言葉を保育者と同じ意味に理解していないかもしれません。子どもたちは「ルール」を大人からの禁止事項と考えているかもしれません。子どもたちが大人から聞かされる「〜してはいけません」というルールばかりをリストにするのを避けるためには、ルールづくりを「私たちのクラスを安全で幸せにする方法」、「ガイドライン」、「忘れてはいけないこと」、「私たちはどうしてほしいか」といったような言葉を使って導入することができます。もし子どもたちが「ルール」という言葉を使うなら、子どもたちの知識を尊重して、それを使うべきですが、例えば「私たちのクラスを幸せにするためのルール」といった広げた使い方をしましょう。

2) 特別な要求や問題があった時にルールづくりの話し合いをする

ルールを必要とする問題点がないのに、子どもたちにルールを提案させることは一般的によい方法だとは言えません。私たちは保育者仲間と共に、1年生の学年の始まりにルールづくりをする試みを続けてきました。その経験では、保育者が「私たちのクラスに必要なルールを考えることができますか？」といった制限の無い質問をすると、うまくいかないことが多くありました。このような質問はあまりに大まかで、しばしばクラス生活での必要性とはかけ離れた「〜してはいけない」というルールが長々と書き連ねられることになります。例えば、「積み木を水槽に投げ込んではいけません」、「椅子を投げてはいけません」といった、クラスの中で起こったことのない問題に関するルールを子どもたちが提案するのを聞いたことがあります。また、「知らない人としゃべってはいけません」といった、ほかの場で聞いたルールを子どもたちが真似て言っているのを聞いたこともあります。ある子どもたちは、突飛で手の込んだルールを提案する競い合いをしているように見えました。子どもたちは保育者が求めているからルールを提案しているだけであり、自分たちを統制しなければならないという必要性からそうしているのではないことに私たちは気づきました。

ルールづくりの話し合いは次のように始めるとよいでしょう。「私たちのクラスに（子どもたちが友だちを叩く、積み木を順番に使わない、グループタイムにお互いの話を聞くことができないなどの）問題があることに気がつきました。私たちはこの問題をどうしたらいいでしょう？だれかこの問題を解決する方法を提案してくれませんか？」この方法は、子どもたち全員が共有できる1つの話題に議論を集中させます。幼児がルールについての話し合いに集中できる時間はかなり短いので、保育者は、問題を1つずつ取り上げ、子どもの集中力がなくなった時に「この問題はうまく解決することができましたね。○○について（もし、子どもが別の問題について発言していれば）は、今度の話し合いで解決することにしましょう」と言って終了することができます。

例えば、第1章で述べた構成論に基づいたコミュニティ型クラスで、メアリー・ウェルズ先生は何人かの子どもたちがハムスターを乱暴に扱ったという問題に直面しました。他の子どもたちは怒り、不満をもっていました。メアリー先生はそれを取り上げ、「ハムスターをどう扱うかについてルールが必要でしょうか？」とたずねました。次にあげるルールは子どもたちが

考えたものです。
- ハムスターを外に出す前に先生に出していいか聞く。
- ハムスターを傷つけないように注意する。
- ハムスターをぎゅっと抱いたり、落としたり、投げたりしない。やさしく抱っこする。
- 床の上にハムスターを置かない。抱いておく。
- ハムスターの毛を引っぱってはいけない。やさしくする。
- ハムスターの手を引っぱったり、ハムスターの上に座ったりしない。
- ハムスターを家の中に降ろしてはいけない。毛布のなかで抱っこする。
- ハムスターを赤ちゃんのように抱っこする。

　この例は、子どもたちにとって、自分たちでルールをつくることがどれほど大切なことなのかを示しています。子どもたちにとって意味のあるルールの中には、大人には考えられないものがたくさん含まれます。子どもたちはしばしば、問題を解決するのに最も効果的なルールは何なのかを大人よりもよく判断します。

　もし、保育者が学年の始めにクラスのルールを子どもたちに決めさせたいのであれば、子どもたちの注意をクラスの中で起こるであろう問題に向けることを提案します。例えば、保育者は「クラスみんなが同時に積み木を使うことができるでしょうか？　みんながフェアに積み木を使うことができるようにするにはどんな決まりが必要ですか？」と問いかけ、リーダーシップを発揮することができます。

　3）ルールの根拠を強調する
　ルールの目的はクラスをみんなにとって安全で幸せな場所にすることだというメッセージが伝わるような言葉を使いましょう。保育者の責任はすべての子どもたちが安全であるようにすることだと子どもたちに話すことができます。ヒューストンにあるサンセット・パール小学校のアンジィ・ケサダ先生（保）の5歳児と1年生の混合クラスの事例を考えてみましょう。多くの子どもたちは前年度アンジィ先生のクラスに在籍し、クラスのルールづくりに親しんできました。これは新学年が始まって3日目、朝の2回目のグループタイムでのことです。

保：さあ、これまで私たちは、たくさんの活動をしてきましたね。グループタイムもしてきましたね。とてもスムーズに進んで楽しい時間を過ごすこともありましたが、困ったことが起こったこともありましたね。それで、新学期が始まりましたが、何をするのがいいアイデアでしょうか？　何をつくればいいかしら？
C：ルールだよ。
保：ルールのリストをつくるのですね。どうしてルールが必要だと思いますか？　なぜルールがいるのかだれかわかりますか？
C：それはね、遊んでる時にだれもけがをしないようにするためだよ。
（子どもたちは「クラスのルール」と名づけられたリストをつくり始めることを決めた。）
　この事例の続きは、次の4）で紹介します。
　子どもたちがルールを提案した時、「どうしてそのルールが必要なのか」、「どうしてそのルールがいいルールだと思うのか」をたずねていきましょう。もし、子どもたちがそれに答えることができなかったら、「もしだれかが（ルールで禁止されていること）をしてしまったら、どうなりますか？」とたずねてみましょう。一般的に子どもたちは、叩いたり蹴ったりしたら、相手が傷ついてしまうと答えるでしょう。ルールの説明の中に理由を含めましょう。例えば、私たちが見てきた子どもたちのルールの中には、「けがをするから、叩いちゃだめ」、「ドアを壊すかもしれないし、足をけがするかもしれないから、蹴っちゃだめ」、「だれかの目に入るかもしれないから、砂を投げちゃだめ」というようにルールの理由が含まれていました。

　十分に話し合いをすることは、子どもたちがルールの必要性を明確にするために重要なこと

です。もし保育者が、提案されたルールの根拠を議論することなしに、単にルールを紙に書くだけであれば、子どもたちはルールに従う必要性を感じることはないでしょう。

4) 子どもたちのアイデア、言葉、ルールの構造を受け入れる

たとえ子どもたちの言葉の使い方がぎこちないものであっても、それを使うようにしましょう。文法よりもルールの内容の方が重要なのです。子どもたちは自分たち自身の言葉によるルールの方がよく覚え、大切にするでしょう。次の事例で、ペイジ・フラー先生（保）は、彼女のクラスの4才児がお互いに傷つけ合っていたために、グループタイムでの話し合いを準備していました。話し合いが始まる前、ZがCの悪口を言い、Nが保育者を呼びました。

N：Cが泣いてるの。
保：本当だわ。どうしてか知ってる？
C：Zちゃんが私を悪い子っていったの。
保：あなたは悪い子なの？
C：（泣きながら）違ーう！
（ペイジ先生は、Cの近くの人たちが抱きしめてあげたらCの気持ちが落ち着くかもしれないと提案する。子どもたちがそうすると、Cは少し元気づく。）
保：笑顔が見えたわ！　みんなに愛されて嬉しいみたいね。それじゃあ、Cちゃん、あなたはなんて呼んでほしかったの？
C：名前で呼んでほしかった。
保：名前で呼んでほしかったのね。それなら、人を呼ぶ時は名前で呼ぶってことをルールにしない？
子どもたち：さんせーい！
保：どうやって書いたらいいかしら？　だれかいい書き方を教えて。
C：「あなたの名前を呼ぶ」（訳注：文法上誤った言い方である）って書いたらいい。
保：（書きながら繰り返して）「あなたの名前を呼ぶ。」

C：悪い子、いけない子って呼んじゃだめ。
保：（書きながら繰り返して）「悪い子、いけない子って呼んじゃだめ」。いいでしょう。これで友だちを傷つける言葉を使う問題はいいですね。手や足で友だちを傷つけることはどうですか？

ここで子どもたちが提案したルールには文法上の問題が含まれていますが、その意味は子どもたちにとって、はっきりしています。子どもの言葉の使い方をそのままにすることによって、なぜCがルールをつくりたいと思ったのか、なぜ彼らが特別なルールをつくらなくてはならなかったかを思い起こすことを助けます。

子どもたちなりのルールの構造を受け入れなくてはなりません。子どもたちが理解できないようなルールの構造を押しつけようとしてはいけません。3)で紹介したアンジィ先生のクラスの事例では、その後もルールの話し合いが続き、子どもの論理がより高度な構造を受け入れることができなかった時にどうなるかを示しています。子どもたちは5つのルールを提案しました。「顔を叩いちゃだめ」、「目を叩いちゃだめ」、「つねっちゃだめ」、「蹴っちゃだめ」、「けんかしたらだめ」。そこでEはそれらのルールすべてを消去し、「人を傷つけてはいけない」という簡潔なルールにすることを提案しました。彼は「人を傷つけてはいけない」というルールはこれまで出された5つのルールと同じ意味だと説明しました。明らかにほかの子どもたちの多くは、Eのクラス包摂の論理、つまり「人を傷つけてはいけない」の中にすべてのタイプの「人を傷つけること」が含まれることを理解していませんでした。子どもたちはいくつかのルールを提案し続けましたが、それはすべてEの「人を傷つけてはいけない」というルールに含まれるものです。Eは「同じ意味のルールがいくつもあるのは意味がないよ。紙がもったいないだけだよ」と反対しました。アンジィ先生はルールを消すかどうかについて投票することを提案しました。彼女は、Eが「人を傷つ

けてはいけない」というルールに含まれると主張した「顔を叩いちゃだめ」というルールを残すかどうかの投票から始めました。子どもたちの投票の結果、そのルールをなくしてしまうことになりました。するとDが、「ぼくたちは人の顔を叩いていいんだ！　だってルールがないんだもの」と声高に言いました。子どもたちが議論を続けるにつれ、Eの提案したルールがほかのルールを含むという意味を、誰も理解していないことがより明らかになりました。子どもたちは個別のルールが必要だと感じていました。ついにアンジィ先生は、すべてのルールを残すか、Eの提案したルールのみにするかを投票することを提案しました。Eの抗議にもかかわらず、子どもたちは「人を傷つけてはいけない」というルールを含めてすべてのルールを残すことに投票しました。このように、できあがったルールのリストは論理的に整った構造をもちませんが、しかし子どもたちにとっては意味があります。このような状況で、保育者は「いいアイデアだったわね、E？　でも今日はほかの子どもたちが同じように考えなかったわね」と言うことができます（この出来事によって、Eのクラス分けが再度検討され、Eは5歳児と1年生の混合クラスから1、2年生混合クラスへと変わることになりました）。

5）子どもたちが「〜する」というルールをつくるように導く

　幼児は、最初にクラスのルールをつくる時、「〜してはいけない」というルールをつくる傾向があります。上記のアンジィ先生のクラスの例が典型的だと言えます。子どもたちにとっては、ルールを禁止と考えるほうが簡単なのです。保育者はこういった「〜してはいけない」というルールを拒絶するべきではありません。しかしながら、自分たちができることについて考えるよう子どもたちを導くことはできます。上記の例の最後で、ペイジ先生は子どもたちに、手足で友だちを傷つけることについてどうするべきかを問いかけています。話し合いは続きます。

G：それは人をけがさせるし、それはよくないよ。

保：それは人をけがさせるし、された人はいやですね。それじゃあ、私たちはその子にどう言ってあげたらいい？

K：口で言いなさいって。

保：その子に口で言いなさいっていうの？（書きながら繰り返して）「口で言いなさい」

K：それで、口で言ってもだめだったら、先生のところに言いに行く。

保：（書きながら繰り返して）「口で言ってもだめだったら、先生のところに言いに行く。」わかりました。それじゃあ、私たちのクラスが仲よしになるために必要なほかのルールはありますか？

D：仲よしの手。

Y：それから仲よしの言葉。

保：（書きながら繰り返して）「仲よしの手と仲よしの言葉」これは、みんなが友だちにしてほしいことですか？「仲よしの手と仲よしの言葉」ですね？　わかりました。

W：叩いちゃだめ。

保：わかりました。（書きながら繰り返して）「叩いちゃだめ。」ではみなさん、これから私たちが決めたことを読み上げましょうか。それを聞きながら、このルールで私たちのクラスみんなが幸せになるかどうか考えてみてね。いきますよ。（読み上げて）「あなたの名前を呼ぶ。悪い子、いけない子って呼んじゃだめ。」これで幸せになれるかしら？

子どもたち（以下C）：はーい！

保：いいでしょう。「口で言いなさい。口で言ってもだめだったら、先生のところに言いに行く。」これもみんなを幸せにするかしら？

C：はーい！

保：3つ目には「仲よしの手と仲よしの言葉」と書いてあるわ。

C：4つ目。
保；4つ目は「叩いちゃだめ。」これくらいでいいでしょう。たった4つのルール。この4つのルールでこのクラスはとても幸せになると思うわ。

ペイジ先生に支えられ、子どもたちはクラスで自分たちがどのように扱われたいかを表す「〜する」と「〜してはいけない」の混ざったルールをつくり出しました。

6）ルールを子どもたちに強要しない
　保育者は、ルールをつくるように子どもたちを導くことはできますが、具体的にどのようなルールにするかを提案してはいけません。子どもたちは、他者によって決定される限り、それらの決定を自分たち以外のところから押しつけられたものとして経験するでしょう。しかしながら保育者は、ルールの内容を決めることなく、それとなくルールが必要なことを示唆することはできます。この方法であれば、子どもたちはルールを自分たち自身で考えることの満足を得ることができます。例えば、もしクラスの中に特別な問題があれば、保育者はこのように言うことができます。「仲よく遊べない人が積み木コーナーに何人かいるみたいですよ。どうしたらいいと思いますか？」私たちは子どもたちが、コーナーで遊ぶことのできる人数を制限する、1人が使える積み木の数を制限する、次に遊びたい人が順番に名前を書いて待つ、といった提案をしているのを見たことがあります。

7）ルールは変えることができるという態度を育てる
　さまざまな理由からルールを変えることが必要な時があります。次にあげるコリーン先生の5歳児クラスの事例は、保育者（保）が積み木遊びに関するルールを変えなくてはならないだろうと考えたことがきっかけです。子どもたちがつくったルールは、積み木で作ったものは1日はそのままにしておけるが、その後は片づけなくてはならないというものでした。Sは、ルールによって積み木が片づけられてしまったことを悲しんでいました。彼女はその日の午後にやってくる父親に積み木を見せることができるよう残しておきたいと望んでいました。

保：1日だけ積み木を残しておけるってルールは、Sちゃん、そのままにしておくべきですか？
子どもたち：だめだよ。
子どもたち：そうだよ。
S：私、思うんだけど……、私は3日のほうがいいと思うんだけど。
保：3日にするの？　そうね。
子ども：だめだよ。
保：じゃあ、ほかのアイデアのある人がいたら、手を挙げてください。順番に言ってもらいます。Sちゃんは私たちが積み木を残すのは3日にしたらいいと思っています。Hくんは何か言いたいみたいね。
H：言いたいことがあるんだ。もし、Sちゃんが積み木を3日置いておけるんだったら、ぼくたちも3日置けるってことだよ。
M：もし、Sちゃんが3日間置いておけて、私たちがダメだったら、それはずるいよ。
S：みんなも3日がいいんだったら、3日置いててもいいわよ。
保：あなたは3日がいいと思っているのね、Cちゃん、あなたはどう思う？　それで何か問題はないかしら？
C：あのね、私は、私たちが作ったものは5日の間置いておくことにして、5日経ったら壊さなきゃいけないことにしたらいいと思うの。
保：でも、知っていますか？　5日って言うのは1週間ずっとということなのよ。あなたは1週間積み木を壊さずに置いておかなきゃいけないと思う？
C：（うなずく。）
子どもたち：うん。

子どもたち：だめ。

保：あなたたちは本当に自分たちが作ったものを長い間そのままにしておきたいようね。だれか、3日や5日の間それをそのままにしておくことに問題があると思いますか？ 問題はない？ Nちゃん、あなたはどう思う？ もし、それだけ長く積み木を置いておくことにしたら何が問題になるかしら？

N：もし、ぼくたちが積み木を置いておくのを5日にするってことは、1週間ってことだよね。それで1週間たったら、ほかの子たちが1週間そのままにしなくちゃいけないし、もし大きいものを作って、それが通り道をふさいじゃったら、みんなはどうやって通ったらいいんだろう？ どうやってみんなは通り道を歩くの？ 積み木を壊さなくちゃだめなのかな？

保：そうね、私も問題があると思うわ、Nちゃん。もう1つの問題はね、私たちのクラスに何人子どもがいるかってことなの。私たちのクラスは18人でしょう。問題は、もし積み木を3日間置いておくことにしたら、みんなに順番が回ってくるかしらっていうことなの。だから、1日で片づけるルールをつくったのよ。

（クラスのみんなで投票を行い、5日間積み木を残しておくことに決まる。）

保：いいでしょう。たくさんの人たちが積み木で作ったものを長い間置いておきたいようですね。それに、ほとんどの人たちはそれで問題ないようですね。それなら、このルールでやってみて、どうなるか見てみましょう。もしうまく行かなかったら、もう1度元に戻って、もっといい解決の仕方を考えましょう。いいですね、それでは、みんなは作ったものを5日間置いておけるようにしましょう。

この保育者は、投票で決めた解決法を試してみるけれども、もしそれがうまく行かなかったら、いつでも元に戻って考え直すことができることを伝え、再考や変更の余地を残しています。このやり方は、ルールは神聖で変えられないものではなく、むしろ特定の問題を解決する目的のために存在するものであることを学ぶ助けになります。その目的に役立たなくなった時や、状況が変わった時には、ルールは変えることができるのです。

8）受け入れられないルールを子どもたちが提案した時は、説得や説明で応じる

子どもたちが実現不可能なルールを提案することは起こり得ることです。上記の事例では、コリーン先生は、積み木を5日間置いておくとおそらく問題が起こるだろうと予見していたにもかかわらず、子どもたちの決定を拒否しませんでした。そのルールによって起こる結果が保育者の責任において容認される限り、そのルールがうまくいかないことを自分たちで発見する余地を子どもたちに与えなければなりません。そうすると、ルールを変更する時、子どもたちはその問題についてより複雑な考えをもって取り組むことができるでしょう。より複雑な思考は、社会・道徳的な、そして知的な進歩を反映します。

子どもたちは時折、保育者が受け入れられないようなルールを提案します。本章の後半で、ペイジ先生が子どもたちに、なぜ保育者1人だけの付き添いでピクニックに行ってはいけないかを話す事例を紹介します。保育者が子どもたちの提案を拒否しなくてはならない時、なぜそれがだめなのかを説明することが大切です。それは、子どもを尊重し、分別のある人間として扱うことであり、そのように扱われた子どもは理由が説明されれば、自分の考えを取り下げることでしょう。

9）全員がルールに同意できるような手続きを用いる

第8章で述べるように、どのようなルールに

するかについて子どもたちが同意できない時、投票が必要になります。しかし、多くのルールづくりの話し合いは、クラスの総意を得たルールができあがって終わることがほとんどです。そのルールを受け入れるかどうかを投票で決めることもできますが、ルールに反対する票を投じることは、それまでに見られなかった否定的な態度を引き出すかもしれません。自分が受け入れたくないことに投票するとなると、何かぎこちなくなってしまうでしょう。それよりも、同意する子どもたちが自分の名前を順番にサインしていく方が、みんながルールに同意していることや、そのルールがクラスのみんなのものであることを示すので、よい方法と言えるでしょう。

　保育者もルールにサインし、保育者もそのグループの一員であり、みんなと同様にルールを守って生活しなければならないという点をはっきり示さなくてはなりません。私たちの知っている保育者は、時々意図的にルール違反をし、子どもたちに指摘させようとします。例えば、机の上に座ってはいけないというルールがあるクラスで、彼女は子どもたちと話をしながら机に座ろうとしました。すると、1人の子どもがそのことに気づいて彼女に注意すると、彼女は驚きの声を上げました。「大変！　私はルールを忘れていたわ！　私たちは机に座っちゃだめだったんだわ！　椅子か床に座るんだったわ！」

10）保育者たちもルールに従わなくてはならないことを強調する

　ピアジェ（1932／1965）は、大人が自分たちも他者に対する義務があることを強調することによって、子どもたちの道徳的発達に貢献できることを強調しています。本章の後半で、グループによる意思決定の事例を紹介しています。その保育者は、1人で子どもたちを散歩に連れて行ってはいけないというルールに自分が従わなくてはならないことを子どもたちに説明しています。

　私たちは、ある構成論を実践する保育者に感銘を受けたことがあります。その保育者は、保育者が守るべきルールを子どもたちが提案したのに対して、積極的に応えていたのです。このような対応は、それまで他律的な保育者を経験してきた子どもたちを特に安心させるでしょう。保育者のためのルールとしては、「子どもたちに向かって大声をあげない」、「子どもたちの作品を捨てない」などがあるかもしれません。保育者も、自分たちのためのルールを提案することができます。保育者は、「子どもたちに活動を選ばせることによって、子どもたちを尊重する」といったルールを提案できるかもしれません。

(2) ルールの記録と掲示

　子どもたちによってつくられたルールは、クラスでの生活の一部とならなくてはなりません。それを達成する1つの方法は、子どもたちに「この提案を覚えておくにはどうしたらいいかしら？　みんなのアイデアを何かに書いておくのはどうかしら？」と提案することです。子どもたちは、たとえ文字が読めなくても、ルールづくりに参加することで、書き留められたルールを認識し、思い出すことができます。ですから、ルールを書き留め、子どもたちがすぐに見ることのできるところに置くとよいでしょう。大きな紙面を使って室内に張り出したり、黒板や掲示板を利用するのもよいでしょう。5歳児クラスを担当するカレン・キャポ先生は、子どもたちとルールづくりをした後、それぞれのルールを1ページごとに書き、それぞれのページに子どもたちの挿し絵を入れて本を作りました。そして、子ども全員が表紙にサインをしました。カレン先生は、1ページずつラミネート加工し、必要に応じて新たなページを加えていけるように本を綴じました。その本は学年末まで保育室の読書コーナーに置かれていました。カレン先生は、子どもたちが走ってその本

を取りに行き、広げて見せながら「ほら、そんなことしちゃだめってここに書いてあるでしょ。ルールを守らないとだめよ」と示すのを何度も目にしたそうです。

　保育者は、子どもたちのルールを室内に掲示することで、クラスの道徳的な権威が保育者にではなく子どもたち自身にあることを強調することができます。ペイジ先生は、ルールについての話し合い（上記の事例）をした約2週間後、ルールを守らない傾向が増していることが気になり、朝のグループタイムでルールを再び読んで聞かせることにしました。

保：朝のグループタイムを始める前に、まず、みんなこれを覚えているかしら？　どんなルールがあったかしら？

H：忘れちゃった。

保：みんなが先生に書いてほしいと言ったルールですよ。みんなが口で言って、それを先生が紙に書きましたね。ここには、みんなが友だちにしてほしいこと、してほしくないことが書いてあります。覚えていますか？　友だちの心や体を傷つけている人がいたから、仲よくするにはどうしたらいいかを書きましたね。どんなことだったかしら？　覚えていますか？

C：ルールを守ったらみんなが幸せでいられるのに、守っていないお友だちがいる。

保：そのとおり。じゃあ、もう1度読んで、思い出してみましょう。（書かれたルールを指差しながら）これはね、「あなたの名前を呼ぶ。悪い子、いけない子って呼んじゃだめ。」

G：Cちゃんのだ。

保：みんな自分の名前で呼んでほしいのです。いいですね。

C：Zちゃんは私を名前で呼んでくれない。

保：「口で言いなさい。口で言ってもだめだったら、先生のところに言いに行く」。口で言ってもだめだったら、その子をつねって、それから先生に言いに行ってもいいかしら？

子どもたち：だめ！

保：口で言ってもだめだったら、その子を叩いて、それから先生に言いに行ってもいいかしら？

W：私のはどれ？

保：Dちゃん、口で言ってもだめで、だれかがあなたのことを蹴ったりしたら、蹴り返してもいいかしら？

D：だめ。私はそんなことしない。

保：どうするの？

C：先生に言うの。

D：今日、お外で何があったか知っている？　Bちゃんが私の口に砂を投げたの。

保：まあ、それでどうしたの？

D：先生に言ったよ。

保：先生は、あなたがBちゃんと話し合えるように助けてくれた？

D：うん。

保：それは大切なことですね。次のは「仲よしの手と仲よしの言葉。」手も言葉も仲よくするために使うのですね。そうだわ、みんなでできることがありますよ。仲よしの手をやってみることができますよ。

G：何、それ？

保：こうやって手を交差して（やって見せる）、隣のお友だちと手をつないでください。そして握手。とっても大きな握手です。これは、仲よしの手ですね。

N：Mちゃんはやってないよ。

保：いいのよ。さあ、次は「叩いちゃだめ。」

W：そのルールは私が言ったの。

保：みんなルールのこと思い出しましたか？

子どもたち：はーい。

保：どうですか？　外で遊んでいる時も、活動の時間でもルールを思い出せますか？

子どもたち：はーい。

　とりわけ年少の子どもたちには、頻繁にルールを読み返し、思い出させるようにするのが大

切です。ただし、子どもたちの負担になってはいけません。上記の例のように、ペイジ先生はルールを読み返すことを身近な経験を共有する機会にしています。

(3) ルールの実行

先にも述べたように、子どもたちをルールづくりに参加させる目的の1つは、クラスのルールが自分たちのものであるという意識を育てることです。このような所有感は、結果として、進んで公平にルールを実行しようとする態度となって表れます。上述したカレン・キャポ先生のルールの本はその1つの例です。ルールが自分たち自身のものであると認識すれば、必要な時やルールを守らない子がいる時にルールをもち出します。自分の行動を制御することに責任をもつ能力は、幼児にも育ちます。

次に、グループタイムの時、子どもたちがお互いにルールを思い出すよう促したペイジ先生の例をあげてみましょう。「『いや』と言っている人には触らない」というクラスのルールがあります。このルールは、だれかが不愉快な触り方をしてきた時に対処するため、子どもたちがつくったものです。

G：（Dの足に手を置いている。）
D：やめてよ、Gちゃん。
G：（聞き取り不能。）
D：（保育者に向かって）Gちゃんが触ってくる。
保：（Dに向かって）じゃあ、どうしたらいいかしら？
D：私ね……（Gに向かって）私、いやなの。（保育者に向かって）「ルールにあるでしょう」ってGちゃんに言って。
保：あら、あなたがGちゃんに教えてあげられるでしょう。
D：（Gに向かって）「触らない」ってルールにあるでしょう。
L：「『いや』と言っている人には……。」
W：「『いや』と言っている人には……。」
L：「『いや』と言っている人には触らない。」
D：そうよ。
保：「『いや』と言っている人には触らない。」そうでしたね。

ペイジ先生は、自分がGにルールを思い出させるのではなく、D自身がそれをするように励まし、サポートしています。先生は、必要な時のためにDの側にいますが、Dがその状況に対処できると信じています。

注意が必要な場合もありますが、ルール違反をしたらどうするかを子どもたちに決めさせることもできます。幼児の公平性に対する考えはとても厳しいことが多く、彼らがルール違反に対処する時、まったく相手に共感しないことがあります。例をあげてみましょう。ある5歳児クラスで、ある子どもが水テーブルから床に水をこぼし、別の子どもがその上で転ぶという問題が起こったので、先生がその問題についての話し合いをもちました。まず、先生が濡れた床の危険性を説明し、次にどうすればいいか質問を投げかけました。ある子どもが、水テーブルの周りを水浸しにした子どもは、これからずっと水テーブルを使ってはいけないことにしようと提案しました。それは道理が通っているものの厳しすぎます。そこで、先生は意見を出しました。「『これからずっと』というのはとても長いですね。時々先生もついうっかりして水をこぼすこともあるし、気をつけると約束したらまた水テーブルのところで遊んでもいいということにしてはどうかしら？」最終的に子どもたちは、水テーブルの周りを水浸しにした子どもは、3日間そこに近づいてはいけないということにしました。

3. クラスでの意思決定

ルールづくりのほかにも、子どもたちは多くの決定に参加することができます。例えば、クラス活動、クラス運営の手順、そして特別な問

題について決定する時です。クラスでの意思決定を指導する上でのガイドラインは、全般的にルールづくりの場合とほとんど同じです。保育者は、意思決定の話し合いをリードするべきであり、子どもたちの代わりに決定を下すことはできません。ここでは、それ以外の留意事項を2点だけあげておきましょう。まず、意思決定の機会を慎重に選択することです。問題によっては、子どもたちが扱うには複雑すぎて、決定させても失敗に終わることがあります。次に、可能な限り子どもたちのアイデアに賛成することです。ただし、決定後は保育者は拒否権をもたないことを忘れてはいけません。保育者は、子どもたちの考えに問題があることを指摘することはできますが、一度それが決定されるとその決定を撤回することは難しいことです。保育者の立場から受け入れが困難と思われるようなことは、あえて子どもたちが意思決定する機会として提供しないことです。

(1) クラス活動に関する意思決定

第2章でも述べましたが、子どもたちに選択肢を与えることは、知的、および道徳的発達において非常に重要なことです。私たちは、少なくとも1日のうちいくらかは、子どもたちが望む活動を子どもたち自身が選択できるようにするべきだと考えます。子どもたちは、クラス活動について多くのことを集団で決定する能力も備えています。時には、保育室の中の配置、教材の置き場所、クラス活動の選択などに参加できる場合もあります。

第4章では、ペイジ先生が子どもたちに何を学びたいかという質問を投げかけ、その興味に従って指導計画を立てた事例を紹介しています。公立の学校でカリキュラムが指定されていることは周知のことでしょう。しかしながら、保育者が1つ1つのテーマにどう取り組むかを考える上で、まだまだ自由がありますし、子どもたちのアイデアを取り入れることもできます。いくつかのテーマが義務づけられていても、子どもたちが提案するほかのテーマに取り組むことはできます。子どもたちのアイデアの中に義務づけられたテーマを組み入れることもできるでしょう。あるいは、テーマのリストを作り、「ここにあるのは1年生なら誰でも学ぶチャンスがあるものですよ」と説明してもよいでしょう。そして、どのテーマを1番先に実行したいか、またどのように進めたいか質問することもできます。

特別のクラス・プロジェクトは子どもたちが意思決定できる絶好の機会です。私たちは、子どもたちがレストランごっこのコーナーを作ったり、年少の子どもたちにおもちゃを「売る」クリスマスのおもちゃ屋さんを計画したり、親のためのパーティーを計画して自分たちで飾りつけや食べ物や催し物を準備したりする場面を見たことがあります。このようなプロジェクトは、保育者にとっても、すべてをやってしまわず、スムーズにものごとが運ぶよう縁の下の力持ちにならなければならないのでやりがいのあることでしょう。

(2) クラス運営の手順に関する意思決定

子どもたちは、例えば当番になる順番を決めるなど、多くのクラス運営の手順を決定する責任を担うこともできます。このような決定事項を話し合う場合、保育者は公平性と平等を尊重しなくてはいけません。なぜなら、子どもたちはこれらの原理をまだ形成していないことがあるからです(第8章の当番になる順番を決定した2クラスの事例、第12章の公平に片づけをする方法を決めたクラスの事例を参照してください)。保育者が、ある手順がなぜ必要かや、その手順によって何が達成されるかを示し、それをどのように実行するかを決めるように促せば、子どもたちはクラス運営は自分たちのものだという意識をより強くもちます。

コリーン先生(保)の5歳児クラスでは、輪になって話し合う時、保育者が手を挙げた子どもを当てるという手順で進めていましたが、あ

る子ども（W）がそれに反論をし、もっとよい方法があると言いました。
保：手を挙げるのはいい方法だと思いますよ。Eちゃんが手を挙げていたから、何か言いたいことがあるのがわかったのよ。Wちゃんは手を挙げたくないの？
N：（手を挙げずに）だったらWちゃんはもう話しちゃだめだ。
保：Wちゃん、手を挙げる代わりに何かいい方法があるの？　どんなのかしら？　みなさんはどうですか？　一人ひとりが話せて、しかもみんなが一斉に話さないで済むにはどうしたらいいかしら？
W：ぼく、いい考えがある。
保：どんなこと？
W：だれかが話し終わるまで待つの。
保：じゃあ、「今話している人が終わったら話そう」と思っている人が2人いたらどうするの？
W：そうじゃなくて、あのね、だれかが終わるまで待つというのはね、Aちゃんが話してて、それが終わるまでぼくが待ってて、それからぼくが終わるまでCちゃんが待つということなの。
保：それはいい考えね。

　この問題について彼らは長い間話し合いました。Wは手を挙げなくても順番に話せることを確信しているようです。彼は、人の会話の中には聞いてあげる―聞いてもらうという譲り合いがあることを理解し始めているのです。コリーン先生はそのやり方がうまくいくか半信半疑だったので、複数の人が同時に話したらどうなるかという問題を投げかけました。Wが自分の考えを少し変更し、クラスのみんなもそれに賛成しました。それは、1人が話そうとする時は手を挙げる必要はないけれど、複数の人が話そうとした時には手を挙げなければならないという方法です。そのクラスでは、学年末までその方法が取られました。

（3）特別な問題に対する意思決定
　子どもたちは、クラス内で起きた問題に対して意思決定をすることもできます。次の事例でペイジ先生（保）は、4歳児クラス（3歳半～4歳半）に問題を投げかけています。先生は、園庭で建設工事が行われていて、危険なので外で遊べないことを説明します。ここで、実行できないアイデアや受け入れがたいアイデアが提案された時、ペイジ先生がためらわずにそれを子どもたちに知らせている点に注意してください。ペイジ先生は、そのような必要がある場合、子どもたちがわかるようにはっきりと理由を説明しています。
保：園庭に作業員の人たちが来ます。危ない道具や材料を運んできます。ですから今日は外に出ることができません。代わりに何をすればいいでしょう？
S：（園庭の）ポーチでだけ遊ぶ。
保：それもだめなの。園庭では遊べないってA先生（副園長）が言っていたの。
C：それじゃブースは？（訪問者の参観用小部屋）
保：ブース？　だれかがもうすでに使っているらしいのよ。園庭以外の場所で、外遊びをするにはどうしたらいいかしら？　何かよい考えはありませんか？
W：何とかできると思う。
保：何とかできる？　例えば、どこかに行って何か楽しいことができるかしら？　どうかしら？
C：「クーガのおうち」（大学内にある施設）に行けば？
保：「クーガのおうち」ね。
M：ビデオを見る。
保：「クーガのおうち」に行ってビデオも見るの？
N：噴水が見たい。
保：散歩の途中で噴水も見るっていうこと？
N：うん。
保：わかりました。それはできますね。噴水に

行って、「クーガのおうち」に行くのね。ほかには、Sちゃん？
S：ちょっとお散歩する。
C：ビデオもだよ。
保：ちょっとお散歩して、ビデオも見るのね。戻ってからビデオを見る時間があればいいんだけど。どう思う、Gちゃん？
G：バスに乗ればいいと思う（大学構内を走るシャトルバスのこと）。
保：それもいいわね。どうですか、Zちゃん。
Z：イモムシ探しもしたいなあ。
保：外に出ている間にイモムシ探しをするわけね。じゃあ、みんなどう思いますか？　みんなの考えが必要ですよ。バスに乗って、「クーガのおうち」に行って、帰り道は噴水の所を通って帰ります。そしてその間ずっとイモムシを探すのね。
N：ドングリも。
保：ドングリもね。それから戻ってきて時間があればビデオを見ます。
子どもたち：やったー！
保：それでいいですか？
G：おなかがすくと思う。
保：戻ってきたら、ぺこぺこだわ。
G：お弁当をもってバスに乗ればいい。
保：それもいい考えね。みんなどう思う？
C：噴水の所でお弁当にしたい。
保：お弁当をもって出かけるのはいいんだけど、Gちゃん、1つだけ問題があるの。外でお弁当を食べると、戻ってからビデオを見る時間が無くなるわ。ピクニックにするか、ビデオにするか、投票して決めなくちゃ。
H：ねえ、知ってる？　バスに乗った時、「バスでは食べ物禁止」って書いてあるのを見たよ。
保：お弁当をもってバスに乗っても、かばんに入れていれば、いいんじゃないかな？
H：よくないよ、きっと。
保：だめだと思う？　でも、Hちゃん、私もバスに乗ったことがあるけど、お弁当をかばんに入れておけば叱られないわ。食べたら叱られるけどね。
H：かばんに入れておくの？
保：かばんに入れておいて、食べないの。
H：かばんに入れておいたら叱られないの？
保：だいじょうぶ、叱られないわ。私がお弁当をもって乗ってもだいじょうぶだったわ。でも、もしお弁当を広げて食べたら、食べちゃいけません、片づけなさいって注意されたでしょうね。
Z：お弁当を広げてみたことはあるの？
保：1度だけね。だってルールを知らなかったから。そうしたらバスのおじさんが「ここではお食事できません。片づけてください」と言ったの。だから片づけて、それでだいじょうぶだったわ。じゃあ、Zちゃん、ピクニックがいいかしら、ビデオかしら？あら、（助手のE先生に向かって）何時に出なくちゃいけないの？
E先生：11時15分よ。
保：あら、大変。困ったことになったわ。どうしたらいいかしら。
H：何が？
保：今日はピクニックに行けないわ。
G：どうして？
保：E先生が大学に勉強に行かなくちゃいけないの。
（注：この話し合いは10時30分ごろに行われている。E先生は11時15分に交替することになっているが、そうするとE先生と交代する先生が外出したクラスの居場所がわからなくなるのである。）
C：じゃあ、E先生は今から行けば？
保：でもそうすると先生が1人になってしまうでしょう。もし、だれかが言うことを聞かなくて、問題が起きたらどうするの？
C：A先生（副園長）が来るの待っていなくちゃいけない。
保：そうね。でも、みんながこんなにたくさん

いるのに、一緒に行く先生が1人だけになってしまいます。それにね、知っていますか？　先生たちが守らなければならないルールがあるの。それは子どもたちの世話をするためのルールっていうの。先生たちはみんなのことを大切に思っているから、みんなの世話をするためのルールを守らなければならないの。そして、そのルールの1つで、1人の先生が世話をできる子どもの数は7、8人までと決まっているの。だから、このグループだと2人の先生が必要なのです。もし先生1人で行ったら、ルール違反になるのです。だからそれはできないの。
C：A先生にお願いしよう。
保：だれか代わりの先生がいるかどうかE先生に確かめてもらいましょう。（散歩に同行できる先生が見つかったという知らせをもってE先生が戻ってくる）。
子どもたち：やったー！
保：ああ、よかったわね。では、Zちゃん、ピクニックかビデオか決めましょうね。
（一人ひとりがどちらかに投票し、最終的にピクニックに決定する。）

ペイジ先生は、園庭が利用できない代わりに何をするかを、子どもたちに決定させたかったのです。しかし、子どもたちが出した案すべてを投票にかける必要はないと考えました。子どもたちはアイデアを自由に出し、それらの大部分はうまくまとまっています。この場合、ペイジ先生がすべての意見を投票にかけていたら、かなりの時間を費やし、外出できずに終わってしまったことでしょう。ペイジ先生はそのことを踏まえて、支配的にならず、うまく話し合いのリーダーシップを取りました。

4．要　約

構成論を実践するクラスでは、子どもたちは自分たちでルールをつくることで、そのルールの必要性、所有感、責任感を感じます。ルールづくりとクラスでの意思決定は、子どもたちの自己制御、協同性を培う活動です。このような権限を子どもたちに与えることで、保育者は他律性を減らしていくことができます。保育者の役割は、子どもたちに提示する問題を選択し、ルールづくりや意思決定の話し合いを方向づけ、ルールを記録し、掲示し、そして子どもたちと一緒にそのルールを実行することです。

第8章

投票によるクラスでの決定

　クラスで投票をすることは、構成論に基づく社会・道徳的な雰囲気をつくり出す上で欠かせないものです。しかし、ほかの多くの活動と同様に、単に投票するだけでは構成論に基づく活動とは言えません。構成論の目的に反するような方法で投票が行われることもあり得ます。本章では、投票をする目的について述べます。そして、投票を子どもの発達にとって有益な経験にするための6つのガイドラインを提示します。

1. 投票によるクラスでの決定の目的

　クラスで投票をすることには、3つの理論的根拠があります。1つ目は、投票をして何かを決めることは、自己制御するプロセスの1つであるということです。子どもたちは、自ら進んで集団で何かを決める時、クラスで起こっていることを自分たちで統制していると感じます。また、自分の意見をもち、それを発表するよう動機づけられます。子どもたちは、意見を交換することを通して、ほかの意見に納得したり、ほかの人を納得させようと努力したりするかもしれません。子どもたちは、決定するプロセスの中で、それぞれの意見に価値があり、同じ重みがあることを知ることによって、平等という考えを構成する機会をもちます。

　2つ目は、子どもたちが個人のニーズや要求を越えた集団の協同的な目的意識をもつようになることです。子どもたちは、多数決の原理を受け入れるとともに、少数派の立場を思いやる心がもてるようになるでしょう。

　3つ目は、子どもたちが投票する中で、書くことや数について考える機会をもつことです。子どもたちは、問題点や投票数をまとめたり記録したりすることを通して、書き言葉がとても役立つことを確信するようになるでしょう。同様に、票を数え、どちらが多いか判断し、ある決定をするためにはあと何票が必要かを推測することによって、子どもたちは自分たちに意味のある文脈の中で数の概念を構成していきます。

2. 投票によるクラスでの決定のためのガイドライン

　私たちは、クラスで投票をする場面を観察した結果や、実験的にクラスでの投票を行ってきた結果から、いくつかの指導上のガイドラインを概念化しました。次にそれらを、観察や調査から得た事例とともに示します。

　1）適切な問題を選ぶ
　まず保育者は、クラスで投票をして決める時、どのような問題を取り上げるのが適切かを判断しなければなりません。第1に、子どもたちは自分たちの興味と目的をもって投票しなければなりません。そうでなければ、単に保育者の満足のために投票することになってしまいます。
　第2に、投票で決める問題は、クラス全体に

影響するものでなければなりません。投票は、自分たちの共同生活に関することを、みんなで決定するという集団的なプロセスです。もし、問題が1人あるいは2人の子どもに関するものであれば、当事者によって扱われるべきです。

第7章で、積み木で作ったものを積み木コーナーに置いておける日数を変更するかどうかについて、クラス全体で話し合った事例を紹介しました。1人の子どもが悲しんでいることをきっかけに、クラス全体がその問題に関心をもつようになりましたが、それがクラスのどの子どもにも影響を与えていることは話し合いを見ると明らかです。積み木コーナーでの遊びは全員が楽しみにしていることなので、それぞれの子どもが意見をもち、みんなに伝えたいと思っています。最終的に子どもたちは、どのようなルールにするのかを決めるために投票します。そして保育者は、子どもたちが自分たちの力で決定できるよう支援します。また保育者は、もしその決定に問題があれば、いつでも元に戻り、もう1度話し合えることを子どもたちに伝えています。

第3に、もし意見の相違がなければ投票による決定をしてはいけません。例えば、ある5歳児クラスで、保育者がグループタイムに子どもたちのお気に入りのゲームをしようと提案したことがありました。子どもたちはみんな歓声を上げました。そこで保育者は投票で決めることを提案したのです。しかし、このように保育者の提案がすでにみんなの支持を得ているような状況では、投票をする必要はないのです。

対照的に、別の5歳児クラスで、保育者がグループタイムにパネルシアターをしようと提案したことがありました。何人かの子どもたちは「『3匹のくま』にしよう！」と言い、ほかの子どもたちは「『しょうがパンぼうや』にしよう！」と言いました。このような状況で投票をすることは適切です。

投票で決める問題は、意見の相違があるべきですが、事実かどうかを判断する手段として投票を用いないように注意しなければなりません。例えば、ある4歳児クラスで、七面鳥は飛べるかどうかについて子どもたちの意見の相違がありました。そのクラスの担任のペイジ・フラー先生は、私たちに次のように話してくれました。

子どもたちは、七面鳥は飛べるかどうかについてとても激しく論じ合っていて、私はけんかになるかと思いました。子どもたちは、「違うよ、七面鳥は飛べないよ！」、「ううん、飛べるよ！」と大声で叫び合い、私の手に負えない状況になりつつありました。すると、だれかが飛び上がって「投票で決めよう！」と言いました。私はただ見守っていました。なぜなら、それは子どもたちの活動でしたし、私はどのような結果になるか見たいと思ったのです。子どもたちは投票を行い、七面鳥は飛べないと決まりました。それは彼らにとって、この問題に決着をつける最良のやり方だったのです。私は手を挙げてたずねました。「ねえ、七面鳥は飛べるのですか？」答えはノーでした。彼らにとって、七面鳥は飛べるかどうかは、すでに投票し解決した問題だったのです。そこで私は、「投票して七面鳥は飛べないということになりました。でも、七面鳥が本当は飛べるとしたらどうしますか？」と言いました。そして、あることが事実であるかどうかについて投票で決められるのかを、子どもたちにたずねました。私は自分の考えを説明するために「魚は泳げるか」という例を用いました。「魚は泳げますか？」「はい。」「でも私たちが、魚は泳げないと投票で決めたらどうなるでしょう？ それでも魚は泳げるのかしら？」4歳児は圧倒されるような力をもっている時があります。何人かが「それでももちろん魚は泳げるよ」と言ったのです。でも、何人かの子どもたちは、どちらかはっきりわからない様子でした。「どうすればわかるかしら？」と私はたずねました。そうです。七面鳥を見に行くことができます。こうして、七面鳥がいる場所を見つけることになりました。幸運なことに、動物園に七面鳥がいたのです。私たちは、これについて徹底的に追究することにしました。

そのクラスは動物園に遠足に行き、飼育係の人に七面鳥は飛べるかどうかたずねました。ペイジ先生は続けて次のように話してくれました。

私たちは間違っていました。七面鳥は飛べるので

す！ですから投票で決められることと決められないことがあるのです。調べることで明らかにしなければならないこともあるのです。

事実かどうかを確かめる前の段階として（例えば「どのくらいの人が七面鳥は飛べると思っているか」について）投票することは役立ちます。しかし、この事例からわかることは、より多くの人がそう思うのであれば七面鳥は飛べないのだといった考えを、子どもたちがもたないように注意しなければならないことです。

第4に、個人の権利に関わる問題は避けなければなりません。積み木のルールの例では、個人から生じた問題に集団全体が興味をもっていました。しかし、時として個人から生じた問題を集団で決定することが適切でない場合があります。特に保育者は、投票で決める問題が、特定の子どもに有利に働くことのないように、あるいは子どもの権利を奪わないように注意する必要があります。

ここで、クラスでの投票によって子どもたちの権利が侵害される危険性があった2つの例を紹介します。どちらの例も、当番になる順番に関連するものです。当番には子どもたちが楽しみにしている仕事がいくつか与えられます。それは、片づけが始まる5分前に予告をしたり、必要な時に部屋の灯りをつけたり消したりすることです。当番になる順番は、壁に貼られた名簿に沿って1人ずつ回ってきます。1つ目の例は、ある5歳児クラスの事例です。もうすぐ旅行に行くVが、自分が当番になる日は休むことになるので、今日はAの代わりに自分が当番になるべきだと言います。Aは抗議し、保育者（保）はVにたずねます。

保：ねえVちゃん、あと2日しかないというのはなぜなのか先生に教えてくれるかしら。
V：だって、そのあとルーシーおばさんの結婚式に行くことになってるからだよ。これぐらいの間行ってると思うよ。
保：じゃあ、それはあなたの当番の日がなくなるということ？
V：違うよ。
保：だって名簿のあなたの順番はもうすぐ回ってきますよ。
V：違うよ。
保：うーん、でもね、Aちゃんはフェアじゃないと言っていましたよ。どうなのかしら。
V：投票で決めよう。
保：うーん、これはあなたたちだけで何とかしないといけない問題だと思うんだけれど。どうなのかしら。
J：でもAちゃんと遊ぶのが好きな子もいるし、（聞き取り不能）もいるし。
N：私はVちゃんよりAちゃんの方が好き。
保：それでAちゃんに投票するっていうの？じゃあAちゃん、あなたはこのことを投票で決めたいですか？ それとも自分が当番をすべきだと思いますか？
A：当番がしたい。
V：だめ、投票で決めよう。
保：じゃあみんなはどう思いますか？ 投票するかどうかを投票で決めるべきではないかしら。

この事例の保育者は、理想的な公平さを保とうと、Vに当番をさせてあげてもよいかどうかをAにたずねています。しかし次に、当事者である2人が決めるべきだと言った時、この保育者は誤った対応をし始めています。Vにとって名簿の順番を追っていくことは複雑すぎ、自分は当番の日を逃すことになると思っているのです。実際は、たった数日の旅行から戻ってくるまで、彼の順番が回ってくることはありません。しかし、彼は時間について十分に理解しておらず、長い間不在になると思っています。これは保育者が、彼の順番は旅行から戻った後に回ってくることをVに指摘することで解決すべき問題なのです。

投票すべきかどうかを投票で決めようと提案した時、この保育者は非常に誤った対応をして

いると言えます。彼女は、その日の当番になる権利をAから奪ってしまう力をクラス全体に与えているのです。VよりもAの方が好きだからAに投票する人がいるかもしれないというJとNの発言は、この投票が公平でないことを示しています。投票する時に起こる危険性の1つは、それが人気コンテストになってしまうことです。結局、彼らは2回投票しました。投票で決めるべきかどうかについてと、誰が当番をすべきかについてです。保育者にとって幸運なことに、クラスのみんなは、Aが当番になる権利をもち続ける方に投票したのです。しかし、誰もいい気分ではありませんでした。Aは当番の日を失いかけるストレスを経験し、Vはクラスのみんなから拒否され誤解されたと感じたのです。

4歳児クラスでも、同じような問題が起きました。Cは当番になる予定の日に、欠席してしまいました（彼は火曜日と木曜日しか登園していません）。そこで当番になる順番は次のMに回りました。次の日、Cが登園してきて、誰が当番をすべきかが問題になりました。名簿の順番をさかのぼり、Cが当番をするべきでしょうか。それとも彼は自分の順番を失うのでしょうか。その時は年度始めで、それまでにそのような問題は1度も起きたことがありませんでした。保育者は子どもたちにどうすべきか、誰が当番をすべきかをたずねます。どの子どもも自分がやると言います。保育者は、名簿に沿って順番にしていかなければならないことを一人ひとりに説明します。彼女はみんなに、今日はCが当番になるべきかどうかをたずねます。すると子どもたちは「だめ！」と叫びます。最終的に保育者は、Cが当番になれるかどうかを投票で決めることを提案します。Cが（自分が当番になる方へ）投票し、次の子どもが当番になれない方へ投票するのを見た時、保育者はそこで何が起こっているかについて反省させられました。彼女は、クラスの投票がCの権利を侵害するかもしれないことに気づいたのです。このよ うな場面では、保育者は投票を取り止めなければなりません。

　あのね、みんな。これは公平じゃないように思うの。考えてみましょう。私は先生で、私の役目は、どの人にも必ず公平に順番が回ってくるようにすることです。そうでしょう？　それは、みんなが当番をしたり、お手伝いをしたり、活動したり、おやつを食べたりする時に、みんなに公平に順番が回ってくるようにすることです。もし私がみんなに投票してもらって、Cちゃんに順番が回ってこなくなったら、それはCちゃんにとって不公平なことでしょう。そんなことはできないのです。私は自分の役目を果たさないことになります。だって私の役目の1つは、必ずみんなに公平に当番の順番が回ってくるようにすることだから。だからね、Cちゃんにも当番が回ってこなければならないから、投票でそのことを決めるのは意味がないのです。どの人にも必ず公平に当番の順番が回ってくるようにすることが私の役目です。Nちゃんにも順番が回ってきます。（名簿を指差しながら）Nちゃんの名前がここにあるでしょう。そしてCちゃんにも順番が回ってきます。Cちゃんの名前がここにあるでしょう。Tちゃんにも順番が回ってきます。Tちゃんの名前がここにあるでしょう。（保育者は一人ひとりの名前を呼び、名簿上の名前すべてを順番にたどっていった。）みんなに順番が回ってくるのよ。だからわかるでしょう？（黒板を消しながら）投票をして、Cちゃんは当番ができないと決めることはできないのです。それは公平なことではないのです。だからCちゃん、あなたが今日の当番です。みんなで考えなかったら、わからなかったことなのですね。Cちゃん、ここへ来てくれますか？

この事例の保育者は、当番の子どもが欠席した場合はどのようにすべきかについて明確な方針をもっていませんでした。彼女は、自分1人で決めた方がよいことを子どもたちに決めさせようとしたのです。しかし、この保育者は自分の間違いに気づいて、Cが当番の権利を奪われる前に投票を中止しています。さらに彼女は、何が起こったかについて、すべての子どもに公平であるという視点から、子どもたちが理解できる言葉で説明しています。

この事例はまた、もう1つの重要なポイントを指摘しています。それは、子どもたちが何を

決定しようと、それを受け入れる用意が保育者になければ、子どもたちに投票で決めさせるべきではないということです。この事例の保育者は、投票が始まるとすぐに、Cから当番の日が奪われるという受け入れられない結果になる可能性に気づきます。子どもたちは、大人にとって奇妙に思える決定をすることがよくあります。そして、子どもたちが投票でどのような決定をするかをいつも予測することはできません。したがって、もしある方向に物事を決定する必要があるのであれば、保育者は投票による決定を提案すべきではありません。

2）話し合いを促し、選択肢を明確にする

子どもたちが、与えられた選択肢について賛成意見と反対意見を出し、徹底的に話し合う機会をもつことは大切です。なぜその選択を支持するのかを話すよう子どもたちに求めましょう。選択肢が明らかになっていない時は、それらを子どもたちと一緒に明確にしましょう。選択肢は必ずはっきりと示しましょう。子どもたちによって示されることがより望ましいでしょう。必要であれば、保育者はクラスのみんなが確実に理解できるよう子どもの発言を繰り返すことができます。しばしば保育者は、子どもたちが自分の考えをはっきりと述べられるよう援助する必要があります。子どもたちは、何のために投票しているのかを理解していないと、投票のプロセスとその結果を関係づけないでしょうし、投票の結果は根拠のないものに思えるでしょう。

話し合いでは、黒板か大きな紙を使い、その年齢の子どもたちに適切な言葉を用いて選択肢を書くことが大切です。そうすることで、何に投票しようとしているのかが明らかになります。

次の事例で、保育者のドーラ・チェン先生（保）がいかに子どもたちの考えを明らかにしようとしているかに注目してください。この4歳児クラス（3歳半〜4歳半）の事例では、あ る子どもが、片づけの時間になってもおやつを食べている子どもがいることに気づきます。その子どもはそれがルール違反であると信じており、グループタイムに問題を提起します。そして、何人かの子どもがルールの変更を提案します。

保：じゃあ、部屋の灯りが1つ消えて、あと5分でおやつが終わるという合図があった時、食べ終える時間はまだ残っているということですか？　名前を書いたり、絵を描いたりしているのをやり終えるのと同じように。でも灯りが2つとも消えて、片づけが始まる合図があった時には、名前を書き終える時間は残っていないし、おやつを食べ終える時間も残っていないのですね。

A：できるかもしれないよ。もし全部描いていない絵があって、描きたいなら、もし名前を書き始めて、最後まで書きたいなら。

保：もう1度言ってくれますか、Aちゃん？　よくわからなかったわ。

A：もし絵を全部描かないで、お家にもって帰ったら、それをもう1度もって来て、描くことができると思うよ。

保：次の日に最後まで描くことができるということ？

A：うん。

G：お家で最後まで描くこともできるよ。

保：それもいい考えですね、Gちゃん。ほかに考えがある人はいないですか？　Cちゃんはどうですか？

C：あるよ。えっと、まず、あそこの机で絵を描いてて、それで片づけの時間とか5分前の合図の前に描いてて、それで片づけの時間になったら片づけるの。それで外遊びの時間になったら、ずっと部屋にいて絵を描くことができるよ。

保：片づけの時間には片づけをするべきだけれど、グループタイムが終わってみんなが外で遊ぶ時は、部屋の中にいることができる

ということですか？　そうして最後まで描くの？
N：でもね、もしおやつをテーブルの上に残しておいたら、だれかがきっともういらないんだと思って、片づけてしまうよ。だってそうしないと。片づけの時間になったら、おやつのテーブルを片づけないといけないのよ。
保：でもCちゃんは、絵を最後まで描いていない人は、と言っていたでしょう。それともおやつも同じようにするの？　Cちゃん、もしおやつを最後まで食べていなくて、片づけとグループタイムの後になって、例えば棚に残りをとっておいたとしたら、戻ってきてそれを食べたり、外のベンチにもって行って食べたりできるということなの？
C：（うなずく）うん。
保：そう、だったら、まだ最後まで食べ終えていないおやつをとっておいて、外遊びの時間に食べることができるか、それとも片づけてしまわないといけないかどうかを、投票で決めることができますね。いいですか？
A：わかった。
保：何ですか、Aちゃん？
A：灯りが消えて、まだおやつを一口も食べてない人がいて、だれかがそれを片づけてしまって……。
M：でも、食べてるかどうかはわかるよ。
保：Aちゃんに最後まで言わせてあげましょう。
A：それで、おやつを食べたいのにまだ一口も食べてなくて、だれかがそれを片づけてしまったら？
保：じゃあ、もしおやつを食べ始めていたら、片づけの時間にそれを片づけてしまうということですか？Aちゃん、それは片づけの時間に？5分前の合図のことを言ってるのかしら。
A：違う、片づけの時だよ。

保：片づけの時間のことね。じゃあ、もし5分前の合図の時におやつをまだ食べていたり、食べ始めていたり、おやつの準備をし始めている人がいて、そして灯りが消えたらその人たちはおやつを片づけないといけないの？
A：片づけの時間に全部食べようと思ってもできないんだよ。
保：わかったわ、灯りが消えて片づけの時間になったら、おやつを食べることはできないのね。ほかの活動みたいにおやつも片づけないといけないのね。わかったわ。それがAちゃんの考えね。それからCちゃんの考えは、まだ食べ終わっていない人たちは、グループタイムや片づけの後に戻ってきて、残りを食べてもいいということだったわね。そうですね。じゃあ、Bちゃん、おやつのことで何かつけ加えることはないですか？
B：もし最後まで食べてないんだったら、外へもって行って、ほかの子が遊んでいる間に食べたらいいと思う。
保：そう、外で？　じゃあ、BちゃんとCちゃんが言っているのは、もし片づけの5分前におやつを食べ始めていて、片づけの時間になっても食べ終わっていなかったら、ペーパータオルの上にのせて、あそこのテーブルの上に置いて、片づけとグループタイムが終わるまで取っておいて、みんなが外で遊んでいる時に外で食べることができるということですね。グループタイムの後でおやつを最後まで食べていいということですね。
B：（うなずく。）
保：そう、じゃあ、そのことを投票で決めましょう。（立ち上がって、黒板に書く）「おやつを最後まで食べることはできない……」片づけの時間に？　それとも「部屋の灯りが消えたら」というのはどうですか？　その方がわかりやすいですか？

子どもたち：ううん。
保：（黒板に書いた文章を読む）「部屋の灯りが消えたらおやつを最後まで食べることはできない。」うーん、じゃあ、「片づけの時間にはおやつを片づけること」というのはどうですか？ この方がわかりやすいですか？
子どもたち：ううん。
保：（黒板を消しながら）もう1度やってみましょう。今日はうまく言えないわね。じゃあ、「片づけの時間にはおやつを片づけなければいけません」というのはどう？
A：だめだめ。
保：どう言ったらいいかしら、Aちゃん？
A：ええっと、もし……、わからないや。
M：わかる、わかる。
保：何ですか、Mちゃん？
M：ええっと、もし片づけの5分前におやつを食べていて、少しだけ食べていて、そのあと灯りが消えたら、棚に置いておくことができるの。あそこのじゃなくて、あっちの。それで……。
A：そこからがいい所だよね。
保：そこからがいい所だってAちゃんが言ってるわ。じゃあ、Jさん（実習生）はどうですか？
J：「片づけの時間になったらもう食べることはできない」というのはどうですか？
子どもたち：いいよ、いいよ。
保：いいですね。（黒板に書きながら）「片づけの時間になったらもう食べることはできない。」そうすると、こちら側に書いてある考えは、食べ残したものは片づけなければならないという意味ですね。片づけの後でも食べることはできないという意味ですね。いいですか？（黒板に書きながら）「食べ残したものは片づけて、もう食べられない。」そして、こちら側に書いてあるもう1つの考えは、グループタイムの後、外遊びの時間におやつを最後まで食べてもいいというCちゃんとBちゃんの考えで、こちらに投票することもできるのね。いいですか？ だから、（黒板に書きながら）「片づけとグループタイムの後におやつを最後まで食べてもいい。」じゃあ、始めましょう。どちらのやり方に投票するか考えてね。いいですか？

　その後、この保育者は投票を行いました。そして子どもたちは、片づけの時間になったら食べ残したものを片づけて、もう食べないというルールを決めました。ここで長い話し合いが展開されたことに注目してください。子どもたちはこの問題に対する強い意見をもっており、苦心しながら自分の考えを保育者とほかの子どもたちに理解してもらおうとしています。また、この保育者が、子どもたちが提案したルールそのままを注意深くとらえ、黒板に書こうとしていることにも注目してもらいたいと思います。彼女は、子どもたちが思うようなルールが書けるまで、書いたり消したり、子どもたちと一緒に確認したり、書き直したりしています。

　投票の選択肢を明確にする中で、保育者が注意すべき点は、多くの場合、子どもたちは2つの相容れない選択肢の両方に投票すると論理上の問題が出てくることに気づかないということです。例えば、遠足の目的地の選択肢が「動物園」と「農場」だとすると、子どもたちはどちらにも手を挙げるかもしれません。ですから私たちは、子どもが票を投じる手続き（次の3）の②で述べるような）を用いて投票を行うことを勧めます。「動物園に行きたいですか？ それとも農場に行きたいですか？」とたずねると、その選択肢が相互に排他的であることがより明らかになります。

　私たちは観察を通して、保育者が何について投票するのかを決める時に起こす2つのタイプの間違いを見つけました。1つは選択肢を提示しないことであり、もう1つは投票することと選択肢を挙げていくプロセスを混同することで

す。
　経験の浅い保育者が投票を取り入れようとする時、選択肢を提示しないで、1つの活動に投票するよう子どもたちに求めることがよくあります。例えば、ある5歳児クラスの保育者が「"Down by the Bay"を歌いたい人はだれ？　手を挙げて」とたずねているのを見たことがあります。選択肢がないため、手を挙げた子どもたちは実際に選択をしているのではなく、ただ保育者の熱心さに応答していただけなのです。もし子どもたちが保育者の提案に同意していなかったら、空白の時間が生まれたかもしれませんし、保育者の提案が繰り返し拒否されるという状況に陥っていたかもしれません。投票は、例えば「歌を歌う」か「お話を聞く」というような2つ（あるいはそれ以上）の明確な選択肢の間での決定に用いられるべきです。
　私たちはまた、子どもたちは選択肢を挙げていると思っているのに、保育者がそれを投票だと思っている場面を観察しました。例えば、飼育動物の中に新たにカメが加わった5歳児クラスで、保育者がカメに名前をつけることを提案しました。彼女は輪になって座っている子ども1人ずつに名前のアイデアをたずねていき、それを書いていきました。保育者は、そのアイデアの一覧表を見て、2つの名前がそれぞれ2回ずつ提案されていることに気づき、その2つの名前が最も多くの「票」を獲得したので、その2つから選ぶことにしようと言いました。そして残りのアイデアは消されました。自分のアイデアを消された子どもたちは、とても傷つきました。
　同様に、ある5歳児クラスで、バレンタインデーのピクニックの計画を立てていました。その前日のグループタイムで、子どもたちはどんな食べ物をピクニックにもっていきたいかについて案を出し合っていました。その日のグループタイムでは、子どもたちがもっていく食べ物を投票で決めることになっていました。しかしその保育者は、前日の話し合いで、最も多くの「票」（実際は提案）を獲得した品目に限定して投票させることを勝手に決めてしまいます。彼女は一覧表を見て、デザートだと思われる4つの品目を見つけます。アイスクリーム、アイスキャンデー、風船ガム、マシュマロ入りのホットチョコレートです。アイスクリームとアイスキャンデーが最も多く提案されていました。そこで彼女は、「アイスクリームがいいと思う人は？」とたずねます。彼女は、投票がアイスクリームとアイスキャンデーの間で行われることを、はっきりと言っていませんし、風船ガムとホットチョコレートの提案を無視しています。次に彼女は一覧表からたんぱく質の含まれている食べ物を探し、ほかの選択肢を示すことなしに「ハート型のサンドイッチがいいと思う人は？」とたずねます。飲み物についても、コーラとミルクの案には触れないで「レモネードがいいと思う人は？」とたずねます。
　この保育者の弁護をするとすれば、彼女はピクニックに関することを子どもたちで決めてほしかったのと同時に、おやつを栄養のバランスの取れたものにしたかったのでしょう。しかし彼女は、強制的にならずに、あるいは子どもたちの参加を減らすことなく、何らかの整理をし、もっと簡単でもっと実りのある話し合いにすることができたはずです。私たちがこの保育者にアイデアを提供するとすれば、子どもたちが提案した食べ物を保育者がグループ（たんぱく質の含まれている食べ物、果物、デザート、飲み物など）に分類するか、あるいは子どもたちと協力して分類することでしょう。そして、グループ毎に選択肢の中から投票して選ぶことができたでしょう。そうすれば、子どもたちが投票による決定に参加できたと同時に、バランスの取れたおやつにしたいという保育者の思いも満たされたでしょう。

3) 子どもたちが理解できる投票の手続きを用いる
　投票をする際に、子どもたちが投票の手続き

を理解しているかどうかを確かめることが重要です。もし子どもたちが投票のやり方を理解していなければ、その結果は恣意的なものになり、投票をする意味がなくなるでしょう。どのような投票方法を用いるかは、クラスによってさまざまですし、子どもたちの年齢や発達段階に応じて異なるでしょう。ここでは、手を挙げる、子どもが票を投じる、無記名投票、そして並んで人数を数えるという方法について述べます。また、同数投票とほかの子どもに圧力をかける場合の扱い方についても述べます。

①挙手の数を数える

挙手の数を数えることは、おそらく最もよく知られている投票方法ですが、幼児に用いる時には重大な問題があります。いろいろな理由から、その方法は勧められません。幼児（4歳児以下と経験の浅い5歳児）は、しばしば手を挙げることに興奮し、保育者が「今から言うのがいいと思う人は手を挙げてね。それは……」と言うとすぐに手を挙げます。何に投票しているのかを聞いていなくても、子どもたちはまったく気にしません。

子どもたちはよく途中までしか手を挙げなかったり、手を振り回したり、あるいは挙げたり下げたりするので、数えにくくなってしまいます。子どもたちは時々「頭を掻いてるだけだよ」と言って保育者をからかいます。保育者が票を数え終わるまでに自分が投票したことを忘れてしまい、次の選択肢にもう1度手を挙げる子どももいるかもしれません。ついには、保育者が子どもたちに手を挙げたままにすることや、2回手を挙げないことを強く求めなければならなくなります。そして、どの子どもも何をやっているのかわからなくなってしまうことがしばしばあります。

前にも述べたように、2回以上投票する子どもは、選択肢が互いに排他的なものであることを理解していないのかもしれません。1人1回しか投票できないことを理解している年齢の子どもたちでも、2回投票することは、その人の票に2倍の価値が与えられるようだから不公平だと言います。彼らは、選択肢が2つしかない時に1人で2回投票すると、その票が互いを打ち消してしまうことをまだ理解していないのです。したがって、この問題に対処するには、単に2回投票できないような方法を用いることがよいでしょう。

保育者が少し離れた所で挙手の数を数える時、自分が数えてもらったかどうかが子どもたちにはっきりわからないことがよくあります。保育者は子どもたちを見ながら数えるか、あるいは指差したり、名前を呼ぶことがあるかもしれません（「Bちゃんで1人、Fちゃんで2人、Cちゃんで3人」など）。しかし、それでも数えてもらったかどうかがわからない可能性があります。幼児には、自分の票が含まれていることを示す具体的な何かが必要なのです。また、子どもたちの年齢が低く、数が量を表わすものだということを理解していない場合、単に「5人の人がXに賛成で、7人の人がYに賛成なので、Yにしましょう」と言葉で伝えるのはよい考えではありません。このような言い方をすると、5と7の意味を知らない子どもたちは、何をやっているのかがわからなくなってしまうでしょう。

これらのことを踏まえた上で、もし挙手をする方法しか使えない場合、それを有効に使ういくつかのやり方があります。子どもたちに数えるよう求めればよいのです。そして、選択肢が互いに排他的であることを強調すればよいのです。もしXとYの間で投票するのであれば、「Xに賛成でYに反対の人は手を挙げて」と言い、次に「Yに賛成でXに反対の人は手を挙げて」と言えばよいのです。この方法がうまくいくという保証はありませんが、きっと役に立つでしょう。

すべての選択肢を取り上げ、それぞれに対して手を挙げる機会を与えることが大切です。子どもたち全員の人数からXに入った票の数を引いて、Yに対する票の数を決めてはいけません。

大半の幼児はこのような計算を理解することができません。子どもたちは、自分たちは投票していないから、自分たちの票は数えられていないと思うでしょう。

②子どもが票を投じる

私たちは、票を投じることが幼児にとって最も望ましい投票方法の1つだと考えます。いろいろなやり方がありますが、基本的に票を投じるという方法は、それぞれの子どもがどれに投票するかを何らかの形で表明することを含んでいます。

1つの方法は、輪になっている子どもたちを順番に回っていき、それぞれの子どもにどれに投票するのかをたずねることです。「私はXに投票する」と大声で言う時、子どもたちは自分の視点と他者の視点をより意識するようになります。また、クラスで決定したことは自分たちが決めたことであるという意識をより強くもつようになります。投票は、子どもたちが集団に参加していることを具体的に象徴するものです。非常に内気な子どもでも、自分が欲していることを保育者に耳打ちすることで、集団での決定に参加できるのです。

棄権することを認めましょう。時に子どもたちは、投票の結果に関心がないことがあり、そのような時は選択するよう強制するべきではありません。幼児は、もし投票したくなければ「パス」と言えることを容易に学習します。

ある1年生の子どもは、何も考えないで投票することの危険性を理解していました。その子どもは、誰に米国の大統領になってもらいたいかとたずねられた時にパスしたのでした。なぜパスしたのかと質問されて、彼女は「もしだれが1番いいかわからなければ、偶然に悪い人を選んでしまうこともあるでしょう」と答えたのです。

票を投じる方法では、入った票を書いて表す必要があります。大人は斜線を引いて（訳注：日本の場合「正」の字を書いて）表すことが多いですが、この方法は投票した経験のある年長の子どもたちにしか勧められません。幼児は自分の票が名前かイニシャルで表された時、投票を最もよく理解することができます。保育者がそれぞれの選択肢の下に投票した子どもの名前を書き並べることによって、子どもたちは自分の票を目にすることができ、投票数に自分の票が含まれていることを知ることができます。

私たちはまた、投票する時にネームカードを使ったことがあり、それは大変うまくいきました。保育者は一人ひとりの子どもの名前が書かれたカードを掲げ、どれに投票するかをたずね、そのカードを選択肢ごとに並べることができます。

投票結果をどのように記録するかにかかわらず、並べた票が隣の列の票と1対1対応になるよう縦か横に並べていきましょう。しっかりとした数の理解がまだできない子どもたちにとって、この方法はとても有効です。彼らは票が並んでいるのを見ると、数えなくてもどれが多いかがわかります。保育者は、「どちらにもっとたくさんの票が入ったように見えますか？」とたずね、2つの列の長さを指摘することができます。数を数えることは、目に見えるはっきりとした手がかりがあると、より意味のあるものになるでしょう。

子どもたちと一緒に票を数えましょう。前に述べたように、投票することは数に関わる優れた経験です。子どもたちは、もし投票の結果に本当に関心をもっていれば、投票に含まれる数を理解することに関心をもつでしょう。子どもたちは、数をより理解するようになると、投票の結果を予測し始めるでしょう。例えば、クラスに15人の子どもがいて、投票数が8対4になった時、「もういいよ。8が1番多いから。そっちに8票入ったからそっちの勝ちだ」と言う子どもがいるかもしれません。保育者はその時点で票を数えるのをやめるべきではありません。なぜなら、まだ投票していない子どもたちは、数に入れられていないように感じるかもしれないからです。保育者は中断して「どうしてそれ

がわかるのですか？　どうしてXの方が多いと思うのですか？　そうなるかどうか見てみましょう」と簡潔にたずねることができます。こうして保育者は、子どもたちが投票を通して自然に数を経験する機会を有効に利用するのです。

③無記名投票をする

子どもが票を投じる方法に伴う問題の1つは、それが公に行われるということです。特に5歳以上の子どもたちの場合、仲間の圧力が問題になることがあります。ほかの子どもを説得して票を得ようとする企ては、時としていじめや人気コンテストになってしまうことがあります。このことが問題となった時、何らかの形の無記名投票をすることができます。この方法は、投票に使えるもので区別のないもの（紙きれ、ゲームのコマなど）と、それぞれの選択肢のための入れ物があればできます。あるいは、区別のない入れ物と選択肢ごとに区別できるもの（子どもたちが自分の選択を書くための紙など）を使って行うこともできます。また、必要に応じて、公開して行うことも秘密にして行うこともできます。票を数えることに関しては、票を投じる方法のところで述べたことがすべて当てはまります。どのようにして無記名投票を行おうと、必ず子どもたちが理解できるような方法で票を数え、子どもたちにとって意味のある数え方をしなければなりません。

④子どもたちの身体を数える

これは、子どもたちが立ったり座ったり、あるいは自分が望む選択肢を示す場所に移動するなど、自分の体を使って投票する方法です。この方法は、クラスのみんなが戸外にいる時や、保育者が紙と鉛筆を準備できないような時に用いるとよいでしょう。しかし、私たちが4歳以下の子どもたちにこの方法を用いてよい結果となったことはありません。保育者は子どもたちの列をそれぞれ集合として見ることができますが、子どもたちにはそれができないのです。隣の列の子どもと2人1組で手をつながせ、1対1対応に注意を向けさせ、何人が手をつながずに残っているかを見たとしても、子どもたちは一方の列がより多いことがはっきりわかりません。しかし、対応させることの重要性と意味を理解している子どもたちの場合には、この方法はうまくいきます。

この投票方法のもう1つの問題は、輪になって座っている状態から、投票のために立ち上がらせることで、子どもたちの混乱を招いてしまうということです。おそらくこの方法は、子どもたちがすでに立ち上がっている時に用いるべきでしょう。

⑤同数投票に対処する

投票の結果が同数になった時、社会的な問題を解決するよい機会を子どもたちに与えます。「どうすればよいでしょうか？　Xがいいと思う人が6人で、Yがいいと思う人が6人います。どうすれば公平になるでしょうか？」ある子どもは、同数投票を解決する公平な方法は、選択肢が互いに排他的な関係にあった場合でも、どちらも実行することだと言うかもしれません。ある子どもはもう1度投票しようと言うかもしれません。そのような場合、時として（いつもとは限りませんが）1度目の投票と異なる結果になることがあります。私たちの実験の中で、4歳児が読んでもらいたい本を2冊の中から1冊選ぶために投票し、同数になったことがありました。その子どもたちが考えることのできた唯一の解決方法は、それぞれの本から4ページずつ読むことでした。そこで保育者はまず一方の本を4ページ読み、それを置いて、次にもう一方の本を4ページ読みました。子どもたちは、その解決方法が適切でないことを目の当たりにして非常に驚きました。

同数投票になった場合、別の解決方法もあります。それは、子どもたちを（投票した選択肢ごとに）2列に並ばせ、1対1対応で向かい合わせ、Xに投票した列の子どもたちに、選択を変えるようもう一方の列の子どもを説得する時間（1分程度）を与えることです。次に、もう一方の列の子どもたちにも同じ機会を与えます。子

どもたちが互いに熱心な説得をした後、もう1度投票を行いましょう。（この解決方法は、年長の子どもたちにより適切であると考えられます。）

⑥子ども同士の圧力のかけ合いに対処する

前に述べたように、時々子どもたちは意見を変えるよう友だちに圧力をかけること（例えば、ある選択肢に投票しなければ友だちをやめると脅かすこと）に熱心になることがあります。他者を穏やかに説得することは、他者と交渉するというよい経験になり、望ましいことです。それは、子どもたちが説得するというプロセスを理解し、それを大切な力としてとらえていることを示します。保育者の役割は、そのような子ども同士の働きかけが有害なものにならないようにすることです。子ども同士の圧力のかけ合いが手に負えなくなりそうだと思ったら、保育者は介入して「Kちゃんは自分の好きな方に投票することができるし、あなたも自分の好きな方に投票することができるのですよ。そのために私たちは投票するのです。それぞれが自分の意見を言うことができるのですよ」と穏やかに助言することができます。

時に子どもたちは、自分の望む方に票が入ると歓声を上げ、そうでなければ不満の声を上げるでしょう。このような状況は、歓声が上がらない側に投票する子どもたちを困惑させます。それに対処する最良の方法は、歓声を上げた時にほかの人たちがどのような気持ちになるかを子どもたちに指摘することです。少数派の子どもたちに、歓声を聞いてどのように感じるかを話すよう求めましょう。そして、歓声を上げている子どもたちには、自分たちが少数派だった時のことを思い出させ、少数派の視点に立てるよう促しましょう。

4）保育者も投票者として参加する

私たちは、保育者も投票に参加することを勧めます。そうすることによって、保育者は集団の一員であり、保育者の意見はほかの人の意見と同等の価値をもつことを示すことができます。ある問題についてクラスで投票をして決めることになったら、そのプロセスの中で保育者は決して拒否権をもってはいけません。保育者の票は多くの中の1票なのです。保育者は子どもたちを説得することはできますが、最終的には子どもたちと同様に、多数派の考えを受け入れなければなりません。積み木で作った物を何日間置いておけるかについて投票した事例（第7章参照）の中で、保育者は5日間は長すぎると思っていました。しかし、子どもたちが投票で決定したルールを実行しても害にはならないと思っていました。もし5日間が長すぎれば、子どもたちはどこかの時点でそのことに気づき、ルールを変更することができるでしょう。

ある保育者は、最後あるいは終わり近くに投票し、できる限り少数意見に票を入れると話していました。その目的は、投票の結果にがっかりしている姿と、それでもその気持ちをうまく処理している姿を示すことだと彼女は説明しました。この保育者は、この方法によって、子どもたちに少数派としてのモデルを示し、少数派の立場を思いやる心を育てようとしているのです。

保育者は、最後あるいは終わり近くに投票することによって、巧みに票を操作することができます。同数投票になりそうな場合、同数にならない方がよいと考える保育者であれば、同数にならないように票を投じることができ、同数投票をどう扱うべきかを子どもたちと話し合う準備ができている保育者であれば、同数になるように票を投じることができます。

また、複数の保育者が異なる選択肢に投票することによって、意見の相違の扱い方を示すことができます。もしクラスに2人の大人がいれば、それぞれが違う方に投票し、相手の意見を尊重しながらも、それに同意しないことを説明することができます。それによって子どもたちは、異なる側に投票しても、それは友だちでなくなるのではなく、単に違う意見をもつことを

意味するだけだということがわかります。

5）多数決を受け入れ、少数意見を尊重するよう促す

投票が行われた後、保育者は多数決の考え方を受け入れる態度をもって投票の結果を説明するべきです。「この投票結果は、Xがいいと思っている人が、Yがいいと思っている人よりも多いので、Xをすることにしましょう、ということを意味します」といった説明をしましょう。公平さを表す言葉を用いて、「より多くの人がXに投票したので、Xをすることがフェアなやり方です」というように指摘しましょう。勝ち負けを表す言葉を用いるのは避けましょう。しかし、子どもたちはそのような言葉を自然に使うので、それを避けることは難しいかもしれません。私たちは、子どもたちの間で「勝った！勝った！」という合唱が自然に起こるのをよく耳にします。このような場面は、ほかの選択を望んでいた友だちのことや、その友だちが今どのような気持ちでいるかについて、子どもたちに気づかせる機会になります。

保育者は、少数派の立場に対する思いやりを見せるべきです。ある4歳児クラスで、どの本を読むかについて投票した後、Eが手を挙げ、目に涙を溜めて「私の本はいつも選ばれないの」と言いました。担任のペイジ・フラー先生は少数意見をどのように扱うかという問題に悩んでいました。子どもたちの「この本が選ばれた」という考えは強いものでした。ペイジ先生はEの思いを代弁することにしました。「ええ、でもEちゃんは悲しい気持ちなのよ。彼女は自分の読んでほしい本はいつも選ばれないと言ってるの。」何人かの子どもたちは早く本を読んでもらいたいと思っているだけでした。ペイジ先生は私たちに次のように詳しく語ってくれました。「最終的に折衷的な解決方法を用いました。それは、選ばれた本を最初に読み、選ばれなかった本は次のグループタイムか、あるいは読める時に読むというものです。このことは、公平であること、そしてみんなのことを思いやるとはどういうことかを考える、公平さについての力強い教訓になりました。」

もし投票が2つのうちのどちらかを選ぶためのものであれば、保育者は、選ばれなかった方をほかの日に実行したらどうかと提案することができます。保育者は、「2つの素晴らしい案がありましたね。そして投票した結果、こちらを選ぶことにしたのですね」と冷静に話すことによって、すべての選択肢の価値を重んじることができます。ある問題について投票する場合、保育者は、投票で決めた解決策を試し、しばらくたってそれがうまくいかなければ、また集まって別の解決策を考えることができると説明することができます。そうすることによって、少数の票を得たもう1つの選択肢を試してみる可能性が残るのです。

3. 要約

投票による決定をする教育的目的は、クラスでのできごとについて決める実際の権限を子どもたちに与えることによって、彼らの自己制御を促進することです。投票はまた、多数決の原理を受け入れ、少数派の気持ちを思いやる心を育てることができます。さらに子どもたちは、自分にとって意味のある文脈の中で書き言葉や数についての知識を構成することができます。構成論を実践する保育者は、投票で決めることがらとして、クラス全体に関係がある問題や、意見の相違が予想される問題を選びます。そして、話し合いを促し、選択肢を明確にします。子どもたちが理解できる投票の手続きには、子どもたちが票を投じることと無記名投票があり、挙手の数を数えるという方法は含まれません。同数投票になった場合は、どうすべきかという問題に取り組む機会を子どもたちに与えます。ほかの子どもを説得することは、子どもたちが積極的に交渉することであり、投票するというプロセスを重んじていることを示します。

しかし、もしほかの子どもへの圧力が極端であれば、保育者は、多くの人々が少数意見の敗北を喜べば少数派の人々はどのような気持ちになるかという問題を提起することができます。構成論を実践する保育者は、1人の投票者として参加し、意見が異なる大人同士のモデルを示し、時には自分の票を使って、同数投票を生み出したり、あるいは少数派として多数派の意見を受け入れている姿を示したりします。

第9章

社会・道徳的な話し合い

　これまでの章では、物事を決定したり、投票したり、いざこざを解決したりする権限を子どもたちに与えながら、コミュニティを築き、協同的態度を育てることを通して、保育者が構成論に基づく社会・道徳的雰囲気を確立する方法について述べました。保育者はまた、特に社会・道徳的発達を促すことを目指した活動を指導計画の中に取り入れることもできます。社会的、道徳的ジレンマをどのように解決するかについて配慮することは、社会・道徳的雰囲気の重要な側面の1つです。本章では、社会的、道徳的問題に関する子どもたちの考えを促進するために、保育者はどのように話し合いを利用すればよいかということについて述べます。

　最初に、「社会的」、「道徳的」な話し合いという言葉は、どのようなことを意味しているのかについて、また、なぜ「社会・道徳的」という言葉を用いたのかについて説明します。道徳的判断を理解するための理論的根拠について簡単に述べた後、2つのタイプの社会的、道徳的な話し合いについて述べ、そして、そのような話し合いのための教材をどこで、どのように見つけたらよいのか提案します。また、保育の中で社会的、道徳的な話し合いを指導するための6つのガイドラインを示します。最後に、ヒューストン大学人間発達実験校で行った道徳的ジレンマの話し合いの指導に関する研究について述べることにします。

1.「社会的」、「道徳的」、「社会・道徳的」という意味

　みなさんはおそらく、「社会・道徳的」という言葉の意味や、「社会的」、「道徳的」という言葉の区別について迷われることでしょう。道徳的発達の研究者の中には、道徳性に関する事柄と社会的な慣習に関する事柄を区別している人たちがいます（Nucci, 1981; Smetana, 1983; Turiel, 1983）。彼らは、典型的な例として、道徳的な問題はぶらんこに乗っている人を押して落とすこと、社会的な慣習は保育者をファースト・ネームで呼ぶことをあげています。そして、非常に幼い子どもたちでさえ道徳的な問題と社会的な問題を区別し、これら2つの領域での思考が異なることを示しています。しかし私たちは、幼い子どもたちの生活の中で起こる問題が、しばしば、それほど明確に社会的であったり、道徳的であったりするわけではないことに気づきました。

　保育の中で幼児に起こるいくつかの問題は、明らかに道徳的なものとして分類できます。例えば、他者を傷つけるという問題は、身体的に安全であるという基本的人権に関係しているので、道徳的な問題です。同様に、物を壊したり、他者の所有物を盗んだりすることは、西欧文化の中では道徳的問題ととらえられます。

　すべての道徳的問題が本質的に社会的である一方、ある問題は社会的であっても道徳的では

ないと言えます。第6章で、ある子どもがクラスのみんなに解決してもらおうとある社会的問題を提起した事例について述べました。彼女は当番になる順番を逃さないよう時間どおりに登園する方法について、他の子どもたちのアイデアを求めました。この問題は、道徳的意味合いを含んでおらず、まったくの社会的な問題であると言えます。

時に、問題が社会的であるか道徳的であるかについて合意を得られないことがあるかもしれません。例えば、依頼する時に「お願いします」と言うかどうか、贈り物や好意を受けた時に「ありがとう」と言うかどうかといったことは、ある特定の文化の中で礼儀と見なされる社会慣習の問題だと考える人たちがいます。一方で、礼儀正しいマナーは他者に対する敬意を表しており、したがって道徳性に関する問題だと考える人たちもいます。またある人は、道徳的で礼儀正しいということは、個人が他者の感情に対して真に敬意を表す時のみ存在すると主張するかもしれません。

多くの問題は、社会的要素と道徳的要素の両方を含んでいるため、それらを明確にどちらかに分類することはできません。表面上は社会慣習の問題に見えることが、潜在的に道徳的意味をもっているかもしれません。例えば、おやつは必ずおやつのテーブルで食べるというルールは社会的な慣習です。子どもたちはおやつをどこで食べてもいいのではなく、おやつのテーブルで食べなければならないというルールには道徳的な理由は何もないように思えます。しかし、おやつをおやつのテーブルで食べることの背後には、もし子どもたちがほかの場所でおやつを食べれば、室内は残ったおやつで散らかり、片づけが困難になり、散らかった残りかすに虫が集まってきたりして、クラス全員の生活の質にマイナスの影響を与えるという道徳的な意味合いがあります。同様に、積み木コーナーで遊ぶことのできる子どもの人数の問題は、実践上は社会的な問題ですが、道徳的な問題にもなり得

ます。例えば、サンセット・パール小学校の5歳児と1年生の混合クラスでの決まりは、積み木コーナーで遊べるのは4人までというものでした。これは単に実際的な問題ですが、4人目の子どもがコーナーに入り、たった4つしか積み木が使えないことに気づいた時、すべての子どもが平等に遊べる権利に関する道徳的問題となるのです。

私たちが、社会的要素と道徳的要素を分けて考える上で直面する問題の1つは、1つの状況の手段と目的を区別することにあります。例えば、クラスで順番に何かを行うことは、公平であることには平等な権利の尊重が求められるという意味において道徳的な問題です。平等を目指すことは道徳的な目的です。しかし、順番に何かをするためにどのような手段を使うかは、まったく社会的な問題です。

社会的、道徳的要素を分けて考える上でのもう1つの問題は、幼児はこの2つのことを区別しているとは限らないということです。例えば、子どもたちは、自分が欲しいものが得られないのは不公平であるとして、つまりこのことを道徳的問題として経験することが多くあります。逆に、幼児にとってうそをつくことは、道徳的問題というよりもむしろ、単に罰を避けるための知的な方法を示しているだけかもしれないのです。

私たちはしばしば、保育実践において社会的問題と道徳的問題の明確な区別をすることが難しいことに気づきます。道徳的要素よりも社会的要素が多いとか少ないとかという程度によって状況は変化します。したがって本書では、社会的要素と道徳的要素の両方をもつ現象に対して「社会・道徳的」という言葉を用いています。

2. 道徳的判断に関する理論

私たちの社会・道徳的発達に関する研究は、主に3人の理論家たち、すなわち、ピアジェ (Piaget, J.)、コールバーグ (Kohlberg, L.)、セル

マン（Selman, R.）の理論に啓発されています。ピアジェとセルマンについては第2章で詳細に述べていますので、ここでは道徳的思考の発達段階に関するコールバーグの理論について簡単に説明します。

コールバーグはピアジェの理論を出発点として、子どもと大人の道徳的思考に関する広範な研究を行いました。彼は人々が道徳的問題についてどのように考えるかを明らかにするために、道徳的ジレンマを伴うインタビューを用いて綿密に調査し、道徳的思考の6つの発達段階を確認したのです。これらの発達段階は、段階的かつ順次的に現れます。最初の5段階については、その後の非常に多くの研究によって実証されています（Colby & Kohlberg, 1987; Kohlberg, 1984を参照）。ここでは、これらの発達段階のうち、子どもに関係する最初の4段階の概要を述べることにします。

第1段階と第2段階の道徳性は、両方とも非常に個人的なもので、慣習以前の水準と呼ばれます。第1段階では、罰を避ける、あるいは、親や大人の権威に服従することを正しい行為ととらえます。行為は、心理的というよりもむしろ、物理的な条件で判断されます。つまり、この段階の子どもは、その行為がどのような意図でなされたかではなく、むしろその行為によって人や物にどのような物理的な損害が与えられたかに関心があります。他者の利益は考慮されません。実際、他者の利益が自分自身の利益と異なるという認識はないのです。

第2段階（しばしば道具的目的の段階と呼ばれています）では、自分の要求を満たす行為を正しい行為ととらえます。すべての人は要求をもっていると認識され、正しいことは単に相対的なものとして考えられます。これは「目には目を、歯には歯を」という道徳性が見られる段階で、子どもたちは厳密な平等性（例えば、各自が確実に同じ量のケーキを得るように量ること）に関心をもちます。この段階の子どもたちは、自分の要求を満たすため相互に協力し始めますが、それは「魚心あれば水心」というとらえ方です。

第3段階と第4段階の道徳性は、より社会的意味合いが強く、慣習的水準と呼ばれています。第3段階は相互関係の段階であり、正しい行為を身近な社会システム（家族、クラス、親しい友だち集団など）との関係でとらえます。子どもは、自分にとって重要な人々の期待に添うように行動し始めます。この段階の子どもたちは「よい子」であることを気にかけ、承認を得るために行動します。黄金律（訳注：「自分がしてもらいたいように、人にもしなさい」）は、とりわけ相手の身になって考える具体的な方法を通して理解されます。

第4段階では、より大きな社会システムが重要になりはじめ、正しい行為を社会の規準、法律、義務、期待といった観点からとらえます。そこには、すべての人は公共の利益のために、共有された法体系に従わなければならないという認識があります。

要約すると、コールバーグが示した発達段階を進んで行く中で、子どもの社会的なものの見方は、次第に広がっていきます。子どもは、単に自分自身に関心をもつところから1人の他者に関心を払うようになり、そして家族や園のクラスといった少し大きな集団へ、そして社会全体というさらに大きな集団へと関心を広げていきます。コールバーグが慣習以降の水準の道徳性と呼んだ第5、第6段階では、ものの見方はさらに広がり、人間性全般について考えるようになります。また、これらの連続した段階のそれぞれにおいて、何が正しいかについての子どもたちのとらえ方が変化していきます。

コールバーグや多くの研究者たちは、より年長の子どもたちを対象にした研究において、ジレンマについての話し合いをすることが、長い時間をかけて少しずつ段階的な発達を助長することを示しています（その概説はPower, Higgins, & Kohlberg, 1989を参照）。子どもたちは、自分の発達段階より1つ上の段階の思考に

触れる機会が与えられた時、その時点での自分の思考よりも高いレベルの思考を好む傾向があります。コミュニティを築くことを重視するクラスでジレンマについての話し合いがなされる時、その集団の道徳的文化の成長とともに、個人の道徳的成長も生じるのです。

3. 道徳的ジレンマ

ほとんどの道徳的な話し合いは、ジレンマに焦点を当てています。次にジレンマという言葉の意味を定義し、異なるタイプのジレンマについて述べ、そして幼児との話し合いに適したジレンマの見つけ方について提案したいと思います。

(1) 道徳的ジレンマの定義

道徳的ジレンマとは、相反する主張、権利、見解が認められる状況のことをいいます。例えば、コールバーグの研究（1984）で用いられた古典的道徳的ジレンマは、ハインツ・ジレンマとして知られています。ハインツという名の貧しい男には、非常に特殊な癌で死にかけている妻がいました。その街のある薬屋が彼女の命を救える薬を見つけたのですが、彼はその薬に2,000ドルの値をつけました。ハインツはそのような大金をもっていません。ハインツはその薬を盗むべきでしょうか。この場合の相反する権利とは、ハインツの妻の生きる権利と薬屋の所有権ということになります。

1つのジレンマに対して、はっきりとした正しい解決法あるいは間違った解決法はありません。コールバーグは、人々にハインツがどうすべきかという質問をし、その答えの背後にある思考について調査しました。彼は、人々は同じ行動を支持しても、その理由づけはさまざまで、それは異なる発達段階を示すと述べています。例えばある子どもは、妻が死んでしまったら、食事を作ってくれる人がいなくなるので、ハインツは薬を盗むべきだと言うかもしれません（道徳的思考の第2段階）。あるいは、もし妻が死んだら、子どもたちが非常に悲しみ、ハインツを責めることになるので、ハインツは薬を盗むべきだと言うかもしれません（道徳的思考の第3段階）。それとは対照的に、人々は同じ段階の思考であるのに、異なった行動を支持することもあります。例えば、道徳的思考の第1段階にある子どもは、ハインツは捕まって刑務所へ入れられるかもしれないので、薬を盗むべきではないと言うかもしれませんし、あるいは、もし薬を盗まなかったら妻の父親がやって来て彼を殴りつけるかもしれないので、ハインツは薬を盗むべきだと言うかもしれません。人々の道徳的判断のレベルを評定する上で大切なことは、その人がどの行為を支持しているかではなく、どのような理由づけをしているかに注目することです。

(2) ジレンマのタイプ

話し合いで取り上げるジレンマには2つのタイプがあります。それは、仮想のものか、あるいは子どもたち自身が経験した現実のものです。子どもたちの社会・道徳的判断の発達を促進する上で、どちらにも長所と短所があるので、両方のタイプの話し合いをすることが有効であるというのが私たちの考えです。

仮想のジレンマでは、子どもたちは個人的にその問題に関わっていないので、現実のジレンマのように感情的に苦しむことはありません。子どもたちとその話の間に、いくらかの情緒的な隔たりがあります。誰も怒りや精神的苦痛やつらい感情をもってみんなの前に立たされることはないのです。自分に関係のない問題はより理性的に話し合われることが多いですし、誰かが個人的に反応したり、結果に苦しむことがない時は、安心して意見が出せます。子どもたちはどちらかの味方になることで誰かを傷つける危険を冒すことなく、「もし〜ならどうだろう」という考えができ、何が正しいか、何が間違っているかについて話し合うことができます。

一方、現実のジレンマも、話し合いに役立ついくつかの利点をもっています。現実のジレンマは自然に生じるもので、その状況は子どもたちにとってとても身近なものです。そこに関わる人は彼ら自身やクラスの仲間であり、大抵その状況はクラスでの生活に直接影響するので、子どもたちはどうなるかについて真の関心を示します。また、現実のジレンマには、子どもたちが結果を容易に認識でき、評価できるという利点があります。

（3）話し合いに適したジレンマを見つける
　子どものための絵本や童話は、仮想の社会的、道徳的ジレンマを見つけることのできる資源の1つです。しかし、私たちは、児童文学の中から適切な道徳的ジレンマをまだ少ししか見つけていません。子どものためのお話は、しばしば道徳的ジレンマではなく道徳的教訓を含んでいます。それは、お話の中に教訓、すなわち正しい答えが込められていることだと私たちは考えます。例えば「狼が来た！」と叫んだ少年の話の教訓は、「人をだましてはならない。なぜなら、やがてあなたが本当のことを言った時、誰もあなたを信じなくなるだろうから」ということです。これはよい教訓であり、子どもたちが読むのに適切なお話かもしれませんが、ジレンマではないのです。

　クラスでの日常生活の中にもジレンマを見つけることができます。クラスで自分たちの公平感に反する出来事が起こった時、最初に「それはフェアじゃない！」と不平を言うのは子どもたちです。保育者はこれらの不平に耳を傾け、時々その中に話し合いに適した話題を見つけることができます。例えば、子どもたちがマーカーのふたをしないで放っておき、それらが乾いて使えなくなったら、どうしたらよいでしょうか。何人かの子どもたちが不注意だったという理由から、すべての子どもたちからマーカーを取り上げることは公平なことでしょうか。クラスに新しいマーカーがきた時、古いマーカーを駄目にした子どもたちは新しいマーカーを使うことを許されるべきでしょうか。子どもたちはこれらの道徳的問題に取り組むことができ、その答えは彼らにとって重要です。子どもたちはこのような問題に対して強い感情をもちます。本章の後半で、私たちが書いたお話について述べますが、それは子どもたちの日常生活から出てきた道徳的ジレンマを仮想のものとして話し合うために書かれたものです。

4. 社会・道徳的な話し合いの目標

　社会・道徳的な話し合いを指導する上での私たちの長期的目標は、これらの経験を通して子どもたちの視点取得能力や道徳的思考の段階的発達を促すことです。とりわけ私たちは、子どもたちがより分化した方法で対人間の問題を考える、すなわち彼ら自身の視点を超え、もっと多面的な視点で物事を考えるようになってほしいのです。

　しかし、子どもたちの社会的、道徳的ジレンマについての思考が段階的発達をする前に、子どもたちはジレンマを認識しなければなりません。このことは思ったより難しいことです。彼らの視点取得能力には限界があるため、幼児は問題の1つの側面にのみ焦点を当て、ジレンマとなっている2つの見解を認識することができません。したがって、私たちが目標とすることは、より年長の子どもたちを対象にした目標より、少し控え目なものと言えるでしょう。私たちが幼児に道徳的ジレンマを用いる際の1つの目標は、その状況の中に対立する見解があることを子どもたちに認識させることです。その目標が達成されると、次に、その道徳的問題に関わるすべての人に公平になるような解決法を考えるよう、そしてすべての人の立場からそれらの解決法を評価するよう子どもたちを援助します。

5. 仮想の社会・道徳的な話し合いを実践するためのガイドライン

社会・道徳的な話し合いを実践するには細心の注意が必要です。私たちはここに6つの具体的なガイドラインを示します。

1) 意見の相違が無理なく見つけられるような問題を選ぶ

ジレンマについての話し合いがうまくいくためには、子どもたちの中に意見の不一致があることが必要です。このことはある意味で、その話の中に権利の対立があるかどうか、つまりそれがジレンマであるかどうかを見ることになります。例えば、「狼が来た！」と叫んだ少年の話の中で、「少年がこのように町の人たちをだますことはよいことですか？」とたずねたら、おそらく子どもたちは誰も「はい」と答えないでしょう。しかし、例えば「3匹の子ぶた」の話を考えてみてください。たとえ子ぶたたちがよい子たちで、狼が悪者であったとしても、子どもたちの中には、狼に共感する者がおそらくいるでしょう。「狼が子ぶたたちを食べるために子ぶたたちの家を吹き飛ばすことはよいことですか？」とたずねたら、ある子どもたちは「狼はおなかがすいていて、狼もご飯を食べる必要がある」と言うかもしれないのです。「3びきのコブタのほんとうの話」（Scieszka,1989/邦訳：岩波書店1991）という子どもの本は、このよく知られているお話を狼の視点から伝えています。この本は、道徳的な話し合いのベースとして使うことができるでしょう。

2) 子どもにジレンマのあるお話を何度も読み聞かせる

私たちの仮説の1つは、子どもたちがすべての登場人物の考え方やジレンマの微妙なニュアンスについて考えることができるようになるには、1つのお話を何度も繰り返し聞かせることが必要だということです。子どもたちは、その話を1度や2度、あるいはたとえ15回聞いたとしても、そのジレンマに気づかないかもしれないのです。忍耐が必要です。

私たちは、道徳的な話し合いで、ある子どもの本「ヘッケディ・ペッグ」（Wood, 1987）が使われているのを見たことがあります。このお話では、魔女が子どもたちを連れ去って食べようとします。その子どもたちの母親は子どもたちを取り戻そうと魔女の家に出かけ、その中で魔女をだまそうとします。保育者のペイジ・フラー先生は、ある年の4歳児クラスにこの本を少なくとも100回は読んだと語りました。子どもたちはその話が大好きで暗記しているほどでした。ペイジ先生はこの本が道徳的な話し合いの題材になるとは思っていませんでした。するとある日のこと、お話の中で母親が魔女をだます場面になった時、ある子どもが「うそつきだ！」と言いました。ペイジ先生（保）は、この意見についてさらに話し合うことに決めたのです。このお話のジレンマは、母親は本当のことを言うべきか、それともうそをついてでも子どもたちを救うべきかということでした。

保：（朗読する）「中に入れてください！」と母親は叫びました。「子どもたちを返してほしいんです。」「中には入れないよ」と魔女は言いました。「おまえの靴が汚いからね。」「それでは、靴を脱ぎます」と言って、母親は靴を脱ぎました。「中へ入れてください！」と母親は叫びました。「子どもたちを返してほしいんです。」「中には入れないよ」と魔女は言いました。「おまえの靴下が汚いからね。」「それでは、靴下を脱ぎます」と言って、母親は靴下を脱ぎました。「中に入れてください！」と母親は叫びました。「子どもたちを返してほしいんです。」「まだ、中には入れないね」と魔女は答えました。「おまえの足が汚いからね。」「それでは足を切り落とします」と言って、母

親は立ち去りました。
E：お母さんは足を切らないよ。魔女にうそをついてる。
保：足を切り落としに行くように見せたのね。でも、その代わり……。
J：（聞き取り不能）……お母さんの足。お母さんはうそをついているよ。
C：お母さんは魔女をだましてる。
保：「……お母さんは後ろに足を隠して、魔女の家のドアまで這って戻ってきました。」1つ教えてほしいのだけれど、Cちゃんはお母さんが本当に魔女をだましていると言ったし、JちゃんとEちゃんはうそをついていると言ったわね。
L：わかった！　お母さんは魔女をだましてるよ。
E：違うよ！
保：ねえ、Eちゃん、教えてほしいのだけれど、あなたはお母さんが言っていることはいいと思う？

　この話し合いがどのように続いたかを後に示すことにします。ここでは、保育者のペイジ先生が子どもたちの声に耳を傾け、お話の中の母親がうそをついているかいないかについての意見の不一致を取り上げていることだけを指摘しておきましょう。私たちは、この質問の意味さえ理解できない何人かの子どもたちに、同じ話をしてみました。その子どもたちはうその概念を理解していなかったので、何のことかわからないようでした。ここで学ぶことは、子どもたちの声にきちんと耳を傾け、子どもたちがよく知っているお話の中で見つける道徳的な問題について話し合う用意をしておくべきだということです。

　3）子どもがお話の中のあらゆる視点を認識するよう援助する

　子どもたちが親しんでいるお話のテーマには、小さくて弱い者が自分やほかの命を救うために、自分より大きくて危険な者をだますというものがあります。しばしばこのようなお話は、子どもたちが多様な考え方を認識するのを助けるのに効果的です。「歯いしゃのチュー先生」（Steig, 1982/邦訳：評論社 1991）はこのテーマに添った物語です。1匹のキツネが歯痛をおこし、その街で唯一のネズミの歯医者さん、チュー先生の所へ行きます。チュー先生は、猫や危険な動物の治療はしないという方針でしたが、あまりにも痛がっているキツネを見たチュー先生の妻が同情し、彼らはそのキツネを治療することにします。しかし、そのキツネが歯が治ったらネズミたちを食べてやろうと考えているのがわかったので、チュー先生とその妻は食べられないようにキツネをだます計画を思いつきます。彼らは、2度と歯痛にならない「秘密の薬」だと言ってキツネの歯に薬を塗ります。しかし、その秘密の薬とは実は接着剤で、彼らはキツネに食べられないように一時的にキツネの歯を接着剤でくっつけてしまいます。子どもたちは普通、ネズミたちがキツネを出し抜いたことを素晴らしいと考えます。そのお話を読んだ後、保育者は5歳児クラスの子どもたちに「チュー先生がこのようにキツネをだますことはよいこと？」とたずねます。大部分の子どもたちは、ネズミたちは食べられたくないからという理由で「はい」と答えます。しかし、キツネの見地に立つ子どもたちもいます。彼らは、口が接着剤で閉じられてしまったら、そのキツネはひどくお腹がすくだろうと心配します。ある子どもは、その接着剤は本当は秘密の薬ではないので、キツネはこれまでのように歯痛になるだろうということを気にします。子どもたちは、キツネの視点からこの話を考えることができ、ネズミの権利と同様に、キツネの権利についても考えることができるのです。

　4歳児クラスで同じ質問をすると、子どもたちの反応は一致します。すべての子どもたちが、ネズミたちがキツネをだましたことをよいことと考えますし、お話のその部分では歓声をあげ

て喜びます。しかし、ある1人の子どもの思考は私たちを驚かせました。ほとんどの子どもたちがネズミたちは食べられたくないのだから、キツネをだましてもよいと言ったのに対して、その子どもは、もしキツネがチュー先生を食べたらその街に歯医者さんがいなくなるので、だからだましてもよいと述べたのです。彼女は、より広い社会の見地に立っているのです。これは4歳児にとって非常に高い、コールバーグの道徳的発達段階の第4段階であると思われます。子どもたちに質問する時は、彼らの答えの理由をたずねることを忘れないでください。

4） 自由に答えられる質問をする

　子どもたちに何かについて公平かどうか、正しいかどうかをたずねる時には、次のような質問をさらに問いかけてください。「なぜそのことを公平だと思ったの？」、「○○は何をすべきだと思う？」、「もし○○がそれをしたらどうなると思う？」、「お話の中に出てくるほかの人たちはどんな気持ちになるかしら？」子どもたちの思考を掘り下げて知るための質問をしてください。子どもたちが考えることはわかっているなどと決めてかからないことです。もしできるなら、子どもたちに自分の考えを説明させてください。子どもたちが説明できないことは時々ありますが、できる時には、それがさらなる話し合いへとつながっていくでしょう。

　先に述べた魔女ヘッケディ・ペッグについての話し合いで、ペイジ先生は、お話の中の母親が魔女をだますことがなぜよいと思うのか、あるいはなぜよくないと思うのかについて子どもたちの思考を掘り下げながら続けていきます。

E：うん、それは……お母さんはうそをついてる。
保：こんな時、うそをついてもいいの？
E：だめ。
子どもたち：だめ！
保：だめなの？　どうして？　だれかなぜうそ をついてはいけないのか教えてくれるかしら？
E：だって、よくないことだから。
J：よくないことだし、それに、魔女がお母さんを見て「足があるじゃないか」と言うでしょ。そしてお母さんは「はい、あります」と答えるよね。それはうそだよ。そうでしょ？
保：それはうそなの？　ところでCちゃん、あなたはそのことについてどう思う？　お母さんは魔女に足がないと言っていいと思う？
C：（聞き取り不能）お母さんには足はあるよ。
L：お母さんは魔女をだましてる。
保：お母さんには足がありますね。でも彼女は魔女に足を切り落としたと言いました。お母さんはそう言ってもいいのかしら？
L：いいよ。
保：いいの？　なぜいいのかしら？
C：だって、何も（聞き取り不能）しないもの。
保：何も（聞き取り不能）しないの？　なぜあなたはお母さんが魔女に足を切り落としたと言ってもいいと思うの？
N：お母さんはなぜうそをついたかというと……お母さんは自分の後に足を隠していると魔女に言ったから。
保：お母さんはずるいの？
H：お母さんはちょっとうそをついただけ。
保：お母さんはうそをついていたの？　彼女はうそをついてもいいの？　それともうそをついてはいけないの？
H：いいよ、うそをついてもいいの。
保：なぜ？
H：もしちょっとだけ……もしうそをつかなかったら……（聞き取り不能）、そうしたら、よくない。でも、もしほかの人がそんなことをしないように、ちょっとだますとすると、うそはつける、うそをついてもいいと思う。
保：わかったわ。

E：違うよ！　間違ってるよ。何にもわかってないよ！
保：Aちゃん、手を挙げていたわね。
E：ぼくの方がよくわかってる！　もうぼくの家に遊びに来ちゃだめだよ！
A：私は、お母さんは魔女をちょっとだまそうとしているだけだと思う。お母さんは自分の子どもたちを、ただ取り戻そうとしているだけだと思うの。
保：お母さんはただ自分の子どもたちを取り戻そうとしているだけなの？　じゃあ、こんな時はうそをついていいのね。
A：いいよ。
H：それが、ぼくが思ってたことだ。
子どもたち：いいよ。
E：だめだよ。
A：とても大切な時だけね。
保：（Hに向かって）あなたもそう思うの？
H：うん。そのことはぼくが考えてたことなの。Aちゃんが言ったことを言おうとしてたの。
保：わかりました。Eちゃんは考えが違うみたいね。（Eに向かって）あなたの考えていることを教えてちょうだい。あなたはAちゃんやHちゃんは正しいと思う？　自分の子どもたちを助けるためにうそをついていいの？
E：だめ。よくない。
保：よくないの？
E：それは悪いことだよ。
保：うそをついてもいい時があるかしら？
E：だめ！
J：だめだよ。
保：じゃあ、絶対に？
子どもたち：そう。
保：そうなの？　じゃあ、違う考えがあるみたいね。
C：だれか助けてくれる人を呼ぶこともできるよ。
保：ええ、だれか助けてくれる人を呼ぶことができるわね。さあ、お母さんはどうするのかしら……（朗読を続ける）。

ペイジ先生は、子どもたちがなぜそう信じているのか理由を深めていけるように質問をしています。

5）保育者が繰り返し言うことによって、子どもたちが自分たちの考えを明確にできるよう援助する

子どもたちの言葉は時々、支離滅裂だったり歪曲していたり、そうでなくても解釈するのが難しかったりします（これは道徳的な話し合いだけでなく、すべての話し合いについて言えることですが）。子どもたちが言ったと思われることを、質問調の抑揚をつけて、繰り返すことを習慣にするとよいでしょう。このことは、しばしば、子どもたちが理由や訂正を加えながら、すでに言ったことをさらに詳しく述べることにつながります。

子どもたちの考えをはっきりと繰り返し言うことは、ほかの子どもたちの理解を助け、また、自分の意見を明確に系統立てて述べるように子どもたちを動機づけます。保育者は、単に子どもと保育者との話し合いだけではなく、提示された道徳的問題に関する自由な話し合いが子どもたちの間で行われるよう努めるべきです。クラスの友だちの異なる意見に気づくようになることは、子どもたちが自分の考えを再評価し成長するための1つのメカニズムだと言えるでしょう。子どもたちの話し合いでの保育者の役割は、公平さや平等の問題に焦点を当てるようにすることです。

6）あらゆる意見と立場を受け入れる

保育者が、子どもたちの考えに対して価値判断をしないことは、重要なことですが非常に難しいことです。価値判断をすることは、保育者の質問には正しい答えがあり、保育者はその正しい答えを知っているというメッセージを子ど

もたちに送ることになります。先に述べた魔女についての話し合いの中で、保育者のペイジ先生は、なぜうそをついてもよいのか、なぜついてはいけないのかについての子どもたちの理由づけに価値判断を下していません。彼女は、質問し、子どもたちの考えを探り、子どもの言葉を繰り返し、最後まで話し合いを進めていますが、子どもの考えを是認したり、否認したりすることを控えています。

仮想の問題についての話し合いで、子どもたちを合意させたいという衝動は抑えるようにしてください。話し合いの目標は、子どもたちが異なる意見に気づくよう促すことであって、ある道徳的規範を彼らに納得させることではないことを心に留めておくことです。意見の一致は必要ありませんし、特に望ましいことでもないのです。保育者は、話し合いの終わりに、対立する立場を再び述べることができます。このことは、話し合いを締めくくる助けになり、また、人の意見は違っていてよいのだという点を強調することにも役立ちます。例えば、チュー先生についての話し合いの終わりに、保育者は、「チュー先生は食べられたくなかったので、キツネをだましてもよかったと思う人もいます。でもキツネの歯は接着剤でくっつけられて、キツネは食べることができずに、ひもじい思いをするかもしれないので、チュー先生はキツネをだましてはいけなかったと考える人もいますね」というように述べることができます。問題が未解決のままであっても心配しないでください。

これらの指導上の原理は、以下に述べるような現実の道徳的問題についての話し合いや、現実の経験に基づいた仮想のジレンマについての話し合いをする場合にも当てはまります。

6. 現実の道徳的な話し合い

活動的な社会環境の中では、必然的に現実的ジレンマが起こります。それらのジレンマは、1人の子どもの権利がほかの子どもやグループと対立する状況を指します。おもちゃや道具、場所の取り合いから起こるいざこざは、道徳的問題になり得ます。私たちは、保育者がこのような状況を利用して、権利や公平さや他者への思いやりといったことに子どもたちの注意を集中させる機会にすることを奨励します。このような状況で心に留めておくべき重要な点は、その状況に関わりのあるすべての人に対する公平性を保つということです。子どもたちに公平さについて気づかせ、彼らが確かに公平に扱われていると感じられるようにすることが保育者の務めです。

ヒューストン大学人間発達実験校の保育助手のカレン・エイモス先生は、5歳児クラスの子どもたちに、間違ったことをした人の気持ちを思いやることについて話し始めました。子どもたちはマーカーのふたをしないまま放っておき、乾燥させてしまいました。カレン先生は、もし子どもたちが気をつけてマーカーを使うことができたら、新しいマーカーを何本か買ってほしいと副園長に頼むという条件で、自分のマーカーを園にもってきました。しかし、1人の子どもが新しいルールを提案します。それは、もしマーカーのふたをしないまま放っておいたら、その人はマーカーを使うことができなくなるというものです。そこで、道徳的な話し合いが始まりました。その話し合いは、間違ったことをした人への同情と処罰が対立しているという点で、道徳的なものと言えます。「マーカーを乱暴に扱った子どもたちはマーカーを使うことができない」というルールを提案した子どもは処罰する側に立ちます。そして、カレン先生は、ルールを忘れてマーカーの使い方を間違った子どもたちを擁護する立場から、彼らに同情することを主張します。最初、子どもたちは、マーカーの使い方を間違った人たちは2度とマーカーは使うべきではないと提案します。カレン先生が子どもたちに期間を限定するように言うと、子どもたちは3日間と提案します。カレ

ン先生は、子どもたちから3日間もマーカーを取り上げるのはあまりに長過ぎると思いました。彼女は子どもたちに、単にマーカーにふたをするというルールを思い出させるだけでいいのではないかと提案し、「私も、時々忘れることがあるのよ」と言って、ふたをすることを忘れた子どもたちを弁護し続けます。しかし、多くの子どもたちの意見は彼女の考えとは反対のものでした。子どもたちは投票し、マーカーの使い方を間違った子どもたちは、3日間マーカーを使えないというルールを決定します。

表面上は道徳的ジレンマに見えることが、実際は子ども同士のいざこざであることがしばしばあります。道徳的ジレンマと子ども同士のいざこざとの区別は時にはっきりしないことがあります（いざこざの解決については第5章を参照）。大抵の子ども同士のいざこざでは、1人の子どもの権利がもう1人の子どもによって侵害され、被害者が異議を申し立てます。しかし道徳的ジレンマでは、いざこざは子ども間の問題というより、権利間の対立の問題であることが多いのです。例えば、ある年、ヒューストン大学人間発達実験校の5歳児クラスで、子どもたちが家から何かをもってきてクラスのみんなに「見せてお話をする活動」が週に1度ありました。ある日、自分のもってきた物をクラスの友だちに見せていた子どもが、輪になって座っている子どもたちの周りを歩きながら、もってきた物を何人かの子どもだけに触れさせ、他の子どもたちには触れさせませんでした。子どもたちは、「それはフェアじゃない！」と異議を申し立てました。問題は、人の持ち物に触れてよいかどうかを決める権利を誰がもっているのかということでした。ある子どもたちは、全員が触れることができるか、あるいは誰も触れることができないかの二者択一の問題だと考えました。ほかの子どもたちは、その物のもち主が、触れることのできる人を決めるすべての権利をもっていると考えました。このような問題は解決が困難で、簡単な答えはありません。

上述したように、道徳的な話し合いにおける保育者の務めは、公平性、平等性、互恵性を保つことです。現実に起こる道徳的な話し合いに伴う1つの問題は、何が公平であるかということが常に明確ではなく、しかも解決法が必要とされるということです。持ち物に触れることの事例のように、クラスのメンバーがどのようにその問題を取り扱うかを判断することが求められます。道徳的問題を投票で決めることは、概して適切ではありません。しかし、拠りどころとなるようなはっきりとした道徳的先例がない場合、しばしば保育者ができる最善のことは、徹底的に話し合うよう指導して、その後にクラスの子どもたちにその状況をどのように取り扱うべきか投票で決定させることです。重要な点は、徹底的にその問題について話し合いをするということです。なぜなら、子どもたちがお互いの思考を刺激し、そしておそらくその道徳的問題について新たな理解をするようになるのは、このような話し合いを通してだからです。

7. 現実の経験に基づいた仮想のジレンマ

現実の出来事について道徳的な話し合いを行う際のもう1つの難点は、問題が予測できないことです。いつ問題が起こるのか、そしてそれがどのような問題なのかわかりません。そこで、私たちは幼児の実際の経験に基づいたジレンマのお話をつくり、絵本にすることにしました。コールバーグの研究で用いられたジレンマが幼児の経験とかなりかけ離れているのに対して、これらのお話に出てくる状況は幼児にとって身近なものです。これらのお話を用いることによって、保育者は、クラスに問題が起きるのを待たなくても、また、実際に子どもたちの権利が侵害されるのを心配せずに、道徳的な話し合いを指導することができます。

1つのお話は、「友だちが一緒に使うのを嫌がる時」と題されています。このお話に出てくるクラスでは、積み木コーナーで遊べるのは4人

というルールがあります。積み木コーナーで3人の子どもたちが、フェンスに囲まれた動物園を作り、その中に動物の檻を念入りに作っています。別の子どもが積み木コーナーにやって来て、自分が遊べる余地があることを知り、高い建物を作り始めます。しかし、そこにはたった4つの積み木しか残っていません。そこで彼は3人の子どもたちに、彼らの積み木のいくつかを使いたいと求めます。3人の子どもたちは、長い時間かけて動物園を作り、これからその動物園で遊びたいのだと言って、その要求を拒否します。ジレンマは、後から来た子どもが積み木で遊ぶ権利と、最初からそこにいた子どもたちが動物園に必要なだけの積み木を使う権利との間にあります。

このお話について5歳児たちと話し合いをした時、主として子どもたちは後から来た子どもに同情的で、一緒に積み木を使ったり、もっと使える積み木を見つけたりするためのさまざまな方法を提案しました。そこで私たちは、3人の子どもたちに彼らの動物園を取り壊すことを望むのは公平かどうかという質問をしました。子どもたちの中には自分の考えを翻して、動物園を作っている子どもたちの方を弁護する者もいました。概して子どもたちは、一方の味方をし、対立する主張を共有することはできませんでした。ある子どもは、3人の子どもたちが動物園の建物とフェンスを低く作り、そこで余った積み木をもう1人の子どもが使うという妥協案を提案しました。このお話で2つ以上の視点を理解することが子どもたちにとって困難であるのを見ると、なぜ子どもたちが現実のいざこざの中で似たような難しさを覚えるかがわかります。

このジレンマにおける私たちの目標は、第1に、子どもたちがこの問題について両方の立場から考えるようになることでした。私たちは、どちらの立場の主張も正当であることと、そして時として問題は、単にどちらが正しいかを見つけるだけでは解決できないことを子どもたちに理解してもらいたかったのです。第2に、私たちは、お話に出てくる子どもたちが、そこで起きている問題についてどのように感じているかを子どもたちに考えてほしいと思いました。しばしば幼児が考えつく感情の種類はほんのわずかです（それは「怒っている」、「悲しい」、「嬉しい」というようなもので、それは彼らが感情について考えることのできる範囲のように思えます）。私たちは、子どもたちに感情についてもっと分化した方法で考えてほしいのです。私たちは、子どもたちの感情を描写するために、がっかりする、いらいらする、こわがるなどといった言葉を紹介することを試みてきました。最後に、私たちは、子どもたちにその問題を解決するためのさまざまな方法、つまり順番にするのか、一緒に使うのか、それともほかの方法にするのかを探ってほしいと考え、また、これらの解決法がお話に出てくる子どもたちにどのような感情を引き起こすのかについて考えてほしいと思いました。

「友だちがものを盗む時」と題されたもう1つのお話は、ジャックという男の子が、早く起きることができず、毎日朝食を食べずに、空腹のまま園にやって来るというお話です。彼は、クラスの友だちが外で遊んでいる間に、彼らのお弁当から食べ物を盗んで空腹を満たします。結局、彼が食べ物を盗んでいるところを保育者が発見し、みんなで話し合いをします。子どもたちはジャックに、食べ物を取られることは嫌だと告げます。お話の中の保育者は、ジャックの問題に対する解決法を考えることができるかどうか子どもたちにたずねます。

ヒューストン大学人間発達実験校の子どもたちとこのお話について話し合った時、朝ジャックが空腹であることについて、子どもたちからとても多くの解決法が提案されました。彼らは、ジャックは早く起きればいいとか、彼を起こしてくれる目覚まし時計かニワトリを手に入れるべきだとか、登園途中の車の中で食べる朝食をもって来ればいいといったことを提案しまし

た。彼らはまた、クラスの子どもたちができること、つまりジャックの両親に手紙を書いて園で食べる朝食をもたせるよう頼むことや、みんながジャックのために余分の食べ物をもって来ることを提案しました。ここで道徳的な質問が出てきます。子どもたちの食べ物を取ったジャックは罰せられるべきでしょうか。それとも、子どもたちがジャックを助けるべきでしょうか。私たちは、5歳児クラスの中に意見の相違があるのを見ました。ある子どもは、「ジャックはみんなのお弁当から食べ物を取った」のだから、罰せられるべきだとはっきりと言います。彼にとって、盗んではならないという考えはとても強いもので、罰が与えられるのは当然のことであり、その理由を説明する必要もないわけです。しかし、ほかの子どもは意見が違います。彼は、子どもたちがジャックを助けるべきだと考えます。なぜかとたずねられると、彼は「だって、そうすればジャックは盗むことをやめると思うよ。もし、みんながジャックに罰を与えたら、彼は、みんなのお弁当から今度は2つの物を取ることになるんじゃないかな」と説明しました。私たちは、この5歳の子どもが、罰は効果がなく、協同的なやり方がより望ましいことを理解しているのに驚きました。このような考え方は、私たちが子どもたちの中に育てたいと思っているものなのです。

8. 要 約

　道徳的な話し合いは、保育者が幼児の道徳的思考を促し、彼らの道徳的発達に寄与する1つの方法です。構成論を実践する保育者は、とりわけグループタイムに、視点取得能力や道徳的思考を促進する1つの方法として、社会的、道徳的ジレンマについての話し合いを計画します。保育者は、子どものための絵本やお話、クラスでの日常生活の中で見つけた道徳的ジレンマを用いることができますし、日常生活に基づいた仮想のお話を使うこともできます。心に留めておくべき重要な点は、道徳的ジレンマには正しい答えや間違った答えはなく、みんなの考えに価値があるということ、また、目標は意見の一致ではなく、思考を促進することにあるということです。社会的、道徳的な話し合いを指導するためのガイドラインは、子どもたちが対立する意見を認識するよう援助することと、関わりのあるすべての人に公平な解決法を考えるよう援助することに焦点を当てています。

第10章

与える規律から協同による規律へ

「規律」(discipline)とは、通常、子どもたちを社会化するために統制したり処罰したりする方法を指しています。ある辞書（Morris, 1973）によると、この語の動詞には2つの用法があります。1つは、「教示や統制によって訓練すること。権威に従うよう、あるいは権威を受容するように教えること」、もう1つは、「処罰すること、あるいはペナルティを課すこと」です。これらの用法には、大人たちが子どもたちに対して一方的に何かをするという意味が含まれます。ですから、構成論を実践する私たちは子どもに「規律を守らせる」とは言いません。私たちはむしろ、人間関係に関する彼ら自身の信念を徐々に構成している子どもたちを援助するのです。私たちの目標は、子どもたちに教示することではなく、子どもたちが構成することです。さらにいえば、私たちは、子どもたちが従順に自己統制するように「訓練」しません。第3章で述べたように、子どもたちが権威に対して従順になるのではなく、自律的に自己制御するようになることが私たちの目標なのです。

もちろんそれは、構成論に基づくクラスで子どもたちが「したい放題」であることを意味するのではありません。保育者は、クラスの子どもたちをまとめ、どうしても協同が崩れてしまう状況に対処するため、方略を考えなければなりません。構成論を実践する保育者は、受動的ではなく、その正反対です。構成論を実践する保育者は、子どもたちの自己制御を促進するために、非常に積極的な努力をします。しかしその活動は、訓練、反復練習、あるいは処罰というような一方的な形を取りません。むしろ、その活動は協同的な形をとり、子どもたちが信念を構成し、大人の強制から独立した自分自身の社会的・道徳的ルールに従うことを可能にするのです。子どもたちが自ら構成する社会的・道徳的ルールは、子どもたちの日常の経験に根ざしています。子どもたちは、仲間や大人との実際のやりとりを通じて、自分たちの行為とそれに対する他者の反応との因果関係を構成していくのです。

「協同による規律」が意味するのは、保育者が子どもの視点で協同するということです（協同という語を"co-operates"＜共－操作＞とハイフン付で示したのは、子どもの視点で共に操作するということを強調したかったためです）。それはつまり、保育者が子どもたちのことを大切に思い、子どもたちと共にいることを楽しみ、子どもたちの感情・興味・考えを考慮に入れることで、子どもたちが自分たちは尊重されていると感じるような雰囲気をつくりあげるということです。保育者との協同を経験した子どもたちは、進んでその保育者と協同したり、子どもたち同士で協同したりするようになるでしょう。

本章では、社会的・道徳的発達における自分自身の経験の役割について取り上げます。そして、ピアジェが区別した2つのタイプの罰について、事例とともに説明します。最後に、協同による規律を導入する際のガイドラインを示し

ます。

1. 社会・道徳的発達における自分自身の経験の役割

子どもたちを社会化する際に難しいことは、どのように援助すれば、子どもたちが衝動をコントロールし、「今、ここ」を超えて思考し、自分の行為の結果について考えるようになるかを理解することです。社会化には、他者の視点や感情を考慮するための脱中心化が含まれます。私たちが本章で述べるのは、規律に替わるものであり、それは子どもたちが日常のクラス生活の中で実際に関心をもっている社会的・道徳的問題と密接に関連しています。

ピアジェ（1932/1965）は、子どもたちの道徳的判断に関する研究において、子どもたちは、仮想の状況ではなく自分たち自身の経験に焦点を当てる時、しばしばより高い水準で考えることができると指摘しています。子どもたちは、自分自身の経験の中で、自分の行為と意図が関係していることに気づいていくのです。そうすると、子どもたちが行為の背景にある動機について考慮し始めるのも、自分自身の経験を通してだと言えるのです。そのように、他者を対象物として見ていた子どもたちは、考えや感情をもった存在として他者を見るようになっていくのです。それゆえ、構成論に基づく教育では、子どもたちの社会的・道徳的発達を育成するために、個人の経験に重きを置くことを提唱しているのです。これらの経験は、子どもたちが興味や関心のあるものを選んだり、それについて追求したりするという、自然な状況の中で起こるものなのです。

2. 2種類の罰

ピアジェ（1932/1965）は、大人がいかにして子どもたちの悪い行為を取り扱うかを論じる中で、罪ほろぼし的罰と相互的な制裁とを次のように区別しました。

(1) 罪ほろぼし的（懲罰的）な罰

ピアジェは、罪ほろぼし的罰とは、違反者に対して強制と痛みを伴う罰をもって対処することであると説明しています。罪ほろぼし的罰は、「その罪悪行為の内容と罰の性質との間に何の関係もなく、……ただ問題なのは、悪事の重さと課せられた苦痛が釣り合っているかどうかだ」（p.205）という意味で、恣意的なものです。罪ほろぼし的罰は、その子どもを苦しませるためになされるのです。

罪ほろぼし的あるいは懲罰的罰は、恣意的であるがために、報復や復讐につながります。悪いことをした子どもに苦しみを与えるのは、悪い行為を予防するためだと考える人もいます。しかしピアジェ（1932/1965）は次のことを発見しました。年長の子どもは、このような処罰には効果がなく、ただ「違反者は、処罰に鈍感になり、冷淡で計算高くなる」（p.225）だけだと見ているのです。「パパは怒るけど、それっきりさ」（p.225）という態度がそれです。ピアジェは、さらに次のようにつけ加えています。「実際、子どもたちが、屈服するよりも堪え忍ぶことをあらかじめ決意して、冷静に処罰を受けていることはよくあることだ」（p.225）。筆者の1人（ザン）は、ある10代の子について次のような話を聞きました。彼女は、両親からピアスをすることを禁止されていました。ある週末、彼女の両親が出かけていた隙に、彼女は友だちに頼んで耳にピアスをしてもらったのです。帰ってきて娘の両耳に気づいた両親はたいへん怒りました。そして、彼女に与えられた罰は、家族の衣類のアイロンがけを6か月もすることでした（しかもそれは、生地にしわのばし加工がされていない時代でした！）。25年程経った今もなお、彼女は、ピアスができたのだから、あの罰は我慢するだけの価値があったと主張しています。

罪ほろぼし的罰には、平手で尻を叩く、子ど

もを隅に立たせる、「もうしません」と100回書かせるというようなことを含みます。子どもたちの自尊心を傷つけたり、情緒的に圧倒する仕方で厳しく非難するのも、同様に、罪ほろぼし的です。子どもを苦しめることを意図する処罰はすべて、この種類の罰に属します。

ピアジェによると、より年少の子どもたちは、罰は必要であり、厳しいほどいいと考えているようです。そして、どれぐらいの罰を与えるかは、どれぐらいの悪い行為をしたかという量に関係するべきだと思っているようです。対照的に、より年長の子どもたちは、罰の効果があるかないかは、その厳しさの程度で判断できないと考えます。むしろ彼らは、悪いことをした子を苦しめるための罰には意味がないと考えます。そして、相互性による制裁がより公平で、より効果的であると思っているのです。構成論を実践する保育者は、この年長の子どもたちの意見に同意します。構成論を実践する保育者は、子どもたちを処罰しない代わりに、相互性のある制裁を用いるのです。

(2) 相互的な制裁

罪ほろぼし的罰はまさしく「罰」に該当しますが、相互性による制裁には、罰という言い方はふさわしくありません。残念なことに、ピアジェの『児童道徳判断の発達』(1932/1965)の英訳者は、制裁（sanction）を罰と訳してしまいました。相互的制裁を罰と見なすのではなく、行為の結果（consequence）と考えることをお勧めします。罪ほろぼし的罰とは対照的に、相互的制裁は、悪い行為によって壊されてしまった社会的なつながりに注目します。すべての悪事は、社会的な文脈の中で生起し、その悪事によって社会的な関係が何らかのかたちで壊されます。誰かが物を誤用したり壊したりすると、それを使って楽しむことができなくなったほかの人たちが、怒ったり悲しんだりするでしょう。誰かがうそをつくと、ほかの人たちは、そのうそをついた人のことを、もう信用できないと感

じるでしょう。社会的なつながりに断絶が生じ、修復を要するのです。このような時に、保育者がするべきことは、ただ、社会的な関係が壊れたという結果に注意を向けさせることです。「非難は、痛みを伴う処罰によって強調される必要はもはやない。非難は、相互性という手段によって違反者に悪事の重大さをわからせるだけで十分な力を発揮する」(p.206) と、ピアジェは指摘しています。

このような制裁が効果をもつには、その子どもが社会的なつながりを重視し、それを元に戻すことを願うようでなければなりません。つまり、構成論を実践する保育者と子どもたちの親密な人間関係は、相互的な制裁を効果的に用いるための重要な基盤となるのです。同じく、子どもたち同士の関係も、相互的な制裁が効果をもつ上で重要なのです。

相互的な制裁には、失望、怒り、信用の失墜など、社会的つながりが壊れたことがわかるという共通点があります。つまり、その関係に存在したお互いの善意が断ち切られたことになるのです。相互的な制裁において、違反行為や損傷を受けた被害者は、相手に対する信用あるいは善意を撤回します。被害者は、相互関係が壊されたことや、それまで受けていた喜びや利点をもはや享受できないことを加害者にはっきりと示します。加害者は、以前の相互関係を再構築するために、害してしまった感情に対してつぐない、関係を修復するようにしなければなりません。

ピアジェ (1932/1965) は、6つのタイプの相互的な制裁について論じており、それらはクラス内での違反行為にどのように対応するかを考えるのに役立ちます。それぞれのタイプについて事例をあげて説明しましょう。読者に留意していただきたいのは、これらの相互的な制裁は、相互性を失うような方法で懲罰的に用いられれば、罰となってしまう可能性があるということです。さらに言えば、その可能性を避けたとしても、子どもたちは、相互的な制裁を罪ほろぼ

し的罰と解釈してしまうかもしれません。だからこそ、これらの制裁を用いる際には、細心の注意が必要なのです。それでもなお、保育者の最善の努力にかかわらず、相互的な制裁を不公平なものと感じてしまう子どもが、時にはいるかもしれません。

相互的な制裁の中には、行為の自然な結果と、道理にかなった制裁が含まれます。道理にかなった制裁には、つぐなうこと、違反者から誤って用いたものを取り上げること、集団から排除すること、子どもが他者に対してしたことを自ら経験させること、非難することが含まれます。

1) 行為の自然な結果としての制裁

自然な結果としての制裁は、行為から直接的にもたらされるものです。それは、違反者が自分の行為によって集団も苦しんでいることを知った時、社会的な意味をもちます。例えば、本のページが破られた場合、その行為の自然な結果は、誰もその本が読めなくなることです。もし不注意でゲームのコマを壊したりなくしたりしたら、そのゲームは楽しめなくなります。グループタイムにおしゃべりをしていて、活動についての説明を聞かなかったら、何をしていいのかわからないでしょう。マーカーのふたをせずに放っておいたら、乾いて使えなくなるでしょう。第12章では、保育者が、おもちゃや道具を片づけなかったらどうなるのかを子どもたちに経験させる方法について述べています。子どもたちが次の日に来てみると、部屋は散らかったままでした。誰もいい気持ちがしなかったので、ほとんどの子どもが、注意し合ったり助け合ったりしながら、真剣に片づけをするようになりました。

2) つぐなう

つぐないとは、状況を元のように戻すために、壊れたり盗まれたりしたものを弁償したり、修理したり、取り替えたりすることです。例えば、5歳児のHは、自分がしっぽを噛みちぎってしまった恐竜の替わりに、新しい恐竜をクラスにもってきました。Eの絵を破ってしまったKは、修復して返しました。壊れた人間関係を修復するための行為も、つぐないです。謝ることは、後悔の念から自発的に行った場合、1つのつぐない方と言えるでしょう。構成論を実践する保育者は、決して子どもに謝ることを強要しません（第5章参照）。しかし、子どもが心から許しを請うているのを目にしたら、それは自分の行為が誰かの感情を損なってしまったことを子どもが認識した現れであるととらえ、保育者は喜びます。第5章で私たちは、いざこざ場面でつぐなうことが、時に適切であることを示唆しています。

3) 違反者から誤って用いたものを取り上げる

子どもが物や機会を濫用した時、それを取り上げることは責任感を培う助けになります。それは、子どもが何かを誤用した時に、別の活動をするように求めることを含みます。5歳児クラスでコリーン先生は、片づけをしない子が遊具を使ってもいいかどうかたずねました。5歳児のAは、「だめだよ。だって、その子がちゃんと片づけてくれるかどうかわかんないもん。Eちゃんが○○を取っていっちゃった時ね、Eちゃんにまたそれを渡してもいいかどうかわからなかったのとおんなじ」と答えました。

4歳児クラスでの出来事では、KとGがカーペットの上で走っていて危なかったので、ペイジ先生がカーペットの上で遊ぶ機会を取り上げました。

　Kちゃん、Gちゃん、座ってください。部屋の中で走り回ったら、転びますよ。先生は、みんながケガをしないようにしなくちゃいけないの。それが、先生の仕事なの。あなたたちが、また部屋の中で走るようなら、静かに座って本を読むだけにしてもらいます。先生はあなたたちが安全であるようにしなくてはならないし、もしも安全でなかったら、何とかしなければならないの。先生にはそれしか考えられないわ。いいわ、あと5分何かできるわね（活動の時間の残り）。でも、今日あなたたち2人は、こ

のカーペットの上で羽目をはずしたのだから、このカーペットの上にいてはいけません。あっちにお絵かきもあるし、積み木もあるし、フィンガーペイントもあるし、パズルもあるし、本を読んでもいいわ。

ピアジェが指摘したように、幼児は、このような制裁を懲罰的と解釈するかもしれません。しかし、そのような子どもは、説明と情緒的な支えを受けることによって、この制裁に含まれる相互性の道理をだんだんと理解できるようになるでしょう。

4）集団から排除する

集団からの排除は、他者の権利を侵害するという行為に対する道理にかなった制裁です。子どもたちはしばしば権利を侵害した子どもを、遊びから閉め出します。例えば、3歳児のZは、Rにつねられた時、あなたとはお友だちになりたくないわと言いました。ある子が運動場で乱暴にしていると、保育者はその子に、しばらく独りで遊ぶように求めるでしょう。第6章では、グループタイムにSがCへのちょっかいをやめなかった事例の中に、Sを排除することが含まれています。Sがちょっかいをやめなかった時、ペイジ先生はCが移動できるようにしました。そして、隣にOがきた時も同じようにちょっかいを出したので、Oにも移動させました。ペイジ先生は、この排除されることが自分の行為の結果であることをSに強調して、「あなたがみんなを触り続けるから、みんながいやがって、別の場所に移ってしまったのよ。それで、もう誰もあなたの隣に座ってくれないのよ」と言いました。

集団からの排除は、罰にならないように用いるのが難しいことがしばしばあります。「タイムアウト」（訳注：廊下に出される、部屋の隅に1人で座らされるなど）は、よく使われる罰ですが、相互的な制裁ではありません。「タイムアウト」は一方的で恣意的なので、私たちはそれを用いることに反対です。集団からの排除をどのように扱えばよいかについては、指導の原則のところで述べることにします。

5）子どもが他者に対してしたことを、自ら経験させる

この制裁は、大人が子どもに対して使うのはあまり適切ではありません。しかし、私たちは、ある保育者が適切な対応をしている場面を見たことがあります。その保育者は、以前に子どもたちが保育者の手助けを拒否したことを思い出させ、彼女も子どもたちの手助けをする気がなくなったことを伝えたのです。子どもたちの間では、この制裁は時に懲罰的に使われることがあります。例えば、ほかの子どもに協力することを拒否した子どもが、後にほかの子どもの協力を必要とするような時に生じます。ほかの子を傷つける子は、自分がほかの子に傷つけられても、その相互性に気がつかないかもしれません。第5章で、Cを傷つけた時にはZは自責の念をもたなかったのに、自分自身がWに傷つけられた時には不平を言った例を示しました。ペイジ先生はZに、Wがやったことと同じことを自分がCにしていたことに気づかせました。

6）非難する

ピアジェ（1932/1965）によれば、非難すること（相手をがっかりさせた、何らかのかたちで関係を壊した、などを単に他者が指摘すること）は、「いかに人のつながりを壊したのかがその違反者にわかる」（p.209）ようにすれば、相互的な制裁になります。筆者（デヴリーズ）は、4歳か5歳頃、母親が悪さをした自分を近くに引き寄せ、いかに失望したかを悲しい声で話した日のことを鮮明に記憶しています。このように非難されることは、罰として叩かれることよりも、はるかに強く自責の念をもたせます。

相互的な制裁であるためには、非難が権威的に示されないように、しっかりと注意する必要があります。非難は、関係の中断に基づくものでなくてはなりません。

ピアジェ（1932/1965）は、相互的な制裁にも苦痛の要素が含まれることを指摘しています。しかし、それは苦しむための苦痛ではなく、

「単に人と人のつながりが壊れた時の避けられない結果」であると述べています。非難することの目的は、加害者が対人関係を壊してしまったことを伝えることにあるのです。

3. 協同による規律を導入する際のガイドライン

子どもたちが、行為に対する制裁を恣意的で懲罰的と受け止める可能性を低くするために、私たちは次のような構成論に基づいた指導の原則を導入することを提案します。

1) 罪ほろぼし的罰を避ける

悪いことをした子どもには苦痛を与えなくてはならないと、大人が感じることはよくあることです。それは怒りにまかせた復讐であるのかもしれませんし、あるいは痛い目にあえば2度と同じことをしないだろうという一般的な考えによるのかもしれません。苦痛を与えられた子は、2度と悪いことはしないかもしれませんが、そのことに憤慨したり、苦痛を与えた人を嫌うようになるかもしれません。子どもは心の中で自分は悪い子だと感じ、それによって自分はだめな子だと思ってしまうかもしれません。あるいは、子どもはずるがしこくなって、次は大人に見つからないようにしようと思うかもしれません。子どもの心理的発達の観点から見ると、処罰は危険を伴い、子どもの道徳的な発達を促進しようとする大人の願いが裏目に出る可能性が高いのです。

はっきりしているのは、相互的な制裁でさえも、懲罰的な口調や態度でなされると罪ほろぼし的になり得るということです。相互的な制裁を罰にしてしまわないために、冷静な態度で事実に基づき、そしてその子どもに対して支持的であってください。

2) 子どもが道理にかなった制裁を自分のこととして把握するようにする

道理にかなった制裁についてクラスの中で頻繁に話し合うことができます。保育者は、先々同様の問題が起こらないようにすることを強調しながら、子どもたちに問題に気づかせ、確かに問題が存在することをわからせ、その問題にどう対処すべきかについての意見を求めることができます。いったんクラスの子どもたちが、ある道理にかなった制裁について合意すると、彼らはその制裁を当然のこととして理解するようになります。しかし、構成論を実践する保育者の指摘によれば、子どもたちは、どのような結果が伴うか警告されていても、実際にその結果に直面するとびっくりしてしまうことがあります。子どもたちは、実際に経験するまで、行為の結果を考えることができないことがあるのです。

3) 子どもが厳しすぎる制裁を提案した時には、違反者にどのように感じているかを話させて、その感情を受け止める

どのような制裁が伴うかについて子どもたちと相談する時、保育者は、罪ほろぼし的な提案がなされる場合に備えておかなくてはなりません。例えば、あるクラスで当番が水のスプレーを使って掃除をしていた時のことです。すぐ近くの事務室から出てきたDさんが通り過ぎようとした時、その当番の子どもがわざとDさんに水をかけました。子どもたちは、朝の2回目のグループタイムでその出来事について話し合い、投票し、水をかけた子は当番に与えられた特別の仕事がもうできないことと、その仕事は保育者が代わりにするべきだということを決めました。ここでの誤りは、この問題を集団で処理させたことでした。このことは、Dさんとその子どもの間の個人的な問題として扱われるべきだったのです。保育者は、それを仲裁しながら、その子どもがDさんの視点を理解するよう促すことができたはずなのです。このクラスの

取った行動は、それとは対照的に、罰によってその子どもを憤慨させてしまいました。

ペイジ先生の3歳児クラスでは、トイレの床に数日にわたって尿が残っていたことがありました。ペイジ先生は、誰のせいか知りませんでしたが、複数の子どもが関わっているとうすうす気づいていました。そして、悪意はないだろうと判断しましたが、何か変だと思いました。ペイジ先生は、その問題をグループで話し合ってほしいともちかけました。子どもたちはその問題について、健康面、嫌な臭い、それを踏まないようにする問題などについて話し合いました。子どもたちは念入りにいくつかのルールをつくり、トイレに貼り出しました。そのルールとは、「おしっこは便器に」、「おしっこの後は手洗いを」などで、そのルールを破った時の制裁も、子どもたちがつくって貼りました。それは「2度とその便器を使えない」というものでした。ペイジ先生は、この制裁の厳しさについて問いただしませんでした。なぜなら、それは子どもたちにとって道理にかなったものであり、このルールがうまくいかない事態にぶつかるまで子どもたちは考えを変えないであろうと、彼女はわかっていたからです。1週間後、Kが床におもらししているのを、子どもたちが見つけました。どうするべきか話し合うためのクラス会議が開かれました。ペイジ先生は、Kがひどく落ち込んでいたので、助手の先生にKの横に座りKを擁護するよう頼みました。ペイジ先生自身がそうすることができなかったのは、彼女はクラス全体の声である責任があったからです。子どもたちが、Kは2度とその便器を使ってはならないと言い張ると、Kは泣き出してしまいました。ペイジ先生は、Kにその提案は嫌かどうかたずねました。Kは、「トイレに行きたいのに、家に帰るまでがまんできない時、どうすればいいの？　濡らしちゃうよ」と言うことができました。そこで、ペイジ先生は彼の言いたいことをさらに詳しく述べ、その考えをクラスに説明しました。ペイジ先生は、子どもたちが決めたことは、部屋を汚すことになるし、Kがとても悲しむことになると指摘しました。ペイジ先生は、もう床におもらししないようにするとみんなに話すようKに求めました。クラスのみんなは決めたことを引っ込めませんでしたが、Kにもう1度やってみる猶予を与えることを決めたので、Kはほっとしました。

4）自然な結果が表れた時、その因果関係について話す

子どもたちは、ある行為の自然な結果が表れた時、必ずしもその結果と原因のつながりを理解しているわけではありません。ペイジ先生（保）は、子どもたちがそのような結果に気づくように、壊れたクラスの飾りをグループタイムで子どもたちに見せました。

保：お話を読む前に、ちょっと問題があります。覚えているかしら？　私たちのクラスに壊れやすい飾りがある時は、とても気をつけないといけないって、話し合いましたね（壊れた飾りを示す）。

子どもたち：はい。

保：それで、これを飾りたいって、決めましたね。

子どもたち：はい。

保：あのね、この飾りは壊れてしまって、捨てなくてはなりません。なぜなら、みんなが大切にしなかったからです（事実のみを指摘する、裁く感じではない声音によって、子どもたちがそれを批判としてとらえてしまう可能性を避けている）。

5）自然な結果を選択的に経験させる

時に、保育者が子どもたちに自然な結果が及ばないようにすることで、子どもたちが行為と結果の関係を構成する機会を失ってしまうことがあります。例えば、保育者は、いざこざを起こしている子どもたちを引き離して、他者の反応を経験させずじまいにしてしまうことがあり

ます。あるいは、いつも保育者がマーカーのふたをしてしまうこともあるでしょう。保育者が無駄をなくすように気づかうことはわかりますが、行為の結果について教えることは、マーカーを無駄にするだけの価値があることだと、私たちは信じています。

　クッキー作りをしていた2人の5歳男児は、不注意でよくレシピを見ていませんでした。彼らは、ふくらし粉を小さじ1杯ではなく、1カップ入れてしまいました。保育者はその間違いの様子を見ており、止めることも可能だったでしょう。しかしながら、その男の子たちがクッキングの際にもっと真剣で注意深くなるためには、注意が足りないと結果がどうなるかを彼らに経験させるしかないと、彼女は感じたのです。おやつの時間に、みんなでクッキーを味見した時に、彼らは「ああ、まずい」とがっかりした様子でした。保育者は、彼らと一緒にレシピをよく調べて、彼らが誤りに気づく手助けをすることができました。次にクッキーを作る時には、彼らはより真剣で慎重でした。

　前に述べた、部屋の中で走り回った子どもの事例では、ペイジ先生は自然な結果が生じる前に介入することを決断しています。彼女には、子どもたちの安全を守る重要な責任があったので、KやGの抑制のきかない行動によってけが人が出る危険性をそのままにしておけなかったのです。その代わり、彼女はKとGに、彼らの行為に対する道理にかなった制裁について話し、子どもたちが使い方を誤ったもの（この場合は、カーペットの上で遊ぶ機会）を取り上げたのです。

　　6）つぐないの機会を与える
　つぐなうことは、悪いことをした子と被害者の間の社会的なつながりを修復できるだけでなく、悪いことをした子の尊厳や自尊心を回復することもできます。次の事例では、GがKの手を叩き、それによってKが手にもっていた濡れた粘土のかたまりがペイジ先生のセーターの上に落ちてしまいました。ペイジ先生（保）は、冷静に事実を示すかたちで、その状況に対処しています。

保：何が起きたかわかりますか？　あなたが彼のもっていたものを叩き落としたから、それが壊れちゃって、私のセーターいっぱいについてしまったの。セーターいっぱいにくっついてしまって、いやだなあと思ったの。だから、セーターがきれいになるように何かしてもらえないかしら。
G：うん。
保：そう、何ができるかしら。
G：拭き取る。
保：そう、どうもありがとう。
G：あの棚からゲームを取ってよ。
保：ちょっと待って、Gちゃん、私のセーターの汚れを拭き取るのに、何かを取りにいくところだったわよね。セーターはとても汚れているの。
G：（ペーパータオルを取ってきて、セーターを拭く）簡単に取れるよ。
保：ありがとう。

　傷ついた子どもの気持ちをなぐさめるという形でつぐなうこともできます。いざこざの場面で保育者は、子どもたちの話し合いが他者の痛みを理解する方向へ進むと、次につぐなうことについて話し合うよう進めていくことが可能です。注意しなくてはならないのは、つぐないも強制的に行われると、罰になってしまうということです。

　　7）集団からの排除という制裁を用いたら、その子どもが再び参加できる方法を与える
　集団からの排除という制裁は、集団から排除された子どもが、いつどのようにして再び集団へ戻れるかを示さずに用いることは禁物です。最良の方法は、排除された子ども自身にそれを

決めさせることです。Wが、Dがずっと頭突きをし続けるとペイジ先生に訴えたことがありました。ペイジ先生は、このいざこざを解決しようとさまざまな努力をしましたが、頭突きを減らすことはできませんでした。そこでペイジ先生は、Dに次のように話をもちかけました。「あなたがお友だちを傷つけるんだったら、一緒にいられないわよ。だから、頭突きをするのをやめるか、そうでなければ、お友だちから離れていないといけません。どっちにしますか？」

グループタイムで子どもたちは、話したり遊んだりしてほかの子どものじゃまをすることがあります。第6章では、子どもたちが自分たちの行動を自発的に制御する機会を与えるために、子どもたちを尊重しながら働きかける方法について述べました。もし子どものすることがひどかったら、保育者はその子どもにその場から離れるよう求めなければなりません。時々効を奏する方法は、仲間の輪からはずれ、静かに座り、もう戻れると自分で感じたら輪に戻るという機会を子ども自身に与えることです。このように、その子どもが仲間の輪の中にいたくないかもしれないことを認識し、集団からはずれる非処罰的で自律的な方法を提供することは、保育者が子どもと協同していることを示します。それは、恣意的で処罰的な「タイムアウト」の用い方とは異なりますが、それでも子どもには罰と受け止められる可能性があります。

また保育者は、子どもが自発的に集団から離れることを拒んだ時、集まりを楽しんでいるほかの子どもたちの権利を守るために、その子どもを集団から離れさせないといけません。保育者は、なるべく強制を減らすために、なぜ集団を離れなければいけないかを説明しなければなりません。もしその時、助手の先生がいなければ、あとで時間を見つけてその子と話さなければなりません。その会話は、ゆったりと思いやりをもって行われるべきですが、集団から排除された制裁が道理にかなっていることについてはきっぱりと話さなければなりません。保育者は、その子どもがどのような視点をもっているかを知ることによって、ほかの子どもたちの視点について何らかの理解ができるよう、その子どもを導くことができるのでしょう。

8）排除された子どもが再び遊びに加わり、仲間関係を改善する方法を見つける援助をする

子どもたちに、排除された子どもと再び一緒に遊べと強要するのは、彼らの感情への配慮に欠けます。第5章では、ごっこ遊びから排除された子どもの話について述べました。保育者が、その子がお兄さんになれないかとたずねると、子どもたちは喜んで同意しました。しばしば、保育者は、排除された子がほかの子から認められる役割を見つける手助けをすることができます。しかし、その問題がそれまで子どもたちがどのようにつきあってきたかを反映している場合、解決はそう簡単でないことがあります。例えば、攻撃的な子どもは「あなたがいつも誰かを傷つけるから」と排除されるかもしれません。または、とても競争的な態度をもつ子は、「あなたはいつもずるいことをするし、私たちの言うことを聞いていない！」といって排除されるかもしれません。そのような状況で保育者は、その子の行動が仲間集団により受け入れられやすくなるように、その子が脱中心化し、協同できるよう援助しなければならないでしょう。

9）不明瞭な制裁を避ける

制裁は、子どもが先々そのような制裁を避けるためにどうしたらいいのか、そして、そのような結果が起きた時でも権利を回復するために何をしたらいいのかがわかるような、明瞭ではっきりとしたものでなくてはなりません。次の事例では、保育者が制裁をあいまいなままにしたために、子どもたちは権利を回復するために何ができるのかがわからないままになっています。そこでは、保育者が積み木をテーブルの上で使うように言っていたにもかかわらず、子ど

もたちがそれを床じゅうに散らかしたので、保育者は道理にかなった制裁として、その積み木を使う機会を子どもたちから取り上げました。H、S、Cの3人の子どもは、すべての積み木を集め、その積み木を借りてきた5歳児クラスに返しに行きました。その帰りにその子どもたちは廊下で遊び、Hが転んでけがをします。保育者は、3人のそれぞれと次のような会話をしました。

保：Sちゃん、あなたは特別なお手伝いをしたり、他のクラスに行ったりするのがとても好きですね。そういうことをするのが好きですか？
S：（うなずく。）
保：でも、それをする時、どうなってしまうかわかりますか？　ただ返しに行くのではなくて、あなたはふざけてしまいますね。Sちゃん、だから、先生はあなたに何かしてもらう時、あなたが危ないことをしてしまうだろうと思っています。危ないことをするのであれば、お手伝いをしてもらうことはできません。あなたがちゃんとすることができて、ただ向こうのクラスに行って帰ってくることができるのが先生にわかるまで、しばらくお手伝いはできませんね。

　この保育者は、どのくらいの期間特別な手伝いができなくなるのかや、保育者の信頼を回復するために何をしたらいいのかについて、その子に何の指示も与えていません。

　それとは対照的に、ある4歳児が遠足から排除されてしまった時、ペイジ先生は、その子が権利を回復できるように、その後の指導計画を変更しました。その4歳児クラスが遠足に行く時は、いつもRが問題になりました。Rは集団から離れて走っていったり、ルールを破ったりするのです。クラスで話し合って、先生の言うことを聞けなかったり、遠足でのルールを守れなかったりする子は、次の遠足には行けないと

いうルールを決めました。はたして、大学の新聞部を訪問する遠足で、Rがこのルールに違反しました。しかしながら、ペイジ先生は、動物園へ行く遠足が近づいていることを知っており、Rにその機会を逃させたくありませんでした。そこで、彼女は動物園へ行く遠足の前に、2回の小さな遠足を計画しました。最初の遠足は大学の中にあるお気に入りの木々で遊ぶもので、Rはその遠足に行くことを許されませんでした。ペイジ先生は、このことはクラスのみんなが合意した結果であることを強調しました。2回目の遠足に行く前に、ペイジ先生はRと彼の行動について話しました。そして、もしRがこの遠足でルールに従わなかったら、その次の動物園への遠足に行くことが許されないだろうと説明しました。それからペイジ先生はRに「もう遠足であなたのことを信用できるって先生に示せるかしら？」とたずねました。彼は「できるよ」と答えました。ペイジ先生は、Rが動物園へ行く遠足を逃すという失望を経験せずにすむように、2回目の小さな遠足で先生の信頼を取り戻す機会をRに与えたのです。

4. 要 約

　構成論を実践する保育者は、子どもたちを統制したり罰したりするという意味で「規律を守らせ」ません。むしろ、構成論の立場は、そのような規律に代わるものとして、子どもたちが協同しながら他者に関わろうとする信念を構成するよう促すことに焦点を当てます。ピアジェの罪ほろぼし的罰と相互的な制裁の区別は、悪い行為に対して一般的にどのような対応をするかを計画する基礎になります。もっと具体的に言うと、構成論を実践する保育者は、相互性を基準にして、社会的なつながりを強調する6種類の制裁（ピアジェが論じたもの）を用います。構成論を実践する保育者は、子どもたちが制裁を恣意的で処罰的なものとして経験する可能性を減らすため、子どもたちの自律を守り子ども

たちの発達につながる9つのガイドラインに従
います。

第11章

活動の時間

　本書ではクラス全体の活動に多くのページを割いていますが、構成論に基づくクラスの子どもたちは、毎日かなりの時間を個人や小グループでの活動に費やしています。毎日、午前と午後の1時間から1時間半ほどの間、彼らは集団ゲームや物理的知識に基づく活動、ごっこ遊び、読み書き、積み木遊び、造形活動など自由に選んで行っています。

　そのような時間は、幼児教育ではしばしば「自由遊び」（free play）と言われます。最も望ましい自由遊びの「自由」は、いろいろな活動の中から好きなことを選ぶことのできる子どもたちの自由のことです。しかし、最も望ましくない自由遊びの「自由」は、保育者が教える責任を免れるという意味の自由です。ヒューストン大学人間発達実験校に新しく来たある保育者は、後者を自由遊びと理解し、自分のクラスでは自由遊びは起こらないと言いました。彼女は自由遊びを、子どもたちが遊んでいる間に、保育者が記録を読んだり書いたり雑用をしたりする時間と見ていたのです。この観点からすると、私たちのいう「活動の時間」（activity time）は自由遊びではありません。構成論に基づくクラスでの活動の時間は、見慣れていない人には自由に遊んでいるだけように見えますが、慣れてくると保育者の活動的な役割が見えてきます。

　子どもたちは活動の時間において、特に社会的に影響しあいます。そのような機会を有効に使い、相互尊重と協同に基づいた子どもたちが知的にも社会的にも活発であるような社会・道徳的雰囲気をつくることが保育者に与えられた課題です。本章では、まず活動の時間の目的、および理論的根拠について示し、次に構成論を実践する保育者がこの課題にどのように取り組んでいるかについて、活動に現れる3種類の知識、活動の時間の計画、そして活動の時間の実践について述べます。

1. 目的および理論的根拠

　活動の時間の全体的な目的は、子どもが知的にも、社会的にも、道徳的にも活発になり、徐々に自己制御ができるようになることです。私たちは第4章で、構成論に基づく社会・道徳的雰囲気が同時に知的な雰囲気であることの理論的根拠について述べました。それらの両方が同時に成り立つのは、保育者が、子どもたちは知的にも道徳的にも活発であるべきだというメッセージを伝えているからです。例えば、構成論を実践する保育者は、物理的知識に基づく活動をしている子どもたちに、どうしてある物は沈みある物は浮くのかについて問いかけ、相反する意見について考えるよう促し、その物に関わったり、結果について話し合ったりすることを通して事実を探るよう援助します。それと同時に、構成論を実践する保育者は、どうしたらこの活動を順番にできるかを子どもたちに問いかけ、この面白そうな活動をみんながしたいと思っていることに気づかせ、みんなが納得し満足する方法を導き出せるように提案します。

構成論を実践する保育者は、自分はすべてを知っており何でもできるという態度を取らないようにしているので、子どもたちは自分たちで問題に取り組み、事実や価値について答えを出すのに大人に頼らなくなります。子どもたちは、ボスのような態度を取る保育者のもとでは、大人に頼って真実や道徳的価値を決めるようになってしまいます。最初から決められた事実や価値観を子どもたちの自己中心的な理解に「押しつける」ようなことをすると、それは単に空虚な言葉だけになってしまい、子どもたちの思考を変えることにはなりません。それとは反対に、大人が子どもとの協同的関係をつくることによって、子どもたちは真実や価値についての自分たちの信念をつくりあげることができます。協同的な保育者は、子どもに何が真実で何が正しいかを語るのではなく、子どもにこれらの事柄について話し合うよう促します。そうすることは、真実や価値は最初から決められたものではなく、自分たちで考え出すものなのだということを子どもたちに伝えることになります。

活動の時間の基本的な目標を理解するには、ダックワースの著書「素晴しいアイデアをもつこと」(The Having of Wonderful Ideas, Duckworth, 1987)の中の同名の章が助けになるでしょう。私たちは、子どもたちが自分たちの興味や目的に向かってとことん追求し、素晴しいアイデアを見つけようという気持ちにかき立てられるようになってほしいのです。これが、道徳的な価値や知的な真実を構成するプロセスの本質です。

2. 活動に現れる3つの知識のカテゴリー

知識を3つに分類したピアジェ(1964, 1969/1970)の定義は、保育者が活動の時間について考える時に役立ちます。それらは、物理的知識と論理・数学的知識と慣習的・恣意的知識です。ここでは、これらについて簡単に解説し、活動の時間においてそれらがどのように役に立つのかについて述べます。

(1) 物理的知識

物理的知識は、対象となる物に関わり、その物からの反応を観察する経験に基づきます。そのような行為の1つのタイプは、何の先入観もなしに、単に何が起こるかを知るためのものです。例えば、子どもは、物が沈むか浮くかを知るために、水の中にそれを落とすかもしれません。2つ目のタイプは、あらかじめ予想して予想通りになるかどうかを確かめようとするものです。子どもが物を水に落とす前に沈むことを期待するのがその例です。つまり、物理的知識の情報源の一部は、対象となる物の特性を観察することにあります。子どもは、物へ働きかけ、その物の反応の情報を得ることなしには、物理的知識を構成することはできません。しかしまた、物理的知識は論理的な推論がなければつくりあげることができません。つまり、物が浮くかどうかについての知識は、いろいろな物を観察することと、観察した結果から推論することが必要で、それは以下のローラーを使った活動の例にも明らかです。

(2) 論理・数学的知識

論理・数学的知識は、物そのものにはない特性を個人の知識の中に持ち込む内省的、心的行為の結果です。例えば、数は事物の集合がもつ性質（属性）ではありません。むしろそれは、それを知ろうとした人がつくり出した（数的な）関係づけのシステムと言えます。つまり、1冊の本と1個のコップで「2」という時、それは本の中にもコップの中にもあるのではなく、これらに2つという数的特徴を与えた人間の頭の中にあるのです。その人は、1冊の本と1個のコップを必ず「2つ」と見なければならないわけではありません。それらを単に本とコップと見ることもできるわけです。論理・数学的知識の源は、それを知ろうとする人自身の構成的なプロセスの中にあるのです。

知能は論理・数学的関係づけを枠組みとしていると考えられるので、論理・数学的知識は特に重要と言えます。構成論を実践する保育者は、知識や発達しつつある思考はそのような論理・数学的関係づけを基礎としており、その関係づけを構成していくために、幼児はまだ物理的行為を伴う活動を必要とすることを理解しています。次の例を見てみましょう。

ローラーの活動で、子どもたちは円筒と板を用いて石投げ盤を作ろうとしています。Rは、何とかスポンジと紙のボールが空中に飛ぶように作ろうとします。彼は木製のローラー（円筒）を支点にし、その上に板を置きます。斜めになった板の床についている方の端に飛ばす物を置き、上がっている方の端に飛び乗ります。このRの論理的思考にはいくつかの論理・数学的関係づけが含まれます。1つは、板の上がっている方の端とそれに飛び乗る行為の関係づけです。もう1つは、飛ばすものを置く端と、Rが飛び乗る反対の端の関係です。私たちは、Rの遊びを通して、これらの関係づけを調整する彼のめざましい変化に気づかされました。最初Rは、スポンジを板の下がった方ではなく上がった方へ置いていました。さらに彼は、下がった方の端へ行って、ひざを曲げ、そこに飛び乗ろうとしました。しかしその瞬間、彼は自分が間違っていることを理解します。そして、正しくスポンジを飛ばすために、下がった方の端へスポンジを動かし、高い方の端に飛び乗りました。この例は、Rの論理・数学的関係づけが不安定なことを示しています。幼児は、まだ十分に調整された関係のネットワークを構成していません。私たちは、Rが単に空中にスポンジを飛び「上がらせる」ためには、板の「上がっている」方の端にそれを置かなくてはいけないと思いついたと推測します。Rは1つずつの関係づけについて別々に考え、全体的に調整されたシステムの中で考えていません。調整されたネットワークができていれば、上がっている方の端が、同時に飛び乗る端になったりスポンジを置く端になったりするという間違いをすることはありません。

この事例は、物を介した物理的経験をするうちに、論理・数学的関係のシステムが次第に調整され確かなものになっていく道筋と、物理的経験が論理的な思考によって組織化されていく方法を説明する例です。幼児が最も活発に考えることができるのは、具体的、かつ物理的に観察できる内容についてなのです。

(3) 慣習的・恣意的知識

3つ目の慣習的・恣意的知識とは、慣習によって認められた恣意的な事実（例えば12月25日はクリスマスである）と、いくつかの視点が統合されて合意の上で決められたルール（例えば信号の光が赤い時に車が止まるという規則）です。慣習的・恣意的知識は、いろいろなコミュニケーションの手段を通して他者から得られるものです。

(4) ピアジェの3種類の知識を用いて

これらの分類をしたピアジェは、純粋な物理的知識や慣習的知識を見いだすのは難しいことを指摘しています。実際、すべての知識には、論理・数学的な構成が含まれます。例えば、物理的知識に関して言えば、ボールを転がす子どもは、これが立方体やほかの物とは違った反応をすることに気づきます。その違いは、物そのものに存在するものではありません。それは知ろうとした者によってつくり出されるものです。水の中に物を入れた子どもは、木製の物は浮き金属は沈む、というような類似点や差異点に気づくかもしれません。慣習的・恣意的知識に関して言えば、青という色を知っている子どもは、ほかの色との相違点の中で青という色がわかるのです。ヒューストンがテキサス州にあることを知っている子どもは、空間的、論理的な包摂関係を構成しています。これらは、子どもが構成した論理・数学的関係です。筆者（デヴリーズ）は、飛行機である5歳の子どもと隣

り合わせたことがあります。彼は、飛行機がヒューストンを離れるにつれて、「ヒューストンはテキサスの近く？」とたずねましたが、これは空間的な包摂関係の理解に欠けていますし、または（あるいは同時に）ヒューストンがテキサスという州の中にある都市の名前だという慣習的知識が欠けています。

　これらの知識の区別は、保育を計画する際にどのように役立つのでしょうか。第1に、構成論を実践する保育者は、子どもたちの論理・数学的知識の構成が、特に物理的知識に基づく活動の中で進むということを理解しています。このことは、保育者が、子どもが物に働きかけ、その反応について考え、そこに含まれる関係づけについて推論できるような活動を計画することにつながります。

　第2に、構成論を実践する保育者は、3つの知識の分類を使って、カリキュラムにどの種類の知識が含まれているかを考えることができます。例えば、恐竜についての学習は、恐竜の名前や草食恐竜・肉食恐竜・雑食恐竜など種別の名前といった慣習的・恣意的知識の学習が含まれます。保育者が草食恐竜・肉食恐竜・雑食恐竜という言葉の意味を説明して初めて、子どもたちはそれらの知識を構成することができます。恐竜の名前は慣習的・恣意的知識ですが、恐竜の分類は論理・数学的なものです。つまり、子どもは、草食・肉食・雑食という相互に排他的な下位カテゴリーと、階層的に上位の恐竜というカテゴリーを理解する可能性があるのです。それとは対照的に、物を浮かべたり沈めたりする物理的知識に基づく活動では、子どもたちはなぜそのような反応をするかを理解するために、論理・数学的関係を構成しようとします。保育者は子どもに草食動物がどのようなものか教えるのをためらいませんが、比重の原理については子どもに教えません。この3つの知識の分類は、保育者が子どもたちの活動にどのように関わるかを決める時の助けになります。以下の節では、子どもたちの思考を促すことについて述べます。3つの知識の分類についてさらに読んでみたいと思われる方は、ピアジェの著書を参照することに加え、コールバーグとデヴリーズ著『ピアジェ理論と幼児教育の実践』およびカミイとデヴリーズ著『あそびの理論と実践』を参照されるとよいでしょう。

3. 活動の時間の計画

　保育者が、社会・道徳的目標と知的目標を達成するような生産的な活動の時間を計画するには、特別な能力が必要です。第1の課題は、「いくつかの違う出し物を同時に行っているサーカス」のように、いくつかの活動を同時並行で進めることです。これには入念な計画が必要です。保育者は、保育者が応じられる以上の援助や介入が必要にならないように、いろいろな活動を計画します。例えば、物の浮き沈みの活動とパラシュート作りは同じ日にはできません。というのは、これらの活動には、子どもの思考を促すための保育者のかなりの介入が必要だからです。

　構成論に基づく教育には、「料理のレシピのようなカリキュラム」はありません。ですから、ここで私たちは一般的なアプローチや計画例を紹介しますが、それは保育者の皆さんが自分の子どもたちに合わせた自分のカリキュラムをつくり上げる時に役立てていただくためのものです。活動の時間がうまくいく秘訣の1つは、子どもの興味や目的、思考、協同に訴えるように計画することです。これらについては、まず一般的な活動について述べてから、説明します。

(1) 一般的な活動

　ヒューストン大学人間発達実験校の保育者は、グループタイムの活動に加え、物理的知識に基づく活動（カミイとデヴリーズ著『あそびの理論と実践』を参照）、集団ゲーム（カミイとデヴリーズ著『集団あそび』を参照）、造形活動、読み書き、ごっこ遊びなどを含む保育の

指導計画を立てます。そして、そのような活動の目的をはっきりとさせ、実践をうまく進めるために、発達的な視点から理論的根拠を書きます。これらの中には、幼児の教育における伝統的な児童発達アプローチと関連する数々の一般的な活動が含まれています。構成論に基づく教育に特有な活動は、集団ゲームと物理的知識に基づく活動です。

筆者（デヴリーズ）とヒューストン大学人間発達実験校の保育者たちは、一般的な活動を行う上での理論的根拠を文章化しました。それを、廊下にある親向けの掲示板に貼ることによって、保育者たちは週間指導計画にくり返し同じことを書く必要がなくなりました（巻末の参考資料を参照）。特定の活動の理論的根拠の例は、「子どもたちの思考に訴える」という項で述べています。

(2) 子どもたちの興味に訴える

第4章で、興味は、知的な、そして社会・道徳的な進歩をもたらすための情緒的な「燃料」として重要であることを述べました。構成論を実践する保育者は、子どもたちの興味を引きつけるような活動をどのように選んでいるのでしょうか。もちろん、いつもそれが前もってわかっているというわけではありません。構成論を実践する保育者は、実験的な態度をもっています。しかし、みなさんは、子どもの興味を引きつける活動として、上にあげた一般的な活動から始めてみることができるでしょう。

子どもたちの自発的な活動を注意深く観察すると、子どもたちの興味を引きつける新しい活動のアイデアが見つかります。子どもたちが直接提案することは、素晴らしいアイデア源となります。第4章では、構成論を実践するある保育者が、何が知りたいかについて子どもたちに相談した事例を紹介しました。ヒューストン大学人間発達実験校の保育者たちは、今ではそれを日常的に行っており、それは、知りたいことは自分たちで見つけることができるのだというメッセージを子どもたちに伝える重要な方法だと感じています。子どもたちは、自分自身の興味から生まれた活動に、特別なエネルギーを注ぎ込みます。

(3) 子どもたちの目的意識に訴える

興味は目的意識へとつながる出発点です。子どもが物に興味をもった時、そこから保育者は、子どもを特定の目的に向かわせるよう働きかけることができます。私たちは、子どもが活動の中に自分なりの目的を見つけるように援助しなければならないと強く感じています。しかし、この原則は、保育者が目的を示唆してはいけないということではありません。

活動が子どもの目的意識に訴えるものでなければならないというのは、子どもは保育者から言われて活動をするのではなく、彼ら自身の興味から、活動の中に動機づけを見つけなければならないということです。例えば、保育者がボートを作る活動を準備する時、そこで目指すのは、子どもたちがボートの作り方を考えたり、本当に浮くかどうかを試したくなるほど、その活動を魅力的にすることです。

これらの活動の好対照として、先にあげた子どもたちが色について学ぶことを目的とした活動例について考えてみましょう。その週の活動のテーマは「青」でした。子どもたちが行ったすべての活動が「青色」に関するものでした。子どもたちは青いカラー粘土を作り、おやつの時間には青い粉ジュースを作って飲み、青い絵の具を使って絵を描きました。この種のやり方の問題は、「青色」そのものは子どもの活動目的に訴えないということです。むしろ、子どもたちの目的は、カラー粘土を使ったり、粉ジュースを作って楽しんだり、絵を描いたりすることだったのです。青という色を認識し、それが青であると言うことは、子どもたちにとって難しいことではなく、それは、子どもたち自身がどのようにするかを考える造形活動のような活動の中で、2次的な目的として教えることが最

も適しています。もし保育者が、「青」という色の名前をどんな時に使うかを教えることに目的を限定したら、もっと価値のある目的は失われてしまうでしょうし、そのような保育者は子どもたちをもっと発展的な活動に導こうとは考えないでしょう。

(4) 子どもたちの思考に訴える

子どもたちの興味や目的に訴えることができれば、思考に訴えることもすぐにできるでしょう。構成論を実践する保育者は、子どもたちが熱心に思考するような、興味ある目的をもった活動を計画します。例えば、人間発達実験校の乳児クラス（18〜30か月）のマーティ・ウィルソン先生は、次のように週の計画を立てました。

> 造形活動で、子どもたちはいろいろな材料をどのように使えるかについて探索します。私たちは、チョークやパステル、クレヨン、マーカーなどを試してみます。子どもたちは、紙の上に描くためにはそれらをどのようにもったらよいかを見つけ出すでしょう。もし、違ったもち方をしても、ちゃんと描けるでしょうか。どれくらいの強さで描いたかは、描かれたものと関係するでしょうか。これらのいろいろな道具を使った経験を通して、子どもたちは因果関係を構成していき、「手をたくさん動かしたら大きなものがたくさん描けて、少ししか動かさなかったら小さなものしか描けない」ということもわかるようになります。私は、子どもたちがこれらの関係を言葉で表現することは期待していませんが、彼らは間違いなくこれらの違いを観察することができると信じています。私は、子どもたちが自分の行動をはっきりと意識できるよう、子どもたちがしていることを言葉にします（例えば、「さっきより強く描いているのね。」）。

4歳児クラス（3歳半〜4歳半）のステファニー・クラーク先生は、次のように計画しました。

> じょうろに注目して物理的知識に基づく活動をします。月曜日は、テーブル状の水槽の中に、穴の空いていない容器を置きます。火曜日は、子どもたちに、これらの容器からじょうろを作るアイデアがないかどうかを聞いてみます。じょうろを作るために、いろいろな道具を使います。どこに穴を空けたらいいでしょうか。いくつぐらい空けたらいいでしょうか。そのじょうろは、植物に水をあげたりするのにも使えるでしょうか。木曜日は、水が出るように穴を空けいろいろな空き缶を出します。どの缶が一番たくさん水を注げるでしょうか。私は子どもたちが（小さな穴が1つしか空いていない）一番大きな缶を示すと予測します。そこで、私は子どもたちに穴を見せます（缶の縁に沿っていくつかの穴が空けられたもの、缶の底の中央に一直線になるよう穴が空けられたもの、小さな缶の底にたくさんの穴が空けられたもの）。

ペイジ・フラー先生は4歳児クラスの担任だった時、次のように計画しました。

> 私たちは外で「イワシゲーム」をして遊びます。このゲームはかくれんぼのルールを逆にしたようなものです。1人が隠れると、他の全員はその子を探します。隠れている子が見つかると、見つけた子どもたちはその子が隠れていた場所へ行き、全員が入りきるまでその場所に押し合って入ります。子どもたちは、普通のかくれんぼと同じような隠れ場所は十分な広さがないので選べないことを、経験を通して理解します。

これらの計画を見ると、保育者が子どもたちの思考の段階や、子どもたちがさらに考えるよう促すことについて考慮していることは明らかです。

子どもの活発な思考を引き出す活動を計画する上で重要な点は、自由に展開でき、発達レベルの異なる子どもが関われるような素材を選ぶことです。そうすることによって、多様な発達レベルの子どもたちが、それぞれに挑戦できる課題を見つけることができます。例えば、影を使った活動で、年少の子どもたちは、ものの形とその影の形とが対応していることを見つけ始めます。いくらか年長の子どもたちになると、どのようにして（光の通り道の中に留まることによって）影をなくさないようにしながら、影の映るスクリーンから遠ざかることができるかに挑戦しようとします。これができる子どもたちでも、天井に影を作ることはなかなかできません。また、光と物と影との空間的な関係に気

づいた子どもたちも、影の濃さを変えることや、影が重なった時にどうなるかや、光の質などについて頭を悩ませます。どんなクラスであっても、いろいろなレベルの子どもがいるでしょうが、1つの活動によってすべての子どもたちを引きつけることもできるのです。

活動を計画する時、どのようなことが子どもたちの思考を刺激するかについて、実際より過小評価または過大評価しないことが重要です。例えば、「青色」について教えるのは、子どもたちにとって簡単すぎます。「青色」に関する活動は子どもたちの課題になり得るにもかかわらず、先に述べた保育者は、色の名前を教える以上のことを計画しませんでした。もし彼女が、絵を描くことや粘土や粉ジュースを使うことの教育的な利点について考えていれば、色の名前を知るという目的は二次的なものになっていたでしょう。子どもたちの思考を促すための計画がなければ、保育者が子どもの思考を促進するために介入することはあり得ないでしょう。

簡単すぎる活動とは対照的に、多くの保育のプログラムは、子どもたちにとって高すぎる目標を設定しています。例えば、5歳の子どもたちに100まで数えることを教えるのは、現実的でもなく実用的でもありません。もし彼らが丸暗記したとしても、彼らが数を関係のシステムとして理解する能力や、数的な問題を解く能力には何の効果もありません。

(5) 子どもたちが協同することに訴える

第4章で、子どもたちが協同することに訴えることの重要性について述べました。協同を計画するということは、活動の中でどのような協同が可能か、またどのような協同が必要かを考えることを含んでいます。それは、4人の子どもたちに対して1つのホッチキスしか出さないといった簡単に準備できることから、糸電話を作って話すといった2人の子どもが協力しないとできないような物理的知識に基づく活動を計画することまでを含みます。クッキングは、子どもたちがチームになって、誰が必要な材料を読み上げ、材料を取ってきて、レシピを読み、材料を量り、かき混ぜるかなどについて交渉しながら進めることができるように準備すれば、特に協同を促すよい活動になります。

私たちは、すべての活動が協同的であるべきだとか、あるいは子どもたちが単独で活動したり遊んだりすべきでないと言うつもりはありません。子どもたちは、時には1人になりたいと思いますし、また1人になる必要があります。そして、そのような彼らの希望は尊重されるべきです。しかし構成論を実践する保育者は、活動の時間のどこかに子どもたちの協同を促すための方法はないかといつも気を配っているのです。

4. 活動の時間の実践

活動の時間には、グループタイムとは違う種類の課題があります。グループタイムでは、保育者は明らかにリーダーの役割を担います。しかし、活動の時間では、子どもたちがリーダーシップを取るよう促され、保育者のリーダーシップは、より目立たないものになります。次に、活動の時間を実践する上での5つの指導の原則について述べます。

(1) 子どもたちの興味をそそる

活動の時間は、グループタイムの終わりに、その日にできる活動を保育者が紹介する時から始まるといえます。子どもの興味をそそるには、一般的に3つの方法が考えられます。

1) できそうな目標を示唆する

私たちは、子どもたちが目的意識をもって活動を進めることの重要性について述べました。保育者は、特に子どもたちが見慣れない物を使う時は、どのような目的で活動してもよいことにします。例えば、ローラーの活動で、モーリーン・エリス先生は、「これらを使って何がで

きるか、何でもいいから考えてごらんなさい」と言って活動の時間を始めました。その一方、教材が子どもたちにとって馴染みのあるものであったり、あるいは保育者が特定の目的をもってほしいと考えている時は、それを子どもたちに提案することができます。例えば、私たちはある影の活動において、子どもたちが影や物や光のそれぞれについては考えていても、それらの間の空間で何が起こるかについては考えていないことに気づきました。そこで、私たちはコリーン・サミュエル先生と一緒に、子どもたちが光と物との間、そして物と影の間で何が起こるのかについて考えるよう刺激する場面をつくることにしました。その中の1つの活動では、天井から家の断面図を釣り下げました。コリーン先生は、ドアと窓を切り抜きましたが、ブラインドは開けたり閉じたりするために残しました。彼女は、ウィグリーおじさんの人形（H.R.Garisによる"Uncle Wiggily's Happy Days"というお話から）を作り、1つの窓のブラインドの後ろに貼りつけました。森と川の2つの場面が、可動の仕切りに描かれました。これらの仕切りは、家と壁の間にお互いが重なるように置かれました。壁には虹が描かれました。最後に、スライド投影機が家の背後に置かれ、紙を円錐状にしたものがレンズに被せられ、家に丸く光が当たるようにしました。そして、子どもたちに目標を投げかけました。「ウィグリーおじさんの影を、まず森に、次に川に、最後に虹の国のところに映すにはどうしたらいいかしら？」子どもたちは、興味をそそられ、これらを自分の目標にして、森の中にウィグリーおじさんの影を映すには家のブラインドをどのように開けたらよいかを熱心に試したり、川や虹の中に彼の影を映すために仕切りを1つずつ動かしたりしました。

2）技術的にできそうなことを示唆する

活動を紹介する時、時に子どもたちが活動の中でやってみたいと思うだろうことを例に示すことが役に立ちます。例えば、ドーラ・チェン先生は、紙で造形物を作ることを紹介した時、細長い紙を逆U字型に曲げ、そのそれぞれの端を厚紙に貼りつけたものを見せました。ほかのいくつかは房状にし、いくつかはアコーデオンのようなひだを作り、またいくつかはそのままにしておきました。彼女は子どもたちに、それらをどのようにして作ったと思うかたずねました。そして、みんなにもそのいくつかを作ってみるよう促したり、ほかの作り方がないか考えてみようと投げかけたりしました。

マーティ・ウィルソン先生は、乳児クラス（18～30か月）の子どもたちに考えさせるために、ていねいに活動を紹介します。例えば、彼女はグループタイムに小さな絵の具の容器と、いも版が押してある紙と空白の紙をもってきました。彼女はどのようにしてするかを次のように提案しました。

この絵は今朝製作コーナーで作ったのよ。見て。どんなふうにして作ったかわかりますか？　このジャガイモを持って、絵の具につけて、紙の上に押すのよ（見本に2つ押し、子どもたちに結果を見せるために紙をもち上げる）。製作コーナーにおいもと絵の具があります。やりたくなったら、何を着たらいいかしら？（子どもたちは「スモック」と叫ぶ。）

それから、マーティ先生は、動物の形に切り抜いた、いくつかはラミネートされたものと、またいくつかはフェルトでできたものを入れた容器を子どもたちに見せました。

ここに動物がいくつかあります（子どもたちが見えるように容器を傾けて）。この動物をここから出してこの板に乗せると、貼り付いて落ちません（フェルトでできた動物をフランネルを張った板に貼り付ける）。貼り付かないものもあります（ラミネートされた動物を貼ろうとするが落ちてしまう）。貼り付けようとしても落ちてしまうものもあります（他のラミネートされた動物を試す）。どれがこの板に貼り付いて、どれが落ちてしまうかわかるかしら。ここにはいろいろと違った動物がたくさんあるので試してもいいですよ。

3）子どもたちのアイデアについて話し合う

　場合によっては、これから実験する物理的な現象について、子どもたちと短い話し合いをするのが役立ちます。保育者はそれによって、実験を始める前の子どもたちの思考がどのようなものかを知ることができます。また、子どもたちは話し合うことによって自分や他者のアイデアを意識するようになります。10週間にわたる影の活動を始める時、コリーン・サミュエル先生は、5歳児クラスの子どもたちと話し合いをしました。彼女は「今日は影の国へ行きますよ」と言うと、影について子どもたちがどう考えているか聞きました。「影って何かしら？」Rは、「動き回っても体にくっついて来るものだよ」と言いました。Bは、「しようと思えば、小さな木馬を大きくすることもできるよ」と言いました。しかし、大きな馬に大きな影ができるのは「馬がそうしたかったからだ」と言いました。何人かの子どもたちは、大きなサイコロの影にはサイコロの目が映ると予測しましたが、ほかの子どもたちはそれに賛同しませんでした。そこでコリーン先生は、試してみようという気持ちにさせるために、「どうなるか、あなたたちでやってみることができますよ」と言いました。

(2) 子どもたちに活動を選択させる

　子どもたちが保育室の中を自由に動き回り、自分で選んだ活動を追求することの重要性は、いくら強調しても強調し過ぎるということはありません。このことは、子どもが発達しつつあるすべての領域において自律する上で重要です。自分で統制しながら興味の追求をする経験を十分にした子どもは、積極的に自己制御し、協同しながら公平にもめごとを解決するようになります。

　私たちは第4章で、子どもたちがどのコーナーで活動するかを指定したり、一定の時間がきたらグループを交代させるような実践に賛同しないことを述べました。私たちがこのような実践に異議を唱えるのは、それが子どもの興味を尊重しておらず、子どもの目的意識を促さないからです。子どもがたとえ指定された活動に興味をもったとしても、保育者が次の活動へ移るよう指示する時点で、その興味は中断されてしまいます。このようなやり方をすると、その反動で何人かの子どもたちは、どうせその活動から離れるよう強要されるのがわかっているので、その活動に力を注がなくなります。

　第1章で、工場型クラスの監督は、子どもたちがワークシートやほかの活動をやり遂げた時だけ、子どもたちに好きな活動を選択させていることを述べました。私たちはこの実践にも異議を唱えます。なぜなら、上記と同じように子どもの興味を尊重していないからです。この実践は、保育者の教科的な学習に対する興味が最優先されていることを表しています。コーナーでの活動にいくらかの価値が認められているとしても、それらの活動は教科的な学習へのごほうびとして使われており、コーナーでの活動を魅力的で挑戦したくなるようなものにする努力は、ほとんどなされていません。

　構成論を実践する保育者は、特別に計画された活動をする時間をまったく作ってはいけないと示唆しているのではありません。例をあげましょう。サンセット・パール小学校の教師たちは、子どもたちが十分に読書していないことを心配していました。原因は、休み時間の騒音のひどさのようでした。子どもたちとの何回もの話し合いの結果、学校全体でSQUIRTという読書タイムを設定することになりました。孤独な（Solitary）静かな（Quiet）邪魔されない（Uninterrupted）個人の（Individual）読書タイム（Reading Time）は毎日（通常、昼食後）行われます。SQUIRTの長さは、子どもの年齢によって異なりますが、SQUIRTの間、大人も含めて誰もが静かに読書に励みます。子どもたちは読みたい本を選ぶことができ、テーブルや学習机で、また床の上に枕をおいて寝ころんだりして本を読みます。ただ1つの決まりは、1人で読むことです。SQUIRTは、学校全体で子どもた

ちに人気のある時間となりました。
　子どもたちに自由に活動を選択させる時、子どもたちが何をするかを保育者が統制することはほとんどできません。もし保育者が魅力的で興味深い活動を準備していれば、統制する必要が出てくることは稀です。しかし、時には保育者が子どもたちの選択に影響を及ぼしたいと思うような状況に直面することもあります。例をあげましょう。3～4歳児のクラスでのことです。保育者は、3人の女の子のグループがごっこ遊びのコーナーでずっと赤ちゃん人形を使ってお母さんごっこをしていることに気づきました。この保育者は、強制することなしに、この子どもたちに他の活動に興味をもたせたい考えました。そこで、ごっこ遊びをもっと発展させることにしました。ごっこ遊びコーナーの物を全部なくして、どんなごっこ遊びコーナーにしたいかを、クラスの子どもたちで話し合うことにしました。その後3か月間に、レストラン、医院、旅行会社、花屋、美術館、会社、美容院、図書館、食料品店ができていました。ごっこ遊びは豊かになり、ごっこ遊びコーナーはほかのコーナーと結びつきました。例えば、旅行会社では、自分の写真を貼ったパスポートを作り、そこに想像上の旅行についてのお話を書いたり絵を描いたりする遊びへと発展しました。美術館では、展示するために美術品を作りました。保育者が最後に赤ちゃん人形を保育室に戻すと、3人の女の子はやはり人形で遊びましたが、その興味はほかの多くの活動へも広がりました。

(3) 子どもの思考を促す

　私たちは本書を通して、道徳的発達を促すような社会・道徳的雰囲気は知的発達も促すこと、そしてその逆も真であることを指摘してきました。この雰囲気は尊重という特徴をもっています。つまり、保育者が子どもの考えに対して寛容で、それを受け入れる時、子どもは自分の考えをもち、それを表現するよう促されます。

　私たちは、思考する力を育成するための4つの留意点をあげます。それは、前操作期の思考を尊重すること、3種類の知識を考慮すること、活動の中で子どもの発達レベルを評定すること、子どもの思考に即した介入をすることです。(カミイとデヴリース著『集団あそび』と同じ著者による『あそびの理論と実践』を参照すると、この2つのタイプの活動へ介入する際のガイドラインとして、役立つ指導の原則と事例を与えてくれるでしょう。)

1）前操作期の思考を尊重する
　私たちは、第2章で、そして本書を通してずっと、幼児の思考が児童や大人のそれとは質的に異なることについて述べています。大人は子どもが次のように言った時、よく笑います。「天気予報のおじさんが雨を降らすんだよ」、「夜、ぼくの影はぼくのベットの下で寝ているよ」しかし、このような考えは子どもの率直な思考の産物です。子どもの前操作期の考えを単にかわいいと片づけてしまうと、子どもの考えの価値を低くしてしまい、それゆえ、子どもが考えることの価値をも低くしてしまいます。社会・道徳的雰囲気は、保育者が子どもの考えや思考を尊重した時、より価値の高いものになります。

2）3種類の知識を考慮する
　構成論を実践する保育者は、子どもの間違った考えに応答する時の助けとして、3種類の知識の区別を利用します。もし、子どもの間違った考えが恣意的・慣習的知識であるなら、保育者は訂正することを躊躇してはいけません。例えば、子どもが間違って「ぼくは青色で描いている」と言った時には、保育者は「それは緑色だと思うけど」と言うことができるでしょう。もし、子どもの間違った考えが物理的、あるいは論理・数学的知識であるなら、保育者は訂正することを避けるべきです。もし、実際に対象物に働きかけ、その間違った考えを試してみる

ことができるなら、保育者はそのような機会を子どもに与えることができます。例えば、水は丘を流れ落ちるのと同じように昇ることができると子どもたちが考える時、チューブの中の水の動きを見るという物理的知識に基づく活動を準備すると、子どもたちは予想と行動の結果との間の不一致に気づく機会をもつでしょう。もし、間違った考えが論理・数学的であるなら、保育者は訂正しないで、子どもがその問題について考え続けるための機会を計画するべきです。例えば、すごろくをしている時、足し算の論理的間違い（前の順番でたどりついたマスを「1」として数え始める）を犯したら、保育者は「1」と「2」だけのサイコロを作ってみます。そうすれば、「1」が出た時に、「1」と数えるとどこにも行けないという矛盾を経験する機会が増えるでしょう。物理的知識や論理・数学的知識についての間違った考えを訂正するべきでないのは、子どもたちはなぜ訂正されたかを理解できないので、訂正された経験を自分自身が否定されたこととしてとらえてしまうからです。子どもたちは自分の考えを信用しなくなり、大人を唯一の知識の源としてあてにするようになります。私たちは、子どもが自分の考える能力や学ぶ能力に自信をもってほしいと願っています。

3）子どもの発達レベルを評定する

　私たちは、子どもたちが物理的世界や人間世界についてのより進んだ理解に向かう中で、多くの間違った考えを構成することを強調してきました。構成論を実践する保育者は、子どもたちと一緒に活動したり、子どもたちの活動を観察しながら、常に子どもたちがどのように考えているかを判断します。

　私たちは、構成論に基づく教育の目的は発達であると言ってきました（例えば、DeVries, 1992を参照）。それはつまり、構成論を実践する保育者は、子どもは質的に異なる連続的な段階を通って進歩すると考えていることを意味しています。しかし、ピアジェの発達段階の説明は、その内容（ピアジェ課題）が保育活動に適していないので、あまり助けにはなりません。例えば、私たちは物質の保存を子どもたちに教えようとは思いません（第3章参照）。なぜならそれは、ダックワース（Duckworth, 1987）が言うように、「教えるのが早過ぎて子どもは学ぶことができないか、あるいは遅すぎて子どもたちがすでに知っている」知識の例の1つだからです。私たちは、より多くの研究を必要としていますが、保育活動の中での発達を理解するのに役立ついくつかの研究はすでに行われています。例えば、「ビー玉ゲーム」の中で子どもがつくるルールの段階（Piaget, 1932/1965）、「三目並べ」の段階（DeVries & Fernie, 1990）、「コインかくし」の段階（DeVries, 1970）、そして影ができる現象に対する子どもの概念の段階（DeVries, 1986）などです。これらについてもっと詳しく知りたいなら、デヴリーズ（1992）を読むとよいでしょう。ピアジェのルール適用の発達段階はすべてのゲームに当てはまるので、次にそれについて簡単に見ておきましょう。

　ピアジェは、子どものビー玉遊びの研究の中で、子どものルールの適用に4つの段階があることを見いだしました。第1段階の運動的遊びと個人的遊びでは、子どものルールは、社会的ではありません。子どもは単に、カーペットの上に1つずつビー玉を落としたり投げたり、ビー玉を使ってごっこ遊びをしたりします。

　第2段階の自己中心的な遊びは、子どもは外部から与えられた権威に従って遊ぶことを義務と感じて、ルールに従おうとするので、明らかに社会的と言えます。しかし、子どもの実際の行為よりも、むしろ子どもの意図の中にその社会的特徴が見られます。つまり、子どもはルールを自己中心的に適用し、自分のルールのとらえ方とほかの子どもたちのそれが異なっていることに気づいていません。例えば、ビー玉ゲームで、ビー玉をうまく四角の枠からはじき出した時、それを自分の手持ちのビー玉にする子ど

もあれば、枠内に戻す子どももあります。子どもは、ほかの子どもが遊ぶのを見て、その目につく特徴を模倣します。それは全体的には正しいのですが、細部においては間違っています。この段階では、子どもは勝とうとせずに他の子どもと遊びます。競争心はなく、「勝つ」とは単にルールに従うことや楽しいことを意味します。一緒に遊んでいる子どもたちが、気づかずに異なったルールで遊んでいることさえあります。

ピアジェが初期の協同と呼んでいる第3段階では、競争的態度の出現という特徴があります。子どもは勝とうとし、お互いに合意したルールに従って遊ぶことによって、協同することに興味をもちます。ですから、この段階の競争は、ルールに合意し、それを受け入れ、それに従うというより広い協同の枠組みの中に含まれます。競争がゲームをしようとする第1の動機ではありません。むしろ、誰もが平等に勝つチャンスがあるゲームで一緒に遊ぶことが動機です。この段階では、子どもはルールを全部知っているわけではなく、不完全なルールの構造はゲームを簡略化することにつながります。

第4段階は、ルールの集大成となります。子どもは、利害の衝突が起こるあらゆる状況を予期しながら協同することと、ゲームを規制するルールをつくることに興味をもちます。意見の不一致が起きた時は、プレーヤーはその問題を交渉によって解決できるものと見なします。プレーヤーが決めたことは、何でもルールとなります。

子どものゲーム遊びの研究は、保育者が子どもの発達的レベルを評定する助けとなります。ルールに従って遊ぼうとする子どもの努力は、子どもが自分自身の外部にあるルールという社会的システムに従う義務を感じていく発達の過程です。この態度は、子どもがルールをよく理解する前、そして競争的に遊ぶ前に発達します。研究によれば、競争的な態度の出現は、発達的な進歩であり、阻止してはいけません（競争のもつ協同的な側面を育てるのに特別な援助を必要する子どもはいますが）。これは、子どもたちの活動について考える上で、いかに発達段階を考慮することが手助けになるかを示すもう1つの例です。

4）子どもの思考に即した介入をする

子どもの間違った思考に対応する方法は、その思考を受け入れ、できることなら、子どもがその考えに疑問を抱くような状況を設定することです。心に留めておかねばならない大切なことは、子どもたちはより進んだ思考へ向かう過程で、多くの間違った思考を構成するということです。

私たちは、成功裏に構成論を実践する多くの保育者が、子どもの活動に細かく注意を払っていることに気づきました。そのような保育者は、子どもの活動に介入すべきかどうか、あるいはどのように介入するかを決定するために、子どもが何を考えているかを推し量ろうとします。例をあげましょう。ボート作りの活動で、レベッカ・ペーニャ先生は水テーブルの横にいろいろな材料を置いて、3歳児クラスの子どもたちに見せ、「いいボートを作るのには、どれがいいと思いますか」とたずねました。子どもたちはたくさんの材料を選んで試しました。レベッカ先生は、ボール紙、発泡スチロール、木などを試している子どもたち一人ひとりと話をしていきました。Aがプラスチック製の小さなかごを何度も試している時（沈むことに驚いているらしい）、レベッカ先生は「そのかごを浮かばせることができるかしら」とたずねました。ついにAは、得意げに発泡スチロールの上にそのかごを乗せました。

集団ゲームは、保育者が子どもの道徳的かつ知的な思考のレベルを評定し、それを助長する素晴らしい機会を与えます。例えば、ゲームの順番で子どもたち全員が1番になりたがる時、それは、ほかの子どもたちも同じように1番になりたがっているという事実に子どもたちを直

面させる機会になるでしょう。それはまた、みんなが満足して合意することの大切さを子どもが理解し始める機会にもなります。三目並べのような作戦のいるゲームでは、子どもたちが時間と空間の関係をより意識できるように、保育者は作戦を言葉で表すことができるでしょう。例えば、「私は、私のXをここに置くことにするわ。そうしないと、次の番の時、あなたのラインができあがってしまうもの。じゃましなくっちゃ。」

（4）社会的な自己制御と協同を促す

社会的な自己制御や協同は、子ども同士で援助し合うよう促す、強制することなく共有できるよう促す、不正な行為をその意図によって判断することなどを通して育てることができます。次に、これらの指導の原則について述べます。

1）子ども同士で援助し合うよう促す

活動の時間中、保育者は続けざまに子どもたちから質問されたり、援助や介入を求められたりするでしょう。「糊をつける間、これをもってて」、「テープはどこ？」、「Jちゃんが遊ばせてくれない。」保育者は、すべての注文に対応することは不可能であり、どれが本当に大人の援助を必要としているかを決定しなければなりません。そして、子どもたちが保育者にだけ頼るのではなく、お互いを手助けしてくれる存在として見るよう促すことができます。「私は今Sちゃんを手伝っているの。Lちゃんに頼んでみて、たぶんもってくれると思うわよ」、「Kちゃんがテープをもってるのを見たように思うの。Kちゃんにどこにあるか聞いてごらんなさい」、「Jちゃんに『私も遊びたいの。いつ替わってくれる？』って言ってみてごらんなさい」

韓国で構成論を実践する園では、40人の子どもたちに対して1人の保育者で保育を行っています。ソウルのムーン・キュン幼稚園の園長であるヨンエイ・チョイ先生は、このような保育者対子どもの人数比で保育をする利点の1つは、子どもはお互いに頼らなくてはならないので、もっと少人数のクラスや、多くの保育者が子どもの要求にもっとよく応じているクラスよりも、協同のレベルが高いことだと指摘しています。私たちは、1クラス40人の子どもに対して1人の保育者を置くことは支持しませんが、韓国の仲間がこの人数で構成論に基づくプログラムを立派に実践していることは尊敬に値します。

2）交渉するように援助する

活動の時間中には、子どもの交渉する能力を育てる機会が豊富にあります。第5章では、いざこざに対応する際のガイドラインについて述べました。ここでは、物を共有することや活動を順番で行うことに関するいざこざに対応する一般的な方法について述べます。

構成論を実践するクラスでは、共有することを強要しません。特に、取り合いになっている物が1人の子どもの所有物である場合（例えば、その子どもが製作したボート）や1人の子どもが最初に選んだ場合（例えば、パズル）、共有を強要することは、強制であり子どもへの敬意に欠けています。私たちは、個人の権利は尊重されるべきであり、保育者の介入は交渉に焦点を当てるべきだと考えます。「Dちゃんに、あなたと一緒にボートで遊びたいか、それとも1人でボートで遊びたいか聞いてみましたか？」「パズルを手伝ってほしいかPちゃんに聞いてみましたか？　いやだって？　そう、あなたも別のパズルを1人でやってみたらどうですか？それとも、誰か手伝ってくれる人をほかに探してみたらどうですか？」取り合いになっている物がクラスみんなの物である場合でも、保育者は強制することなく、共有するよう援助できます。その方法は、その道具や材料を公平に使用する責任を子どもたちに与えるのです。例えば、製作のためのホッチキスが1つしかない時、いざこざが起こります。そのような時、保育者は

子どもの権利を守りながら、交渉を通して協同するよう促すことができます。「今はKちゃんがホッチキスを使っているみたいね。終わったら貸してくれない、とKちゃんに聞いてみたらどうかしら？」(いざこざの解決のためのガイドラインについては第5章を参照)。

限られた材料を共有することに関するいざこざは、使いたいと思っている子どもたちと会話しながらその場で対処することができます。例をあげましょう。ある時メアリー・ウェルズ先生は、本物のパラシュートをリュックサックにいれて5歳児クラスにもってきました。そして子どもたちは、活動の時間にパラシュートを実際に試してみました。この出来事で、メアリー先生（保）は、NがAと交渉して、パラシュートで遊ぶ順番を得るよう援助しました。

N：Aちゃんが貸してくれない。
保：Nちゃん、まだ順番がきてないの？（パラシュートをもっているAに）Aちゃん、もう順番は回ってきた？
A：まだ。
保：そう、じゃあ、終わったら、次にNちゃんにあげるって言ってあげなくてはいけませんよ。
N：くれないよ。
保：Aちゃん、Nちゃんに何て言ったの？
A：ぼくが終わった後でって言ったよ。
保：わかったわ。（Nに）Aちゃんの言っていることを聞きに来てごらんなさい。Aちゃんは、Aちゃんが終わった後でって言っていますよ。（Aに）Aちゃん、いつ頃終わりますか？ 時計を見てみましょう。いつ終わるか考えてみて。Nちゃん、あなたも時計を見てみましょう。そして、いつAちゃんが終わるのか見てみましょう。そうしたら、いつ代わってもらえるかわかるから。ほら、今はちょうど2の上にあるわね。
A：ぼくは、4で終わるよ。
保：4で終わるのね。（Nに）大きい針が4のところに来たら終わるって。それでいい？
N：いいよ。
保：じゃあ、4のところへくるのをよく見ていてね。

メアリー先生は、Aのパラシュートを使う権利を尊重しながら、交代してほしいというNの欲求も充分わかっていました。彼女は、使い終わったらすぐにNに渡してあげることのできる、分別のある人間としてAを扱いました。同時に、Nのパラシュートを使いたいという欲求を正当なこととして扱い、Aに対してNに応答するよう頼みます。メアリー先生の援助によって、AとNは話し合って解決を見いだしました。

共有する問題に対処するもう1つの方法は、やりたい子どもの名前リストを作ったり、「誰にしようかな」のような手遊びを使うことです（これについては第5章で述べています）。ある活動が特に人気がある場合、やりたい子どもの名前リストを作ることは、公平に順番を交代する1つの方法です。その活動をやりたいと思っている子どもはリストに自分の名前を書き込みます。そうすると、子どもたちと保育者は、誰かが終わった時、次が誰の順番か見てわかります。リストを作ることは、次が誰の順番かを勝手に決めてしまうことを防ぎ、子どもたちはいつ自分の順番がくるか予想することができます。そしてそれによって、「いつ私の順番がくるの？」「次は私？」「私が1番に頼んだのに」といった子どもたちの申し立ては出てこなくなります。保育者は、ただ単に「リストを見てみましょう。あなたの名前がどこにあるか見てごらんなさい」と答えればよいのです。

3）共有経験をもつよう促す

活動の時間に見られる子ども同士の相互作用には、交渉と同様に共有経験も含まれます。第2章で述べたように、親密な共有経験は、相互作用において解決するべき不均衡や緊張がない時に起こります。子どもたちが一緒にある活動

に熱中する時、そこには親しく経験を共有できる機会が豊富にあります。経験を共有する喜びは、社会・道徳的な発達を促すようなやりとりをする主要な動機づけとなります。子どもたちが特別の友情を感じ、他の子どもと遊ぶことに喜びを覚えると、彼らはいざこざを避けたり、あるいはそれを解決しようとします。例をあげましょう。第5章で、2人の5歳児が、チェッカー（ボードゲーム）でどちらの動かし方が正当であるかについて、激しい議論をしている事例を紹介しました。この2人の間には誤解があり、どちらの子どもも自分が絶対正しいと思っていました。殴り合いのけんかにならなかったという事実は、彼らの友情の強さを示すのかもしれません。しかし、いざこざは非常に激しくなり、2人は叫び、泣き、チェッカーのコマを床に払い落とし、2人とも耳を両手でふさぎ、相手の言うことを聞こうともせず、お互いに話そうともしませんでした。保育者は、仲裁しようとしましたがうまくいかなかったので、お互いに話しができるようになるまで、しばらく離れていなさいと言いました。ほんの数分後には、KはJの気を引こうとし、自分の腕に息を吹き付けて「ブーブー」とおかしな音を出しました。Jが笑うと、2人はお互いに近づいていきました。そこで、保育者は最初に話し合いたいか、チェッカーを片づけたいかとたずねました。2人は、ほっとして微笑み合い、チェッカーのコマを拾い始めました。Kは「ブーブー」と変な音を出し続け、Jは笑いころげていました。これは、共有経験がいざこざの解決に役立ったことを示しています。

このようなレベル0の共有経験は、幼児にとってきずなを深める目的をもっているので、それを馬鹿げたこととして簡単に扱ったりやめさせたりしてはいけません。子どもの前操作的な思考は彼らのユーモアにも表れ、それは大人のユーモアとまったく異なることを思い出さねばなりません。

子どもたちは遊んでいる間、あらゆるレベルの共有経験をもちます。それは、げっぷをしたり奇妙な音を立てるようなことから、一緒に行儀の悪い歌を口ずさんだり、秘密を共有したり、親友同士がいざこざを起こし「でも、仲直りするよね」と以前の経験を振り返ることまで含まれます。

4）子どもの不正な行為をその意図によって判断する

不正行為に関するいざこざは、集団ゲームの中で最もよく起こります（カミイとデヴリーズ著『集団あそび』を参照）。不正な行為はデリケートな問題です。というのは、子どもの行動を不正な行為と誤解しやすいからです。不正な行為とは、自分の利益のために意図的にルール違反をすることです。幼児は、しばしばルールに違反しますが、不正な行為をしようとする意図はありません。故意ではなくルール違反をするのは、子どもがルールについて不十分な理解しかしていないことが多いからです。それは、上述したピアジェ（1932/1965）のルールの適用の発達段階における自己中心的な段階を表しています。子どもの意図を判断するためのヒントや、ルール違反に対応するためのいくつかのガイドラインについて述べましょう。

①意図を判断するためのヒント

保育者は、子どもの行為が不正かどうかを判断するために、子どもの意図を知るさまざまな手がかりがあることを考えなければなりません。こそこそとルール違反をするのは、明らかに故意による不正行為です！　例えば、ある子どもがこそこそとサイコロを手で6にして、正しく転がしたふりをするのがそれです。しかし、見え透いたルールの違反は、大抵の場合、不正な行為ではありません。もし、子どもが違反したことを隠そうとしないならば、おそらくそれは不正な行為ではありません。例えば、人目を気にせずサイコロの目を裏返すのは、単にゲームに勝つためのの知的な方法を反映しているだ

けかもしれません。6の目を出すのが有利なことを知るのは、1つの知的な進歩の表れです。

　保育者は、罪のない不正行為とこそこそとする不正行為との中間にある不正行為の形態についても、気づいておかなくてはなりません。例えば、サイコロの目を6にするのはルール違反であると知っていながら、ほかの子どもが気づくことに気づいていないか、あるいはそれを気にしないかのように、あけっぴろげに裏返すようなケースがあります。同様に、トランプで自分の欲しいカードが出てくるまで、引き札を全部めくっていくことがあるかもしれません。そのような不正行為は、公平で満足できる遊びをするためにはルールを尊重する必要があることを、子どもが正しく認識していないことを表しています。知的な側面と道徳的な側面が、まだ1つのシステムとして統合されていないのです。時として、勝つための知的な方法として意識的にルール違反をすることがあるのです。

　子どもは、ルールの理解をまだ構成していないので、しばしばルール違反をします。しかし、子どもたちが、私たちが理解できないようなルール破りをする時は、それは不正行為ではありません。それゆえ、保育者は、子どもたちがどのようにルールを理解しているかを推察することが重要です。キャンディ・ランドというボードゲームでは、近道が始まるマスにコマが止まったら近道を進むことができます。しかし子どもは、自分のコマがどこにあるかは関係なしに、そのマスを通過するたびに近道ができるというふうにルールを誤解することがあります。

　間違いを犯すことは、不正行為ではありません。数えることが必要なゲームの中で、子どもは単に数的または論理的な構成の欠如から、よく間違いを犯します。例をあげましょう。子どもは数を順番に唱えていく時、その順番を間違うことがあります。言っている数と、指しているサイコロの目やすごろく上のマスとが一致しない時もあります。足し算の論理的間違いを犯す時もあります（1マス進んで「1」と数え始めるのではなくて、今いるところから「1」と数え始める）。また、ゴールにたどりつくにはすべてのマスを数えていかねばならないという論理の欠如から、ほかのプレーヤーのコマがあるところを飛ばしてしまうことがあります。このような行動が不正な行為ではないことを示す手がかりの1つは、子どもは、時に自分の不利になることも行うということです。保育者は、子どもがどのように数えているかをゲーム中ずっと観察して、数え間違いが不正な行為かどうかを判断しなければなりません。もし子どもがいつも正しく数えるのに、自分に有利になる時だけ数え間違うのであれば、おそらくそれは不正な行為でしょう。

　子どもたちに競争しようとする態度があるかどうかを判断することは重要です。前述したように、こそこそと苦労して行う不正な行為は、ゲーム遊びをする上での1つの進歩を示します。子どもが「私が先！」と言って物の取り合いをするという別の競争をよく目にしますが、幼児はゲームにおいて、競争的でないことが普通です。例えば、すごろくの目的はみんながゴールにたどりつくことであると考えていることが多いのです。ゴールにたどりついた誰もが勝者なのです。このような無競争状態の子どもたちの間では、競い合いはありません。

　興味深いことに、競争的な態度をもつ子どもが、競争的でないやり方でゲームをすることがしばしばあります。競争的な態度と、競争的でないやり方が同時に見られることがよくあるのです。例えば、トランプをする時、子どもは公然と自分のカードを見せたり、ほかの子どものカードを見たりします。保育者は、これを不正行為であると結論づける前に、敵のカードを知ることがその子どものプレイの助けになっているかどうかを観察しなくてはなりません。ほかの子どものカードを見ても、その情報をどのように利用するかを理解するところまでは発達していないかもしれません。見たカードの情報を自分に有利に使うことができない状態では、自

分のカードを隠したり敵のカードを見たりする理由はないのです。子どもは、勝つ方法を知らないまま、勝つことを望んでいるかもしれません。競争的な態度は、子どもが勝つための方法を思いつくひらめきになることが多いのです。

②ルール違反に対応するためのガイドライン
　子どもがルール違反をする時、保育者はどのように対応すればよいでしょうか。4つのガイドラインを示しましょう。

1 ── 子どもが本当にルールをわかっているか確認する

　これはルールを説明すればよいのです。「あら、ルールでは、サイコロはこんなふうに転がす（実際にやって見せながら）ことになっていると思うけれど。確かめてみましょう。そう、そういうふうにサイコロを転がすとルールに書いてあるわ。」それでも子どもがルール違反を行うなら、その子どもは不正な行為をしているか、ルールを理解する能力に欠けているかのどちらかです。よくすごろくの上で自分がどこにいるかわからなくなることと、順番にプレイすることは、子どもにとって複雑な空間的関係の理解を要することを覚えておきましょう。子どもが3人より多くの人数で遊ぶ時、順番どおりにするのが難しいことをよく目にします。例えば、ある4歳児は、自分はほかのどの子どもに対しても「次」であると考えていました。ですから、「順番はね、Sちゃん、私、Tちゃん、私、Sちゃん、私、Tちゃん、私」と説明しました。子どもたちがそのような順番の矛盾に問題を感じないなら、それが間違っていようと、その順番でさせるのが1番よいのです。

2 ── 他の子どもがルール違反に異議を唱えていないか見る

　「それでいいの？　みんなで決めたことは、そうだったかしら？」もし、すべての子どもがある1つのルールで遊ぶことを楽しんでいたり、あるいは、それぞれが異なったルールで遊んでいることに気づかないなら、保育者は慣習的なルールを主張しない方がよいでしょう。しかし、保育者は自分がプレイする時にルールを強調し、子どもがルールを意識するように努めることが必要です。

3 ── ルールに関する言い争いが起こったら、相互の合意が重要であることを伝える

　「Dちゃんはこんなふうに遊ぶのがいいんですって。でも、Nちゃんはこんなふうに遊ぶのがいいって。どうしたらいいかしら？　どんなルールにするか話し合わないといけませんね。」

4 ── ゲームに参加している一員として、ルール違反に抗議する

　これは特にほかの子どもたちが抗議している時に必要です。また、ある子どもに異なる視点に気づかせる必要があると思った時に行うことも可能です。「あなたがサイコロを6が出るように置くんだったら、私もそうしていいの？」子どもが「だめ」と答えた時は、保育者はどうすることが公平かという質問に移ります。「あなたは好きな数を出せて、私はサイコロを転がさなきゃならないなんて、フェアじゃないと思うわ。あなたがそうするんだったら、私もそうできるはずよ。」子どもが「いいよ」と答えたなら、保育者は子どものルールで遊び、最終的にすべてのプレーヤーが毎回6を出すことの不都合を指摘すればよいのです。また、保育者は正しいゲームの遊び方を言葉で表現し、手本を見せることができます。「手の中でサイコロを転がして、どれかの数が出るように投げるのは面白いわね。どんな数になるかわからない方が、ずっと楽しいと思うわ。びっくりするのが好きなのよ。」

　子どもが不正な行為をごまかそうとしている時は、明るく抗議しなければなりません。「私のカードを見ようとしたの？　あら、だめよ。みんなに見えないように、もっときっちりもつ

ことにするわ。Jちゃん、気をつけた方がいいわよ。Lちゃんがみんなのカードを見ようとしているわ。」ある子どもがいつも不正な行為を行っている場合、保育者は子どもと個人的に話し、いつも不正な行為をしていると、ほかの子どもたちが一緒にゲームをしたくなくなることを指摘します。

要約すれば、不正な行為はある意味で、子どもの認知発達の進歩を表しています。不正な行為をするには、遊び方と勝ち方を理解していなくてはなりません。もちろんそこには、不正な行為は他者の権利を侵害し、不正な行為によって得た勝利は真の勝利ではないという認識が欠けています。子どもたちは、遊びを通して、徐々にこのような微妙な点について構成していきます。子どもが不正な行為をしても誰も気に留めないなら、保育者はそれを問題にする必要はありません。しかし、ある子どもが不正な行為をし、ほかの子どもたちが異議を唱えているなら、保育者は公平性と互恵性について話さなくてはなりません。「Nちゃんは、あなたがNちゃんの順番を抜かすのがいやなんですって。あなたも順番を抜かされたら、いやでしょう？」

(5) 融通性をもつ

活動の時間をよいものにするための1つの鍵は、融通性をもつことです。子どもたちは予想通りに活動したりしなかったりするので、保育者はねらいを変えなければならないことがあります。例えば、メアリー・ウェルズ先生の5歳児クラスの子どもたちは、製作したボートを水に浮かせて試していました。ほとんどの子どもたちは、予想したような方法で実験しました。すると、何人かの子どもたちがボートの上に人間に見立てた木の実を置きました。メアリー先生は、「船が沈まないように、いくつ乗せられるかしら？」とたずねました。すると、ある子どもは船を沈ませてしまいました。メアリー先生は、子どもが船を底まで沈ませ手を離すと、船が水面まで跳び上がっているのを見て、ねら

いを変えました。「どうしたら、船を沈めておけるかしら？　どんな物を乗せたら浮かび上がってこないようにできるかしら？」ある子どもがレンガを乗せることを思いつき、子どもたちはボートを沈める方法を探し続けました。

子どもたちが計画した活動を望まない時にも、融通性が必要です。時には、活動がまったく平板になってしまうことがあります。そのような時、構成論を実践する保育者は、どうして活動が子どもたちにとって魅力のないものになったかを考えようとします。ある時は、変更することによって、活動がよみがえることがあります。しかしある時は、保育者がまったくアイデアを捨てなければならないこともあるでしょう。また、あるグループには魅力的である活動が、他の子どもたちには魅力ないものであったりします。構成論を実践する保育者は、実験的な態度で臨み、これらの経験から学ぶ姿勢をもっています。

5. 活動の時間の実践を難しくしている3つの要因

長年観察してきた中で、活動の時間の実践を難しくしている要因には、少なくとも3つのパターンがあることがわかりました。

第1のパターンは、保育者が保育室の管理にあまりに時間を使い過ぎて、子どもたちの思考を観察する機会がほとんどないというものです。保育者が、単に掃除したり絵の具を補充したり、いくつかの活動が同時にうまく進んでいるかを確認することに没頭していると、活動自体に深く関わることができません。

第2のパターンは、子どもの思考を刺激するような活動がほとんど用意されていないというものです。子どもの興味をそそるものがなければ、子どもの思考は低いレベルに留まります。

第3のパターンは、権威的な方法で子どもたちと関わるがために、子どもたちが保育者の望むような答えを出すようになるというもので

す。子どもたちに権威的に関わることは、子どもたちの自発的でありのままの思考が育つのを断ち切ったり、だめにしたりします。

6. 要 約

活動の時間は、構成論を実践するクラスの1日のうちで一番大切な時間です。この時間に、子どもたちは、集団ゲーム、ごっこ遊び、物理的知識に基づく活動、読み書き、積み木、造形などの中から活動を選ぶことができます。知的でもあり、社会的でもあり、道徳的でもあると言える活動の時間のねらいは、「素晴らしい考えをもつこと」とまとめられるでしょう。構成論を実践する保育者は、物理的、論理・数学的、慣習的知識に分類したピアジェの定義を用いて、指導計画を立てたり、活動に介入したりします。構成論に基づく活動は、子どもの興味と意志を引きつけ、子どもの思考を刺激し、子どもの自己制御や協同を促します。活動の時間中、保育者は子どもたちが交渉し、共有経験をもつように援助します。構成論に基づく活動の時間の実践を難しくしている原因は、保育室の管理に時間を使い過ぎること、子どもの思考を刺激するような活動が用意されていないこと、子どもに権威的な方法で関わることにあります。

第12章

片づけの指導

　私たちの知っている保育者は、片づけを1日のうちで最も扱いにくい時間の1つと見なしています。中には、自らが片づけをすることで、この問題を解決する保育者もいます。確かに、幼児に片づけをさせるより、大人がやってしまう方がはるかに簡単です。しかしながら私たちは、子どもたちが片づけに参加することは構成論に基づく社会・道徳的雰囲気の重要な部分であることを読者のみなさんに確信していただきたいのです。本章では、片づけの指導の目的を述べ、クラスの子どもたちに片づけの問題をどのように提起したらよいのかについて示します。そして、片づけの時間に起こる問題について考え、ある4人の保育者がどのようにクラスの片づけの問題を取り扱ったかについて述べていきます。

1. 目　的

　まず、片づけの目的は、部屋をきれいにすることではありません。子どもたちに片づけをさせる私たちの目的は（たぶんもう予想できると思いますが）、子どもたちの発達しつつある道徳的必要性の感情や責任感、そして自己制御を促すことです。

　1つ目の、保育室をきれいに保つことに対して道徳的必要性を感じるよう促すことは、第6章で述べたコミュニティの意識を育てる上で不可欠な部分です。私たちは、子どもたちが、クラスのみんなに対する思いやりや公平さという点から、自分たちのクラス環境に気を配るようになってもらいたいのです。それには、散らかった部屋、間違った場所に片づけられた道具、壊れてしまった道具、汚いテーブルなどについてほかの子どもたちがどのように感じるかを考える脱中心化の能力が含まれます。私たちは、子どもたちが、上からの他律的な命令としてではなく、自分はその集団に属しているという感情から生まれる道徳的必要性として、片づける必要性を感じてほしいと願っています。

　2つ目の、保育室をきれいに保つ責任を共有する感情を促すことは、1つ目の目的から生じるものです。つまり、もし子どもたちが環境に気を配る道徳的必要性を感じるのであれば、彼らは環境に配慮する個人の責任とグループの責任を感じるでしょう。このような責任感は、特に長期的に見て有益でしょう。なぜなら、身近な環境に気を配る子どもたちは、そのうちに地域の公園や宇宙といったより大きな環境に配慮するようになることが期待できます。私たちは、自分のクラスの環境に配慮する道徳的必要性を感じる子どもたちは、成長して、石油流出、有毒な廃棄物、そしてあふれかえるゴミ処理場などについて無関心な大人にならないだろうと思います。環境に対する認識や責任感の発達は、より大きな社会の縮図であるクラスの中から始まるのです。

　3つめの目的である、自己制御を促すことは、ほかの目的の基礎となるものです。私たちは、子どもたちに自分のクラスの環境に配慮するよ

う励ますことによって、大人の権威の行使を減らし、子どもたち自身にその権威をもたせることを目指しています。子どもたちは、クラスの環境に配慮するようお互いに勧めたり、片づけに参加することをお互いに要求したり、参加しないことをお互いに注意することができます。そうすることは、結果として、クラスの道徳的権威は保育者からではなく、子どもたち自身から生じるのだということを子どもたちに少しずつ気づかせることになるのです。

2. どのように片づけの問題を提起するか

　片づけの問題は、子どもたちがルールについて話し合ったり決定したりするよい機会となります（第7章参照）。また、そのような話し合いは、物理的環境に配慮しないとどうなるかという自然な結果や道理にかなった制裁について、子どもたちに気づかせる機会にもなります（第10章参照）。子どもたちは、そのような話し合いを通して、片づけの必要性を自分自身の中に構成できるのです。保育者は、子どもたちに口やかましく言って片づけをさせるような状況を避けるために、次に述べるような片づけの実際的必要性と道徳的必要性を強調することができます。

(1) 片づけの実際的必要性

　保育者は、なぜ保育者が片づけを要求するのかを子どもたちが理解できるよう、片づけの実際的必要性について話さなければなりません。子どもたちに保育室をきれいにする必要があると言うだけでは不十分で、幼児はこれを当然のこととしては受け入れません。保育者は具体的な説明をしなくてはならないのです。例えば、ヒューストン大学人間発達実験校では、子どもたちは学校に昼食をもってきて、自分たちのクラスで食べることになっています。それゆえ、子どもたちは、活動の時間の後、昼食を食べる場所を確保するためにテーブルをきれいに片づける必要があります。保育者は、「昼食を食べようと座った時に、テーブルが汚かったらどんな感じがしますか？　サンドイッチを糊の上に置いてもいいですか？　それはとってもまずいでしょうね」と子どもたちにたずね、片づける必要性を強調します。

　保育者は、おもちゃを壊さないために、床にあるものを片づける必要があることも強調します。壊れたおもちゃや破れてしまった子どもの作品は、それを示すよい例になります。「まぁ、物を片づけなかったらどうなるか見てごらんなさい。踏まれたり、時には壊れてしまったりしますね。こんなことがまた起こらないようにするにはどうしたらいいかしら？」

　保育者が子どもたちに指摘できるもう1つの点は、必要な時にすぐに使えるようにするためには、物がどこにあるかを知る必要があるということです。もし子どもたちがクラスの中で自由に物を使えるようにするのであれば、使った物を必ず同じ場所に戻す必要があるのです。保育者は、どこに何を置くのかを決める時、子どもたちの援助を募ることができます。そうすると、物が決まった場所に戻されなかった時、保育者は「ごっこ遊びコーナーに糊がありますよ。糊はどこに置くと決めましたか？」と言うことができるのです。

(2) 片づけの道徳的必要性

　保育者が片づけに関する実際的な問題をひと度提起すると、次に話題の焦点を道徳的な問題にもっていくことができます。道徳的問題は、他者の視点から状況を見る脱中心化の能力が関係するため、子どもたちにとって理解するのはより難しいのです。しかしながら、ほとんどの子どもたちは、少なくとも公平なことや不公平なことについての基本的な理解はしているので、保育者はその話から始めることができます。

　片づけから起こる道徳的な問題は、1人の子どもの行為がほかのみんなを困らせる原因となることが中心です。誰かがおもちゃを床に放置

し、それが壊れた時、それを放置した子だけでなく、クラスのみんながそのおもちゃを使えなくなります。ある子がマーカーのふたをするのを忘れ、それが乾いてしまった時、みんながマーカーを使えなくなります。誰か1人の子が部屋をひどく汚してしまった時、その子だけでなく、みんながそれを我慢しなくてはなりません。保育者は、その子をとがめることなく、不公平さに子どもたちの注意を向けるようやさしく導くことができます。それは、実際に物が使えなくなる前に行うほうがよいでしょう。そうすれば、誰もとがめられずにすみます。例えば、もしふたをしていないマーカーが置かれていたら、保育者はグループタイムにそれをもってきて、次のように言うことができます。「手紙コーナーでこれを見つけました。このマーカーにはふたがありません。ふたをせずに置いておいたら、どうなるか知っていますか？　乾いてしまって、誰もこのマーカーを使うことができなくなるわね。とても悲しいことになるわね。どうしたらいいかしら？」大抵の子どもは、マーカーを使った人がふたをして、元のところに戻して置くべきだと答えるでしょう。すると保育者は、「いい考えね。そうしたら、みんながマーカーを使うことができるわね」と付け加えることができます。

　片づけから起こるもう1つの道徳的問題は、数人の子どもだけがクラス全体の片づけをすることが公平かどうかについてです。保育者は片づけをしている子どもたちに協力してもらうことができます。つまり彼らに片づけをすべてすることについてどう感じるかをほかの子どもたちに話してもらうのです。保育者も、「私は1人ですべてを片づけるのは好きではないわ。私が物を片づけて、他の人が手伝ってくれないのは公平だと思えないの」と言って、この問題に対する自分自身の感情を述べることができます。

(3) 片づけの問題

　私たちは、子どもたちに片づけの責任をもたせようとする時、いくつかの問題があることに気づきました。それは、強制、活動の切り替え、子どもの気が散るという3つのカテゴリーに分けられます。

1) 強制の問題

　片づけの大きな問題の1つは、気の進まない子どもたちが、片づけをするよう強制されていると感じることです。幼児は、片づけのルールづくりに参加した時でさえ、片づけは無理やりさせられるものと理解していることがしばしばあります。子どもたちは、片づけをする必要性や自分たちのクラス環境に配慮する必要性を理解していない時、他律的になるよう求められていると感じるのです。そのため、保育者はなぜ片づけをするのかという理由を常に強調しなければならないのです。そこでの保育者の課題は、子どもたちが進んで片づけようと思うよう、いかに子どもたちに訴えかけるかです。

2) 活動の切り替えの問題

　片づけのもう1つの大きな問題は、子どもたちは活動の切り替えをするのが難しいということです。片づけは大抵活動の時間の後に行われます。たとえ5分前の予告（「活動の時間はあと5分です。5分たったら活動をやめて片づけなくてはなりませんよ」）が与えられても、子どもたちは物で遊ぶことからそれを片づけることに気持ちを切り替えるのがとても難しいのです。活動に使った物があまりにも魅力的なので、どうしてもそれを置くことができないかもしれません。時には、自分のやっていることがまだ終わっていないので、片づけるのを引き伸ばすかもしれません。「あと1分だけ。あと1つを糊でつけるだけなの。」このような状況は、延々と続くことがあります。保育者の課題は、子どもたちが活動から手を離し、片づけに気持ちを切り替えるよう促す方法を見つけることです。

3) 子どもの気が散る問題

片づけの間に子どもの気が散るのは、活動の時間に準備した物や活動が子どもたちの興味を強く引き、子どもたちが終えたくないと思っているからでしょう。それは、活動の時間が成功したことを示します。そのように、物に気が散ってしまうと、片づけをする代わりに新しい遊びが生まれます。私たちは、ある子どもたちがゲームのコマを片づけている時、コマを拾ってはバスケットの中にねらって入れるという遊びを始めているのを見たことがあります。このようなゲームはとても楽しく、子どもたちは片づけの目的を忘れ、遊びをもっと展開しようとします。保育者の課題は、片づけを終らせたいという気持ちを子どもたちにもたせる方法を見つけることです。

3. 片づけの問題の解決法

これらの問題について何ができるのでしょうか。私たちは、それぞれのクラスは独自であり、その解決法はクラスの必要性によって変わってくると認識しています。ここでは、何人かの保育者が自分のクラスで片づけの問題を解決した方法を紹介します。私たちは、これらの解決法が常に最良の方法であるとは考えません。むしろ、片づけの問題への取り組み方の例を示すことによって、それぞれの保育者が自分のクラスで片づけの問題を解決する最もよい方法を見つける手助けになることを願っているのです。

(1) カレン先生のクラス

カレン・キャポ先生は、ルール違反をした時にどのような制裁を与えるべきかについて議論していた時、片づけの問題を抱えていた5歳児クラスで彼女が経験したことを述べてくれました。

> 幼児は、実際にルールが破られるまで、制裁を与える必要性を理解しないことがあります。例えば、ある私のクラスでは、自分が遊んだものは自分で片づけるというルールを決めたにもかかわらず、クラス全体の片づけがだんだんとひどくなり、ほとんどの子どもが片づけの責任を負わなくなりました。私は、清潔にする必要性を語っている「おかたづけしようっと！」(Berenstain & Berenstain, 1983/邦訳：偕成社 1992)や「おさらをあらわなかったおじさん」(Krasilovsky, 1950/邦訳：岩波書店 1992)のような絵本を読みました。しかし私は、この話を自分のクラスへ適用することはできないと思いました。ついにある子どもが、片づけのほとんどの仕事を自分がしていると不平を言ったので、私はその問題をクラスのみんなで話し合うことを提案しました。子どもたちはその問題についてかなり長く話し合い、片づけをしない人に制裁を与える必要はないと決めました。それどころか、片づけ自体が必要ないということになったのです！ 結果的に、その日はまったく片づけをせずに過ごしたのです！ 想像できると思いますが、その日の終わりには、部屋の中はかなり散らかっていました。私は、いつも放課後に掃除をしてくれる人にメモで私たちがしていることを説明し、次の日はその散らかった部屋で1日を始めることにしたのです。翌朝、部屋に入ってきた子どもたちは、前日の活動の残りがまだそこにあるため、新しい活動を始めるのが難しいことに気づきました。このようにして、子どもたちは、片づけをしない時に制裁が必要であることを自分たち自身で構成することができたのです。そして子どもたちは、「1度に1つの活動しかしてはいけない、そして、新しい活動を始める前にそれを片づける」というルールに変えました。私は、子どもたちがこのルールを家でも使っているということを（そしてそれに対する感謝の気持ちを）親たちから聞きました。

カレン先生は、グループタイムの話し合いを見て、なぜ片づけが必要なのかを子どもたちが理解していないことに気づきました。先生は、子どもたちの理解を変えるためには、実際的な例が必要なことを知っていました。また、子どもたちの態度を変えるために、片づけをしなかった時の自然な結果を体験させることにやぶさかではなかったのです。

(2) ペイジ先生のクラス

次の事例は、ペイジ・フラー先生の4歳児クラス（3歳半～4歳半）の子どもたちが片づけをしなくてとても困っていた時のことです。ペ

イジ先生は2回目のグループタイムを片づけの話から始めました。

保：今日のグループタイムで楽しいことをする計画があったの。でもね、片づけについて話し合う必要があるから、それはできなくなりました。みんなに聞きたいことがあります。私たちはどうしておもちゃを片づけるの？　だれか考えがありますか？　Nちゃん？

N：子どもは片づけなければならないし、灯りを消さなければならないから（このクラスでは当番が部屋の灯りを消すと、それが片づけの合図である）。

保：そうね、子どもたちは灯りを消して、片づけの時間がきたことをみんなに知らせるのよね。そして、片づけの時間がきたら、いろんなものを箱に入れたり棚の上に置くことになっているわね。Mちゃんはどう思う？　なぜ、私たちは片づけなければならないのかしら？

M：そうしたら、ぼくたちの部屋がきれいになるから。

保：あら、みんな聞きましたか？　Mちゃんは部屋がきれいになるから片づけなければならないと言っていますよ。Kちゃん、Mちゃんは私たちの部屋がちゃんときれいになるようにしなければならないと言っていますよ。私たちの部屋がきれいでなかったら、どうなるの？

G：何かを踏んでしまう。

M：それに、何かを踏んでしまったら、それを壊してしまう。

保：もし何かを踏んでしまったらそれを壊してしまうわね。そして、もし全部のおもちゃを踏んでしまって、全部のおもちゃを壊してしまったら、それはとても悲しいことになるわね。はい、Sちゃん。

S：それは壊れる。

保：それは、壊れるかもしれないわね。もし、私たちが片づけなかったら、物が壊れるかもしれないわね。はい、Aちゃん。

A：それで遊んだ子が片づければいいよ。

保：何？　もう一度言って？

A：それで遊んだ子が、片づければいいよ。

保：それで遊んだ子が、それを片づけなければならないの？

A：（うなずく）。

保：はい、Rちゃん。

R：私たちは前にスプーンとカップを壊したことがある。

保：そうね、私たちはスプーンとカップを壊したわね。スプーンとカップを片づけなかったからね。はい、Kちゃん。

K：えっと、物を壊しちゃったら、それを捨てるでしょ。それで遊べなくなる。壊れちゃったから。

M：もし、おもちゃを捨てちゃったら、遊ぶものが何にもなくなるよ。

保：うん、あのね、今日ね、考えていたんだけれど。ここにあるものを見て、これ全部。今日ブロック崩しゲームやねずみゲームを片づけなかったわよね。このカードゲームも片づけなかったですね。（1つ1つの遊具の名前を言いながら、子どもたちの前に置いていく）。ネジとボルトも片づけなかったですね。私たちは、これ全部、それからままごとコーナーのもの全部を片づけなかったわよね。私たちは、フィンガーペイントや絵の具、クレヨンも片づけなかったですね。

G：なぜ、いろんな物を出してるの？

保：なぜ、いろんな物を出しているかですか？　Gちゃん、私に説明させて。これはとても大切なことよ。私はここで大切なことを言おうとしているの。では、クレヨンを使って絵を描いた人、手を挙げて。

子どもたち：はい！　はい！　（多くの手が挙がる）。

保：たくさんの人がクレヨンを使いましたね。

絵の具を使って絵を描いた人、手を挙げて。
子どもたち：はい！　はい！（多くの手が挙がる）。
保：このカードゲームで遊んだ人、手を挙げて（あと5つの遊具を取り出して同じことを繰り返す）。
保：Aちゃんが何て言ったか覚えていますか？　もし、みんなが何かで遊んだら、それを片づける責任をもたなくてはならないのよね。たくさんの人が「ああ、遊んだよ、それで遊んだよ」、「ああ、あれは面白かったよ」、そして「私も遊んだ」、「私も遊んだ」、「これでいっぱい遊んだよ」と言っていたわね。
C：私も遊んだよ。
保：それは、こんなにたくさんの人たちがそれで遊んだのに、だれもそれの片づけをしたくなかったということなのかしら？
K：したくない。
保：したくないの？　そうしたら、私たちは、この全部のものを、この面白いもの全部を集めて袋に入れて、部屋の外にもっていかなくてはなりませんね。
H：ううん、それはいやだ。
保：外にもっていってほしくないの？　でも、だって、みんなはこれを部屋の中で使いたくないように思えるのだけれど。じゃあ、外にもっていきましょう。
子どもたち：いやだ！
保：いやなの？　でも、考えてみて。あなたたちがこれを使いたいと思っているようには見えないですよ。私には、あなたたちがこれを大切にしていないように思えますよ。これが壊れるのもいやだし。だから、壊れてしまう代わりに外にもっていったらいいと思いますよ。
M：もっていってほしくない。
保：もっていってほしくないの？　そう？　私ももっていってほしくないわ。私はそれをきちんと大切に使いたいわ。
子どもたち：私も！

保：そうね、じゃあ、きちんと大切にする練習をしてみましょうか。えーと、Cちゃん、ここに来て、この2つの物を元の場所に戻してくれますか？　そして、その後に外遊びに行く準備をしてね。
子どもたち：私もできるよ！　私もできるよ！
保：もちろんできますよね。Cちゃん、この2つの物を元の場所に戻す手伝いをしてくれますか？　そして、ドアの近くで待っていてくれますか？
M：ペイジ先生、私もできるよ。
保：大切に物を元に戻すチャンスがみんなにありますよ。さあ、どうぞ、Sちゃん。この2つを置いてきてくれますか？　Mちゃん、この2つを元の場所に戻してくれますか？
（ペイジ先生はそれぞれの子どもに2つの物を与えました。まもなく全員が片づけに関わり、部屋はとてもきれいになりました）。
保：今日、部屋の中で、活動をして遊んだのはだれですか？　手を挙げて。
子どもたち：私も遊んだ！（すべての手が挙がる）。
保：今日、部屋の中の物を大切にしたのはだれですか？　手を挙げて。
子どもたち：私もした！（すべての手が挙がる）。
保：みんなが部屋の中の物を大切にしたわね！よかったね！

　ペイジ先生は、グループタイムの始めに、物が放ったらかしにされている問題に子どもたちの注意を向けました。彼女が、ただ単に「片づける」(cleaning up) ではなく、むしろ物を「大切にする」(caring for) という言葉を一貫して使っていることに注目してください。彼女は、そうすることによって、始めから片づける理由を伝えています。子どもたちが大切にしなかったので、おもちゃを外へもっていってしまうと脅かしたことは（それは道理にかなった制裁でもありました）、読者には少し極端に思えたか

もしれません。しかしながら、そうすることによって、子どもたちの注意を得ることができましたし、おもちゃを使えるように置いておきたいという意識を活発にすることができたのです。注目すべき重要な点は、彼女は子どもたちを脅かしたまま放置したのではなく、むしろ、子どもたちが自分たちのクラスの物を大切にしたいという気持ちを表現できる機会を与えたのです。ペイジ先生は、強制的になり得るやりとりを、子どもたちの肯定的な経験に変えたのです。片づけを終えた時、すべての子どもたちは、自分たちのクラスの物を大切にすることに貢献したという感情をもちました。最後に「私もした！」と言った子どもたちは、確かに熱中していたのです。彼らは外遊びへ行く前に、全員で「やったー！」と自分たちを励ます歓声をあげました。

（3）ステフアニー先生のクラス

ヒューストン大学人間発達実験校の4歳児クラス（3歳半～4歳半）で、ステフアニー・クラーク先生は、このクラスの片づけの問題は、活動の切り替えにあると思いました。子どもたちはあまりにも活動に夢中になっていたため、それをやめてすべてを片づけることができませんでした。彼らの朝のスケジュールはグループタイムで始まり、そのあとに1時間の活動の時間が続きます。その次に片づけの時間があり、その後、彼らはおやつと2回目のグループタイムのために集まります。2回目のグループタイムの後、彼らは外へ行き、園庭で遊びます。子どもたちが片づけに気持ちを切り替えることのできない問題を解決するためにステフアニー先生が考えたのは、スケジュールを変えることでした。先生は、活動の時間の後、子どもたちがただ活動をやめて、おやつと2回目のグループタイムのために集まるようにしました。2回目のグループタイム後、子どもたちは片づけをし、それから外へ行きました。活動からおやつへの切り替えは、活動から片づけへの切り替えより簡単でした。子どもたちはおやつを食べるために進んで活動をやめたのです。グループタイムから片づけへの切り替えは簡単でした。なぜなら、子どもたちはすでに活動から離れていたからです。それに加えて、子どもたちにとって「片づけが終わったら、外に行ける」というもう1つの動機がありました。ステフアニー先生は、単にスケジュールを並び替えることによって、子どもたちの活動目的を妨げるという片づけ時間の不快さを減らしたのです。

（4）コリーン先生のクラス

ステフアニー先生の解決法は、実はその前年にコリーン・サミュエル先生の5歳児クラスで子どもが提案したことからひらめきを得たものでした。その年は、片づけの問題を抱えながら始まりました。何人かの子どもたちは片づけをしていましたが、ほかの子どもたちは部屋の中を走り回って遊んでいました。片づけをした子どもたちが、片づけをしなかった子どもたちに対する不満を言ったので、みんなが嫌な気持ちになっていました。次にあげる片づけの問題についての話し合いは、年度始めの1週目のある日、特に片づけに問題があった後に行われたものです。

保：今日の片づけはうまくいったかしら？　どう思う？
N：あのテーブルがまだ汚い。
M：あのテーブルだよね。
C：あのテーブルだ。
保：そう。私も気づいたことがあります。本当に一生懸命やっている人もいれば、ただ遊んでいて、部屋中を歩き回っている人もいたことに気づきました。
C：私はやってたよ。片づけてたよ。
保：片づけだと教えてあげる必要のなかった人もいれば、2、3、4回も片づけだと教えてあげなければならなかった人もいたことに気づきました。だれかが走り回ったり遊ん

だりしていたら、何をすべきかしら？　今日私は、何人かの人に場所を見つけて静かに座っているように言いましたよ。だって、走り回ったり遊んだりするのは危険だったし、ほかの子どもたちは片づけをしようしていたし。だれかがぶつかってひっくり返るかもしれないもの。

C：滑るかもしれない。

保：滑るかもしれないわね。部屋の中には水もあるしね。みんながいろんな物を元の場所に戻さなかったら、部屋は片づくことになるかしら？　Sちゃん、この問題について何か考えがありますか？

S：たぶん、次の日にもし大掃除があったら、早く片づけてしまうべきだと思う。とっても早くね。走らないで、片づけたいと思うテーブルに早く歩いて行って、そして片づけるの。あそこの散らかってる2つのテーブルみたいにね。コリーン先生がどこかに行ってる時に、みんなが先生のために早く片づけようと思ったら、先生は戻ってきたらすごい片づけができているのに驚くと思うわ。

保：ちょっと聞きたいことがあるの。あなたが部屋を片づける時、それは私のためにしていることなの？　それとも自分たちのためにしているの？

E：自分たちのためと先生のため。

保：あなたたちはきれいに片づいている部屋は好きですか？　もし、きれいに片づいている部屋は気持ちがいいと思うなら、あなたたちは私のために片づけているのではないわ。部屋がきれいに片づいていることは、私たちみんなを気持ちよくするの。

N：私も気持ちよくなるわ。

S：私は汚いテーブルが2つある時は悲しくなるし、汚いテーブルが全然ない時は嬉しいわ。

保：それにもう1つには、ランチタイムがありますね。もし、いろんなものが散らかったままだったら、ランチタイムになってどうやってそのテーブルでお弁当を食べることができるかしら？

　子どもたちは、散らかっている場所を片づける人を当番の子どもに決めてもらいました。そうすることで、その場の問題を解決しましたが、片づけの時間中に遊んでもよいと感じている子どもについての大きな問題は取り上げていません。およそ1か月後、このクラスではまだ片づけが問題となっています。助手のカレン・エイモス先生（保）は、2回目のグループタイムで、もう1度話し合いをもつことを決めました。

保：片づけの間に何人かの人が歩き回っていたことにだれか気づきましたか？

C：うん。

保：私がたずねたのは、たくさんの人が歩き回っていたことに気づきましたかということです。あなたが何をしていたかということは言わなくていいですよ。ただ私の質問に答えてほしいの。片づけないでただ歩き回っていた人をたくさん見ましたか？Cちゃん？

C：Eちゃん（もぐもぐ言う）。

保：だれがそうしていたかを聞いてるのではないの。たくさんの人がそうしていたから、すべての名前を言うことはできないわね。でも、片づけの時間に歩き回ることはするべきことかしら？

子どもたち：ううん。

保：だれか考えがありますか？　手を挙げてください。片づけの時間に私たちがするべきことについて。Jちゃん？

J：うん、私たちは、えっと、片づけの前にグループタイムの時間をしたらいいと思う。

保：グループタイムの時間をする？　もし、片づけの前にグループタイムをしたら、どうなるの？

J：うーん、先生がみんなに言ったらいいと思

う。片づけないといけませんって。片づけをしていない子は、集まりの輪の外で座らせることもできる。
R：そして外へ行かせない。
保：じゃあ、ちょっと今の考えを整理させてね。片づけの前にグループタイムをして、その時、そこで何をするの？
J：話し合う。
保：何について？ 片づけについて？
J：（うなずく）。
保：わかりました。Mちゃん、手を挙げているの？ はい、どうぞ
M：えっと、私は、歩き回っている人がいて、ほかの人が片づけるのはフェアじゃないと思う。
R：ううん、違うよ。
S：考えがあるわ。えっと、私たちはその子たちを集まりから離れて座らせて、外にも行かせないべきだと思う。ただ座らせるの。
保：わかったわ。
J：だめ、フェアじゃないよ。
保：でも、それは彼女の考えよ。
S：それで、いくつかの物をそのままにしておいて、そして彼らがそれを片づける。
保：それじゃあ、彼らはほかの子が外に出ている間、部屋の中にいて、片づけをするの？
C：うん。
K：それはフェアじゃないよ。
保：うーん、何かやり方を考える必要があるわ。だって、私たちが今していることはうまくいっていないから。だから、やり方を考えなくてはならないわ。コリーン先生？
コリーン先生：うーん、たぶん、私たちはしょうがパンを焼いたりとか、粘土で遊んだりとか、そのような散らかる活動をするべきではないと思うわ。そうしたらみんなはたくさんの片づけをしなくてすむわ。
G：うん、いい考えだね。
コリーン先生：「散らかる活動はなし」というのはどう？ 簡単な活動だけをするようにするの。
E：わかった。私たちにできることがあるよ。
保：はい、Eちゃん、あなたの考えは？
E：片づけの前にみんなで集まるの。そしてその時、片づけない子は外に行けないの。
保：2人の人が片づけの前にグループタイムをしよう言っていましたね。散らかる活動をやめようと言っていた人もいましたね。片づけない子たちは、ほかの子たちが外にいっている間に残ったものを片づけたらいいという人もいましたね。
A：あのね。
K：何？
A：うん、今気づいたのは、えっと、お昼からもっとたくさん遊ぶ時間があるでしょう、だから、朝に片づけをしなかった子は、活動の時間にみんなから離れて座って、本を読んだり、色を塗ったり、鉛筆を使ったりして、散らからないことだったら何でもいいから、やったらいいと思う。
保：あのね、それはあなたたちがずっとやってきたことだと思うんだけど、それはうまくいっていた？ その子たちは、みんなから離れて本を読んだり、ほかのことをして、そして、活動に戻ってきた時、片づけをしていた？ みんなから離れたら、それで片づけるようになった？
子どもたち：ううん。
保：そうね、だから、この考えはうまくいってなかったのね。そう思う？
A：うん、たぶん。その子たちを離れて座らせて、そして、散らかる活動では遊ばせないようにして、そうしたらわかるようになると思う。だって、みんな散らかる活動で遊びたいもの。
保：わかったわ。Oちゃんの言いたいことを聞きましょう。
O：もし片づけない子がいたら、その子たちは、えっと、活動ができなくなる。
保：全然できないの？ その日にできないの？

朝？　お昼から？

G：その日、1日中。

O：（うなずく）。

保：Lちゃん、どう思う？

L：片づけない子どもは、散らかるような活動するべきじゃないと思う。だって、その子たちは片づけたくないんだから。片づける子は片づけているのに、片づけはどうでもいいと思ってる子が片づけの仕事をしないのはフェアではないよ。そして、グループタイムになったら、その子たちはグループタイムの話が何にもわからなくなってしまう。だって、その子たちは片づけをしないといけない時に片づけないから、その時に片づけてるんだよ。だから、片づけをしない子たちにはそうするべきだと思う。

保：彼らに活動をさせないの？　たくさんの子が、それから先生が、片づけをしない子たちには朝の活動か昼からの活動をさせないようにするべきだと言っていますね。じゃあ、そのことについて投票するべきですか？

子どもたち：うん。

保：何人かの子はグループタイムをしたらいいと言っていましたね。その時にだれが何を片づけるかを決めることができるかしら？ それがあなたたちのしたいことですか？ KちゃんとJちゃん？ わかりました。では、投票をしましょう。もし片づけない子がいたら、その子たちは活動の時間にずっとみんなから離れて座って、本を読んで、散らかす活動はしない。そして、それは活動の時間中ずっとですね。もう1つは、みんなで集まってグループタイムをして、例えば「あなたはどこの場所を片づけたい？」とたずねることです。そして、その子はその場所に片づけに行くことができます。JちゃんとKちゃんと私もこの考えが好きです。部屋の灯りが消えたら、まずみんなはカーペットに集まって、それから片づけにかかります。片づけたい場所を決めるチャンスをみんなに与えるということですね。じゃあ、灯りが消えたら集まって、それから片づけたいと思う人は手を挙げてください。

　子どもたちは、片づけのためのグループタイムをするか、片づけをしない子どもは翌日の活動の時間にみんなから離れて座るかのどちらかに投票しました。1票以外のすべての票が、片づけのためのグループタイムに入りました。

保：わかりました。では、これが私たちのルールとなりますね。私たちのルールに付け足すことができますね。じゃあ、灯りが消えたら、みんなで集まって、どこを片づけるか選ぶのですね。

S：もし、ルールを忘れたら？

保：うーん、それを書いておくことにしましょう。そして、思い出せるように先生が教えてあげることもできるし、ほかの子もあなたに教えてあげることができると思うわ。

子どもたち：もし、先生が忘れたらどうするの？

コリーン先生：私たちは忘れないと思うわ。

保：私たちは忘れないと思うわ。でも、もし、忘れたら、あなたたちが私たちに教えてくれることができるわよ。私は忘れたくないわ。だって、これはいいルールだと思うから。

　カレン先生は、まず子どもたちが告げ口をしないようにすることから話し合いを始めています。彼女は、このテーマをもち出すと、すぐに子どもたちは「Cちゃんが遊んでいるのを見た」、「Rちゃんが片づけていなかったのを見た」、「私は片づけたよ」「ぼくはやったよ」などと言うだろうとわかっていたのです。先生は、どのやってこの問題を解決するかという論点にすぐに取り組むことで、子どもたちのとがめ合

いや告げ口のし合いを避けたかったのです。彼女は、苦労していますが、何とか話し合いの焦点を問題解決に当て続けています。彼女は特に、Jの考えをうまく引き出しています。Jは最初はかなりあいまいでしたが、先生が質問をし、彼の提案をより明確なものにしています。最終的に先生は、彼の提案をわかりやすいものにし、投票する2つの選択肢を整理し、はっきりとさせています。私たちは、罰する解決法と何か新しいものを試みるという解決法が提案されたのに対して、圧倒的多数の子どもたちが試験的な解決法を選んだことはとても重要なことだと思います。

結果として、片づけの前にグループタイムをするのは素晴らしいアイデアでした。片づけの時間になると子どもたちは、やっていたことをやめ、集まりにやって来ました。当初は、保育者が子どもたちに片づけたい場所を個別にたずね、それから、子どもたちはその場所に行って片づけていました。数週間すると、子どもたちは、片づけのグループタイムを進行したり、部屋がきちんと片づけられたか確認したりする責任を当番の子どもに任せることに決めました。このやり方によって、片づけが他律的になることはより少なくなりました。というのは、当番の子どもは、保育者の名前も呼び、保育者も片づけたい場所を言うようになったからです。またそれは、子どもたちにとって、グループタイムを進行しようとする時や話を聞かない子がいる時に保育者がどのように感じるのかを発見する、脱中心化のためのよい機会でもありました。この経験から、子どもたちは、ほかのグループタイムでも保育者の立場により敏感になるようになりました。

このクラスの次の新たな試みは、部屋の中の場所（ごっこ遊びコーナー、積み木コーナー、造形コーナーなど）が書かれたネックレスを作ることでした。子どもたちは、ある場所を片づけたいと思うと、そのネックレスをつけるのです。当番は、部屋がきちんと片づけられたかどうか確認する仕事を真剣に行いました。当番の子どもは、歩き回っていたり遊んでいたりする子を見つけたら、そのネックレスを見て、「積み木を片づけることになっているでしょう。積み木はまだ片づいていないよ。戻って片づけを終わらせなきゃだめだよ」と言うのです。

このように片づけをしている中で起こったことで、私たちがとても面白いと思ったことが、2つありました。1つは、子どもたちが、片づけたい場所を決める時に、最初に名前が呼ばれる方がいいことだと思い、名前を呼ぶ順番を決める公平な方法について話し合っていたことです。子どもたちは、最後の方に呼ばれる方が、もっと少ない片づけで済むことをまったく理解していなかったのです。もう1つは、子どもたちが先を争ってトイレの片づけをしようとしたことです。彼らは、特別にバケツとスプレーを使う仕事を任されるのが大好きだったのです。

このクラスでは、その年度の始めのように、片づけが再び問題になることは決してありませんでした。小さな問題は時々起こりましたが、ほとんどの片づけの時間がスムーズに行われたのです。さらによいことに、片づけから大人の強制がなくなったのです。子どもたちは個人的にも集団としても自分たちの部屋を片づける責任を果たしていたのです。

4. 要　約

構成論を実践する保育者は、片づけの時間を使って、子どもたちの道徳的必要性の感情や責任感を育てます。自分たちのクラスの環境に気を配ることは、それが集団のみんなへの思いやりと公平さによって動機づけられる時、社会・道徳的であると言えます。そのような責任をもつように子どもたちを励ますことによって、保育者は自分たちの権威を減らし、子どもたちが道徳的権威をもつようになるのです。そしてそれによって、子どもの自己制御の発達を促すのです。片づけの問題は、子どもたちが片づけの

実際的理由と道徳的理由について考えるような話し合いをする機会を提供します。片づけの中で、気の進まない子どもは強制されていると感じる、子どもたちはしばしば活動を終えるのを嫌がる、そして、物を片づけるうちに新しい活動を始めてしまう、という3つの問題がしばしば起こります。本章では、これらの問題に対する4人の保育者の解決法が紹介されています。

第13章

園や学校の社会・道徳的雰囲気

　園や学校全体の社会・道徳的雰囲気が構成論に反するものであれば、クラスの中で構成論に基づく社会・道徳的雰囲気を十分につくり出すことはできません。園や学校の社会・道徳的雰囲気が構成論に基づくものでなければ、子どもたちはまったく矛盾した経験をすることになります。クラスというものは社会的に真空状態にあるのではなく、クラス以外で他者と接することも、子どもたちが園や学校で経験する社会・道徳的雰囲気の一部をなしているのです。本章では、コールバーグが共同研究者と共に行った研究を取り上げます。その研究とは、教育やその他の施設、特に高等学校の道徳的文化を評価したものです。彼らは、道徳的雰囲気がいかに個人の社会・道徳的発達に関係するかについて研究しただけでなく、教育やその他の施設の道徳的雰囲気をレベルで分類しました。彼らの研究について述べた後、子どもや保育者や教師が保育施設や小学校全体の社会・道徳的雰囲気の中で経験していることについて述べ、構成論に基づく雰囲気を園や学校全体につくろうと考える時に園長や校長がもつべき方針を提案します。

1. 道徳的文化の評価に関するコールバーグたちの研究

　パワー、ヒギンスとコールバーグ（1989）は、「コールバーグによる道徳教育へのアプローチ」（Kohlberg's Approach to Moral Education）という書の中で、「公正な共同体」（Just Community）について述べています。高等学校や刑務所において実践された「公正な共同体」アプローチは、集団生活に関する民主的な決定に生徒や人々が参加することを促します。このアプローチを実践する教師は、1つの観点を提唱しますが、それを生徒に教え込むことは避けます。その代わりに、クラスの話し合いで共同体の視点を示します。さらに教師は、生徒に自分自身の視点を明確にするよう奨励し、教師の見解に対する批判を受け入れ、民主的に決定された多数意見を義務として受け入れます。ある大規模な高等学校の中に作られたクラスター校（公正な共同体）の研究では、劇的な結果が得られました。まず、その学校の人々が道徳的な思考をすることが非常に多くなったのに加え、人種間の関係が改善され、人種間のいざこざがほとんど見られなくなりました。盗難もなくなりました。麻薬の使用もほとんどなくなりました。生徒が規則を受け入れるようになり、不正行為が減少しました。学習意欲も高まりました。この結果と対照させて、コールバーグたち（1989）は次のように述べています。

　私たちのデータによると、大規模な公立高校がもつ文化は、道徳教育の効果を実際に衰えさせている。それは、生徒たちを望ましくない仲間集団の影響にさらし、大人から疎外していることによる。このような状況での大人の権威は、道徳的な説得力にあるのではなく、大人の地位や強制力の中にあるように見える（p. 300）。

コールバーグたちは、公正な共同体での経験は責任を果たす態度を育て、そのような態度とは人間関係、他者の幸福、集団の利益への意識や関心をもつことだと述べて、その著書を締めくくっています。この研究は、社会・道徳的雰囲気と5歳児の社会・道徳的発達に関する私たちの研究（第1章参照）と同様に、大人と子どもの協同的な関係が子どもの発達を促し、強制的な関係が発達を妨げることをさらに明らかにするものです。

コールバーグたちは、教育やその他の施設の道徳的雰囲気を評価する方法をいくつか開発しました。例えば、高校生が教育施設としての学校にどれぐらいの価値を見いだしているかについて、視点取得能力の発達に沿って5段階に分類しました。

- レベル0：学校の価値を重んじない
- レベル1：道具的価値（学校は個人のニーズを満たすためのもの）
- レベル2：熱狂的一体感（学校のスポーツチームが大会で勝った時など特別な瞬間だけ学校の価値を重んじる）
- レベル3：自発的共同体（人々が友好的あるいは親密で、内的な動機づけをもって助け合っている点で学校の価値を重んじる）
- レベル4：規範的共同体（人々が集団の規範や理想を尊重するという社会的な契約によって集団に参加している点で学校そのものの価値が重んじられる）

コールバーグたち（1989）は研究の中で、クラスター校が、実践2年目にレベル1からレベル4に変化したことを発見しました。

またコールバーグたちは、学校の社会・道徳的雰囲気によって規範（一般に受け入れられているルール）が異なることについても述べています。秩序が規範となる場合は、単に組織の機能や維持を保護するためのルール（例えば、図書室の本を盗むことやクラスの秩序を乱すことを禁止するルール）があるだけです。公平性が規範となる場合は、個人の自由と平等な権利や、ルールがつくられる過程が尊重されます。共同体が規範となる場合は、思いやり（関心事や情意を共有する）、信頼、統一（共同体内の小集団間のコミュニケーションを図る）、参加（時間、労力、興味を分かち合う）、開かれたコミュニケーション（集団に影響する情報を共有する）、集団責任（義務、賞賛、非難を共有する）が含まれます。クラスター校での研究は、実践2年目に秩序と公平性が規範であった状態から共同体を規範とするように変化していったことを示しています。

刑務所内の受刑者を対象に行った研究データからも、施設全体の道徳的雰囲気が個人の発達に影響することが理解できます。シャーフ（Scharf, 1973）は、高いレベルの道徳的思考ができる受刑者であっても、低いレベルの道徳的雰囲気の中では低いレベルで思考していることを明らかにしました。コールバーグたちは、受刑者に対する道徳教育は、刑務官と協力して道徳的雰囲気を変える努力をしない限り、効果がないことに気づきました。

これらの結果は、保育施設や小学校において子どもたちの社会・道徳的発達を最も効果的に促したいのであれば、園や学校全体の社会・道徳的雰囲気について考慮しなければならないことを示唆しています。

2. 園や学校の雰囲気の中で子どもが経験すること

園や学校全体の雰囲気は、クラスの社会・道徳的雰囲気の発達を促進したり、妨げたりします。私たちの比較研究（第1章参照）の軍隊型と工場型のクラスを見ると、クラスでの保育実践と学校全体の雰囲気が一致していることがわかります。しかし、コミュニティ型クラスは、行動主義的原理を反映している学校全体の雰囲気の中で孤島のようなクラスであり、子どもたちの学校全体での経験とクラスでの経験は多くの点で異なっていました。例えば、コミュニテ

ィ型クラスの子どもたちも、いったん廊下に出ると1列に並んでしゃべらずに歩かなくてはなりません。ランチルームはコイン制度によって管理されており、子どもたちは行儀よくしていないとおもちゃのコインをもらえません。子どもたちはその「お金」を学校の売店で小さな品物に交換してもらいます。そのコインは、主として行儀よくしていることに対して与えられます。ランチルームで子どもたちを監視している教員によると、コミュニティ型クラスの子どもたちはおしゃべりをしてしまうので、ほとんどコインをもらうことができません。子どもたちのおしゃべりをやめさせられない教員が、コイン制度の管理をしている人に怒鳴られることさえありました。コミュニティ型クラスの子どもたちには、美術、体育、音楽という特別活動の先生がいました。音楽の先生はクラスの肯定的な雰囲気を維持させていましたが、美術と体育の先生はそうではありませんでした。体育の先生は他律的で、子どもたちに不必要な競争をさせていました。美術の先生は、非常に否定的で、子どもたちに対して批判的でした。この先生は、見本とまったく同じものを「創る」ように子どもたちに要求しました。はさみの使い方などのスキルをもたない子どもたちには、それを恥ずかしいことだと思わせました。美術の時間が終わる頃、子どもが涙ぐんでいることが多くありました。

このように構成論に基づくプログラムは安定した支援を受けておらず、子どもたちは構成論に反するような経験もしていましたが、そのような状況の中にあっても、子どもたちの社会・道徳的発達は、軍隊型や工場型クラスの子どもたちに比べてより進んでいたのです。そこで私たちは、学校全体の雰囲気が構成論に反する場合でも、クラスの雰囲気によってある程度補うことができると考えます。しかし、この公立学校の5歳児クラスの子どもたちは、ヒューストン大学人間発達実験校の5歳児ほど発達が進んでいなかったと言わなくてはなりません。それ

は、この2つのクラスの子どもたちの経験にいくつかの相違点があるためだと考えられます。第1に、人間発達実験校の子どもたちは、構成論に基づく保育を1年以上受けていることです（4年間受けている場合もありました）。第2に、人間発達実験校全体の雰囲気は、構成論に基づくクラスでの経験と一致するものでした。第3に、人間発達実験校の子どもたちは、より恵まれた家庭環境にあり、子どもの親も学校が主催する両親教育を多く受けていたことです。

園や学校全体の社会・道徳的雰囲気を評価する際には、主にルールに焦点を当てますが、ルールを施行する大人と子どもの関わり方についても焦点を当てることが大切です。第1に問うべきことは、園や学校のルールがどこから生れてきているかです。どのようなルールにするかを子どもたちに相談しない場合、子どもたちはルールを自己制御のための原則としてでなく、大人から与えられるものとして経験します。子どもたちが園や学校の（例えば図書室、ランチルーム、トイレなどにおける）ルールを決めるのに参加することは可能です。私たちは次のようなコールバーグたち（1989）の意見に賛成します。

> 発達に即した道徳教育の目標は、個々の子どもの発達を促すと共に、園や学校での生活を変えていくものでなくてはならない。公平さについて教えることは、読み書きや算数を教えるのと同じように、クラス、そして園や学校という場の中で行われ、子どもたちが先生から何を学ぶかは、その子どもたちがクラス生活、そして園や学校生活の中でどのような経験をしているかによって形づけられるものである (p.20)。

3. 園や学校の雰囲気の中で保育者や教師が経験すること

保育者や教師にとっての社会・道徳的雰囲気は、クラスの子どもたちとの関係だけではなく、学校の管理者やほかの教員との関係も含みま

す。学校の雰囲気はその学区の管理者の姿勢を反映しますが、一貫した理念をもっている学区は決して多いとは言えません。学校の雰囲気にとってより大切なのは、校長や園長のもつ姿勢です。それについては5.で述べています。

教員間の関係が、互いに支援する体制をつくり出すこともあれば、その反対に否定的で孤立した関係をつくり出すこともあります。私たちの比較研究の対象であったコミュニティ型5歳児クラスの担任は、ほかの5歳児担当の教員との間に友好的な雰囲気をもっていました。しかし、1年生の担任たちは、コミュニティ型クラスの担任に対して批判的な態度をもっており、子どもたちに寛容すぎる、そして子どもには選択肢を与えるべきではないと考えていました。学校長は、構成論に基づく保育を実践する機会を私たちに与えてくれましたが、それが公立学校で可能かどうかについては多少の疑問をもっていました。しかしこの校長は、単にクラスが静かでなかったという理由で学区の評価委員が好ましくない評価をした時も、コミュニティ型クラスの担任を支援し続けました。

学校全体や学区（人間発達実験校の場合は大学）の環境もまた重要な社会・道徳的環境であり、それは、担任に対して支援的か対立的か、担任を援助するか妨害するか、賞賛するか批判するかによって変わります。給与や労働条件は学校を運営する制度によって決められ、その中に保育者を尊重しているかいないかのメッセージが含まれているのです。

4. 園長・校長がもつべき方針

クラスの社会・道徳的雰囲気というのは、園や学校全体、学区、州の教育省のもつ社会・道徳的雰囲気の中に含まれるものです。担任がクラスの運営について決める自由をもっているのと同様に、園長・校長も園や学校全体をどうするかを決める自由をもっており、その社会・道徳的雰囲気に影響を与えます。読者の中に、社会・道徳的雰囲気を他律的なものから協同的なものへ変えていくにはどうするべきかをすでに考えている人がいるかもしれません。それは、すでに構成論の視点から教育に取り組んでいる人と共に新しい園や学校をつくることに比べ、より困難なことです。サラソン（1982）は、園や学校を変えていく問題について、園長や校長は「教育を変えていくプロセスの中で中心的な役割をもっている」と述べています。私たちはその考えに同意し、ここで園長・校長が園や学校の中に構成論に基づく社会・道徳的雰囲気をつくり出すにはどうすればよいかに焦点を当てます。ここでは特にデボラ・マーフィーの経験について述べます。マーフィーはミズーリ州ノースカンザスシティのメイプルウッド小学校の前校長であり、現在は同州のセントジョセフにあるエディソン小学校の校長です。彼女は校長として構成論に基づく教育を実践しようと、4年間にわたって教員に影響を与える努力を続けてきました。ここで私たちは、園や学校全体に構成論に基づく社会・道徳的雰囲気をつくろうとする園長・校長がもつべき4つの方針について述べることにします。

(1) 教員を尊重する

マーフィーは校長として、次のような根拠に基づいて教員に接していると語りました。

> 先生たちに子どもを尊重してもらいたいと思うのであれば、私が先生たちを尊重しなければなりません。ルールや考えに対して疑問をもつ自由を子どもたちにもってもらいたいと思うのであれば、私は同じ自由を先生たちにもってもらわなくてはなりません。先生たちに自分の教育的信念や実践を振り返ってもらいたいと思うのであれば、私も自分が間違っている場合があることを受け入れなくてはなりません。

サラソン（1982）は、特に構成論の視点に立っているわけではありませんが、教師は自分たちが扱われているように子どもたちを扱うという、的を射た説明をしています。彼はクラスの

規則（文章化しているルールや文章化していないルール）について調査をする中で、6クラス（3、4、5年生）を観察し、教師あるいは子どもがルールに関して発言したことをすべて記録しました。そして次のような結果を出しました。
①規則は例外なく教師によって決められていた。なぜ規則が必要なのかについて子どもたちと話し合った教師はいなかった。
②教師が、規則に関する問題について生徒の意見や感情を引き出そうとすることは決してなかった。
③6クラスのうち3クラスでは、新年度第1週の終わりに、ルールが言語化された。ほかの2クラスでは、新年度が始まった月の終わりに、ルールが明らかにされた。残りの1クラスでは、何が規則であるのかが明らかになることは決してなかった。
④大変混乱した1クラス以外は、子どもたちも教師も規則の内容について不満を表すことはなかった。それは、あたかもそうあるべきだと全員が同意しているかのようであった。
⑤規則に関して問題になることはすべて、子どもたちができることやできないこと、するべきことやすべきでないことについてであった。教師ができることやできないこと、するべきことやすべきでないことについて問題がもち上がることは1度もなかった。

サラソンは次のように述べています。

　話し合いをしている時に気づいたことは、学校の管理職の人々が教師たちをとらえているのとまったく同じように、教師が子どもたちをとらえていたことである。つまり、管理職の人々は、問題について教師たちと話し合わないし、教師たちの意見を重要なものとしてとらえていないし、まるで子どもの集まりであるかのように教師たちを扱っていたのである。

サラソンの問題をとらえる視点は、構成論に基づく私たちの視点と一致しています。彼は、人々が教育改革に着手し維持することに失敗してきたのは、「すでにある人間関係の中で大きな影響力をもつ側面に、未だ正面から取り組もうとしていないからだ」（p.218）と述べています。

学校長の経験をもつ筆者（デヴリーズ）は、保育者を尊重することによっていかに多くの好ましい結果が現れるかについて証言することができます。保育者たちは自律的になり、自分たちが子どもたちに与える教育に対してより責任をもつようになります。そしてそれはより創造的なカリキュラムを計画することにつながり、専門家としての能力や自信につながり、ほかの保育者とも協力するようになり、士気を高めることになるのです。

（2）パラダイムの転換の必要性に気づく

私たちはほかの章で、保育者の世界観や理論的なパラダイムがいかにその保育者の教え方に影響を与えるかについて述べました。行動主義のパラダイムが支配し、すべての人々に影響を与えてきました。多くの人がピアジェ理論に目を見張ったのはそのためです。ピアジェの理論によって、私たちは学習と発達について新たな考え方ができます。そしてピアジェ理論を適用することによって、教えることに対しても新しい考え方ができるのです。このような行動主義から構成論へのパラダイムの転換を私たちの世界観の根本的な変革と呼ぶことができます。

パラダイムの転換の必要性に気づくことは、保育者を尊重するための1つの方法です。つまり、園長や校長は、保育者も子どもたちと同じように知識や社会・道徳的信念を自ら構成していくことを認識しなければならないのです。この構成には時間がかかります。なぜならば、根本的な信念や自分のあり方を基本から再構築していかなければならない保育者もいるからです。しかし、多くの保育者は、構成論の考えに近い直観や性質をすでにもっていると言えます。そのような保育者は、それまでずっと自分が感じてきたことに対して科学的な根拠が与え

られることを発見し、ほっとするでしょう。それでも、昔からのやり方を変えるには時間がかかります。構成論に基づく保育をすぐに実現したいと考える園長や校長にとって、それまで構成論に反するやり方で教えてきた保育者たちと共に働くことは困難です。しかし、このプロセスを短縮してしまうと、保育者たちは構成論に基づく保育を考え方としてではなく、ただのやり方としてとらえてしまいます。私たちが目標とすることは、園や学校のすべての教職員が理想を共有することです。このことが実現すると、ヒューストン大学人間発達実験校のように、保育者同士の協同と、保育者と子どもたちとの協同が統一された共同体ができあがり、それは校長や園長の理想を超えたものとなるのです。

(3) 保育者や教師に長期的な視点をもたせる

マーフィー（1993年6月の個人的な会話から）はこの原則について、日々の細かな教育の仕事に目を向けている状態から、「顔を上げて」、「どこへ向かって進んでいくのか、なぜそうするのかをほかの可能性と照らし合わせて」考えるようになることだと述べています。マーフィーは、「基盤となる理論、信念、原則を明確にしないで長期的な結果を目指すことは、まさに立脚点を不安定にすることになる。そこで私は教師たちと一緒に大半の時間をこのことに費やした」と強調しています。マーフィーと教師たちは次のような問題に取り組みました。

- この学校で過ごした結果として、子どもたちに本当に知ってほしいこと、してほしいこと、尊重してほしいことは何か。
- 教師がチームとして協力していく上で、導いてくれる原理は何か。
- 私たちが必要とする情報として、子どもの発達について知るべきことは何か。
- 教えることや学ぶことについて、私たちが心から信じることは何か。

マーフィーと教師たち（1993年6月の個人的な会話から）が目標や信念を具体化するために用いた方法に、次のようなものがあります。無記名でアンケート調査をする、グループによる話し合いをする（ブレーンストーミング、合意に至るなど）、スタディグループを作る、専門雑誌を読む、実践研究（アクションリサーチ）をする、保育の視察をする、ワークショップやほかの形態の研修会に参加する、専門の図書館やメディアコーナーをつくる、文献を読み、個人で熟考することを奨励する。

ヒューストン大学人間発達実験校での私たちの取り組みでは、発達の連続性を強調し、理論的根拠を明確にすることによって、長期的な視点をもつことに焦点を置きました。例えば、子どもに自律的な人格をもった存在に育ってほしいと願うのであれば、大人の権力や権威の行使を最小限にしなければならないということを、ピアジェ理論から結論づけました。さまざまな活動には特定の短期的なねらいが含まれますが、それらは同時に長期的な目標を表すものでもあります。

(4) 構成論に基づく態度や実践の手本を見せて説明する

構成論に基づく態度や実践の手本を見せることは、構成論を実践する保育者が子どもに接するように保育者に接することであり、子どもたちをどのように尊重するかを示すことです。それについて以下に管理、規律、共有経験という点から述べます。

1）園や学校の管理について

マーフィーのメイプルウッド小学校は、管理職が意思決定をする伝統的なやり方とは対照的に、意思決定を保育者と共有するよい例を示しています。マーフィー（1993年の個人的な会話から）は、管理の問題について誰がこの学校を所有するかという観点から述べ、第1回の教員会議で校長が従うべきルールをつくるように教

師に求めたことを詳しく説明してくれました。教師たちが提案したルールには次のようなものがありました。真実を伝える、教師に常に情報を与える、教育について具体的で援助となるフィードバックを与える。そして、教師たちから出てきた提案によって、メイプルウッド小学校は教職員が一体となり、子どもたちや関心のある保護者と共にものごとを決定していくようになりました。例えば、教科書やワークブックを買うお金を、より適切な教材や設備に使うことができないかどうかを検討したりします。

メイプルウッド小学校の生徒会は、学校で実際に起こっている問題について考え、決定をする並外れた力をもっています。例えば、生徒会のメンバーは、学校の様子がどうであるか、何を変えていく必要があるのか、何を考慮すべきかについて話し合う円卓会議において、学校で帽子をかぶる問題を取り上げました。マーフィーは典型的な手順に従って、子どもたちに意見を交換させ、子どもたちが守らなければならないと感じるような結論を出すよう導いていきました。投票の後、子どもたちは自分が投票したものと反対の立場に立って、その理由を言うように求められます。この方法は、意見が対立する傾向のある教師や、他者の視点に立って考えるのが困難な教師に使った時より、子どもたちに使った時の方が効果があったとマーフィーは報告しています。マーフィーは、子どもたちが最初に出した意見に加えて、ほかの情報が得られないかどうかたずねました。子どもたちはほかの小学校や彼らが進学する高校に連絡し、帽子に関してどのような方針が取られているか、なぜそのような方針が立てられたのかについて調べることを提案しました。結果として、子どもたちは公共の場（廊下、体育館、ランチルーム）では帽子をかぶらないこと、かぶっていいと決めたクラスでは教室の中で帽子をかぶってもよいことを決定しました。

マーフィー（1993年6月の個人的会話より）は、学校の効果的な場所にメールボックスを置き、生徒会で考慮すべきアイデア、不満、問題を無記名で提出できるようにしました。そのため、子どもたちは生徒会に入らなくても議題や提案を出すことができるのです。教師たちも無記名で質問、アイデア、問題を伝えることができます。マーフィーは、この取り組みを始めた当初に比べ、生徒会あてに出される手紙の数が減り、教師からの無記名の手紙が出される回数も減ったことに気づきました。このことは、教師が問題をクラスの中で解決できるようになっていることや、学校にいる人々の中に率直に話し合えるコミュニティの意識が広がっていることを示しているとマーフィーは確信しました。

2）規律やいざこざの解決について

マーフィー（1993年6月の個人的会話より）は、構成論に基づく教育を実現しようとする校長や園長にとっての最大の挑戦は規律に関することだと述べています。概して教師たちは、校長や園長がすべての問題を解決してくれると期待しています。応急策を取らない校長や園長は、教師たちの目にはよい校長・園長と映りません。ある時、1人の教師が、マーフィーは子どもたちに操られていると感じていました。マーフィーはその教師を呼んで、子どもたちの観点を尊重しながら意見を聞くというマーフィーの問題解決の仕方を観察するよう勧めました。見終わった後、マーフィーとその教師はそのプロセスを批判的に検討し、その問題についての共通理解を得ることができました。マーフィーは問題解決に取り組む時、「すべての状況に当てはまるルールや結果はない」ということを強調します。そしてマーフィーは教師たちに、単に応急策ではなく、長い目で見た社会・道徳的な成長を重視していることを説明します。マーフィー（1993年6月の個人的会話より）によると「肝心なことは、どちらが勝つかではなく、お互いが成長することです。長期的な観点をもつと、単にその日暮らしのルールや秩序を維持するのとは違った方法が取れるようになります。」

私たちの考えでは、構成論に基づく園や学校には「規律」はふさわしくありません。第10章で述べたように、規律に代わるものは、道理にかなった必然的な結果です。実際に、社会・道徳的雰囲気が確立してくれば、規律の必要性は減ってきます。なぜなら、子どもたちは自己を尊重するために大人の権威と戦う必要がなくなるからです。

3）共有経験について
　園や学校の社会・道徳的雰囲気をつくる上で、共有経験が重要であることを指摘したいと思います。それは、学校のフットボールチームが試合に勝った時にもつ誇りや一体感（教育施設としての価値を重視するレベル2；Power, Higgins, & Kohlberg, 1989）のような愛校心を言うのではありません。むしろ、人々が相互に助け合う共同体として学校を重視する場合（レベル3）や、それぞれが集団の規範や責任を守る義務を感じている共同体として学校を重視する場合（レベル4）を言うのです。
　ここでもメイプルウッド小学校の事例をあげることができます。生徒会の話し合いの中から、バディ（仲間）システムを作るというアイデアが出てきました。それは、バディとして選ばれた子どもが、学習面や情緒面に問題があったり、生活の中で大人との間に問題をもっていたりする子どもとペアを組み、援助するというものです。マーフィー（1993年6月の個人的会話より）によると、子どもたちはこのシステムを実現させるためにはどのような段階を踏むべきなのかを責任をもって決めました。生徒会のメンバーは、各クラスから3名をバディとして選ぶことを決め、3つの重要な特性をもっていなければよいバディになれないことを強調しました。それは、よい聞き手であること、告げ口をしないと信頼されていること、よいアイデアをもっていることでした。生徒会のメンバーたちは、よいバディとは必ずしも頭がよいことや人気があること、リーダーであることではないとクラスの子どもたちに強調しました。子どもたちはバディを選んだ後、次の段階として、高校の生徒にトレーニングをしてもらおうと決めました。高校のウェルネス担当教員によってグループ分けされた高校生が週1回訪れ、バディシステムが順調にいくように援助しました。彼らは、ロールプレイをしたり、どのように自分をとらえるべきかや、バディ活動のために放課後学校に残るべきかについて話し合ったりしました。

5. 州教育省の社会・道徳的雰囲気

　構成論に基づく社会・道徳的雰囲気をクラスや学校の中につくり出す上で、学校全体や学区のあり方がそれを支えたり妨げたりすることについて述べました。学校という文化の中で理念の一致が見られれば見られるほど、1つのタイプの社会・道徳的雰囲気をつくり、保っていくことが容易であるのは明らかです。そのモデルとして、ミズーリ州をあげたいと思います。ミズーリ州では構成論に基づく教育（プロジェクト・コンストラクトと呼ばれる）が、州の初等中等教育省によって5歳児から1年生対象に公式に採用されています。プロジェクト・コンストラクトは、学区あるいは各学校が自主的に採用することができます。その中核となる保育者や教師は、土曜日のワークショップ、夏の研修、年1回の大会、カリキュラムガイドラインに関する出版物、カリキュラムと評価の骨格についての出版物やニューズレターの発行などを通して増えています。
　プロジェクト・コンストラクトを採用したいと考える保育者や教師は、自分の園長や校長を連れてトレーニングに参加しなければなりません。これは、園長や校長からの支援を保証するために設けられた条件です。プロジェクト・コンストラクトは現在ミズーリ州の100以上の学校で採用されています。ミズーリ大学コロンビア校にあるプロジェクト・コンストラクト・ナショナルセンター（センター長はシャロン・シ

ャットジェン博士）では、このプロジェクトがさらに発展するよう管理しており、その一部として構成論の目標に一致した教育評価方法を開発しています。それに加えて、教員評価や幼児教育の教員免許の必要条件にプロジェクト・コンストラクトの原理が反映されるよう開発を進めています。

現在、ミズーリ州の幼児教育改革は組織的に行われ、成長し続けています。しかし、そのような変革は、幼児とその家族のために最も優れた教育を実践することに関心をもっていた個人の小さな集まりから始まったものなのです。

6. 要 約

クラスの中に構成論に基づく社会・道徳的雰囲気をつくり出すためには、園や学校全体の社会・道徳的雰囲気がそれを支えるようなものであることが重要であり、それによってクラスの雰囲気づくりが進んだり妨げられたりします。しかし同時に、園や学校全体がそれに反するような雰囲気をもっていたとしても、クラスの中で構成論に基づく雰囲気づくりをすることによってある程度は補うことができます。社会・道徳的雰囲気というものを測定したコールバーグたちは、子どもによって学校の価値のとらえ方が異なることや、学校の規範に異なるタイプがあることを強調しました。それぞれの保育者が園や学校全体の雰囲気の中で経験することは、その保育者が構成論に基づく雰囲気をつくり出そうとする取り組みを支えるものであったり、妨げるものであったりします。構成論に基づく雰囲気をつくり出すことを望んでいる園長や校長が従うべき原則が4つあります。保育者や教師を尊重すること、パラダイムの転換の必要性に気づくこと、保育者や教師に長期的な観点をもたせること、構成論に基づく態度や実践の手本を見せて説明することです。しかし、ミズーリ州で成し遂げられたように、構成論に基づく社会・道徳的雰囲気をつくり出す方向へ組織的な変革を行うことが、道徳的な子どもたちや道徳的なクラスを育てるための最大の支えとなるのです。

参考資料

「活動の時間」の計画　一般的な活動を構成論の視点からとらえるために

ここで紹介するのは、筆者（デヴリーズ）とヒューストン大学人間発達実験校の主任保育者たちが、活動の時間を計画する際の理論的根拠を文章化したものです。私たちは、これを親や訪問者が目にすることができるよう廊下に貼りました。これに加えて、保育者は、ほかの活動の理論的根拠を週間指導計画の中に書きます。

1. ごっこ遊び・ふり遊び

ふりをすることは、目の前に存在しない物や出来事について考える能力の現れであり、認知発達における大きな進歩を意味します。ふりは、ふりをする行動について考え、そして最終的には他者の視点について考えるという脱中心化に関係します。ふりを通して、子どもたちは、よく理解していない状況や関係、情緒的な問題について実験することができます。遊びの中で子どもたちは、個人的に興味や関心があることに取り組みながら、自分でコントロールし、自分の経験に構造を与えることができます。ふりは、言葉が十分に発達していない幼児にとって、特に大切な「言語」の1つなのです。

2. 読み書き

読み書きの基本は、話し言葉やふり遊びとともに生後2年目から見られる象徴的あるいは表象的機能の発達にあります。幼児期の言語は、お話や歌を含む豊かな言語環境の中で、社会的な相互作用を通して発達します。子どもたちは、自分の考えや感情を言葉を使って表現するよう励まされます。保育者は、効果的なコミュニケーションを図る見本になり、子どもたちの代わりに話すことを避けます。子どもたちは、お話を楽しむことを通して、本の特徴（文と絵の作者、ページの進み方など）、書き言葉の特徴（文字と絵の区別、上から下に、そして左から右に書かれていること、話し言葉と書き言葉の対応）、そしてお話の要素（状況設定、登場人物の紹介、問題とその解決方法）に関する知識を得ます。

そのような経験すべてを通して、子どもたちは、言葉の意味や、言葉の配列のルールを構成していきます。子どもたちは、このような構成プロセスの中で、例えば、ルールをすべてに当てはめてしまう間違い（foot の複数形を foots、go の過去形を goed にしてしまうような）をして、そのうちにそれを自分自身で訂正していきます。

子どもたちは、話し言葉を学ぶように読み書きを学びます。彼らのなぐり書きが偶然に文字らしきものになるのです。保育者は、子どものこのような試みをいろいろな方法で援助します。(1) 子どもたちが、なぐり書きし、文字に似たものを書き、それから一般的な文字を書くようになることや、自分で綴りを発明し、それから一般的な綴りが書けるようになることを受け入れ、励まします。(2) 子どもたちが、読むふりをすること、大切な言葉（自分、家族、友だちの名前など）を認識すること、周囲にある標識やラベルを認識すること、話し言葉と書き言葉の関係について考え始めること、そして最終的にアルファベットや音声について考えることを受け入れ、励まします。

3. 積み木やその他の構成遊びのための遊具

木製の積み木、ダンボールで作ったブロック、プラスティック製のブロック、レゴなど構成遊びのための遊具は、次のような発達の機会を与えます。

物理的知識：子どもたちは、あらゆる方法で物に働きかけ、あらゆる反応を観察したり、特定の反応を引き出したりします。例えば、建物の中に窓や壁を作ってみる、バランスを取る、

橋渡しをする、積み重ねる、傾斜を使うなど。

表象とふり：異なるレベルの表象的あるいは象徴的思考が生まれ、広がっていきます。ある物を使って何か違う物を表象する能力は、思考の発達において重要です。構成遊びのための遊具やその他の道具（人形や車など）に刺激され、ふり遊びを始めるかもしれません。例えば、乳児は積み木を家にし、5歳児はもっと緻密に町を作るかもしれません。

空間的思考：物と物をはめ合わせたり、組み合わせたり、開放された空間や閉ざされた空間を作ります。

論理・数学的思考：類似点と相違点に気づいたり、積み木を組み合わせて、同じ大きさのものを作ったりします。

4．集団ゲーム

ルールのあるゲームをすることは、子どもたちの認知および社会・道徳的発達を促します。ルールのあるゲームをするためには、子どもたちは、ルールに合意し、自分の行為の結果を受け入れながら、協同しなければなりません。ルール違反があったり、意見の不一致がある場合、子どもたちは交渉し、どのようにゲームを続けるかについて考えなければなりません。ゲームは公平さの問題（公正に関する考えの始まり）について考える素晴らしい場を提供します。

私たちは、子どもたちの思考を促す可能性をもっている次のようなゲームを選びます。

数：サイコロやカードゲームは、1対1対応の理解、より多いより少ない、同じ、足す引くの理解を発達させる機会を与えます。あるゲームは運によって決まり、あるゲームは作戦が必要です。例えば、「ウノ（Uno）」のようなカードゲームや「ソーリー（Sorry!）」、「ハイホー・チェリー・オー（Hi-Ho Cherry O）」（訳注：カミイとデヴリーズ著『集団あそび』参照）のようなボードゲームです。

物理的知識：多くのゲームは物理的な知識に基づく活動と同じ利点があります。例えば、ボーリング、的当てゲーム、「トップル（Topple）」（訳注：バランスの取れた台の上に、台がぐらつかないようにコマを乗せていくゲーム）、「ブロックヘッド（Blockhead）」（訳注：いろいろな形の積み木を崩さないように積み上げていくゲーム）などです。点数を記録することには、数、読み書きが関わってきます。

社会的論理：いくつかのゲームは、脱中心化、あるいは相手の考えていることを当てることが要求されます。例えば、コインかくしゲーム、追いかけっこ、かくれんぼ、「サイモンがいう」（訳注：「船長さんの命令」のようなゲーム）、あてっこゲーム（例えば「アイ・スパイ（I Spy）」）訳注：周りにあるものの中から、例えば「緑色のもの見つけた」とスパイが言うと、ほかの人が緑色のものを探すゲーム）など。

社会的以外の論理：年齢が高くなるにつれて、運に任せるのでなく、ゲームの中で作戦を考えるように励まします。これはしばしば空間的推論を必要とします。例えば、三目並べ、四目並べ、チェッカーゲーム、「Isolation」、「Blokado」（訳注：いずれも碁盤のようなボードの上で相手をブロックしながら、攻めていくゲーム）など。

5．造形活動

描く、切る、貼る、あらゆる手段を使って造り出す造形活動は、さまざまな発達の可能性を与えます。

物理的知識：あらゆる素材に働きかけ、その効果や反応を観察します。異なる素材を組み合わせる方法を見つけます。

表　象：異なるレベルの表象的あるいは象徴的思考が生まれ、広がっていきます。最初の段階の表象は、その物に似ていないことが多いですが、子どもの心の中の表象が大切なのです！子どもたちは、年齢が高くなるにつれて、類似することの必要性を感じるようになります。

論理・数学的関係づけ：子どもたちは、素材の質感、色、道具、画布、そしてさまざまな手

段の類似点と相違点に気づきます。

引用文献

Adler, A. (1917). *Study of organ inferiority and its psychological compensation*. New York: Nervous Disease Pub.

Adler, A. (1927). The *practice and theory of individual psychology, 2nd edition*. New York: Harcourt Brace Jovanovich.

Asch, F. (1983). *Mooncake*. New York: Scholastic.

Berenstain, S., & Berenstain, J. (1983). *The Berenstain bears and the messy room*. New York: Random House.

Bonica, L. (1990). Negociations interpersonnelles et jeux de fiction. In M. Stambak & H. Sinclair (Eds.), *Les jeux de fiction entre enfants de 3 ans* (pp. 113-150). Paris: Presses Universitaires de France. (Published in English as *Pretend play among 3-year-olds*, Hillsdale, NJ: Erlbaum, 1993).

Canter, L., & Canter, M. (1976). *Assertive discipline: A take-charge approach for today's educator*. Santa Monica, CA: Lee Canter and Associates.

Colby, A., & Kohlberg, L. (1987). *The measurement of moral judgment*. Cambridge: Cambridge University Press.

DeVries, R. (1970). The development of role-taking in young bright, average, and retarded children as reflected in social guessing game behavior. *Child Development*, 41, 759-770.

DeVries, R. (1986). Children's conceptions of shadow phenomena. *Genetic, Social, and General Psychology Monographs*, 112, 479-530.

DeVries, R. (1992). Development as the aim of constructivist education: How do we recognize development? In D. Murphy & S. Goffin (Eds.), *Understanding the possibilities: A curriculum guide for Project Construct* (pp. 15-34). Columbia, MO: University of Missouri and the Missouri Department of Elementary and Secondary Education.

DeVries, R., & Fernie, D. (1990). Stages in children's play of tic tac toe. *Journal of Research in Childhood Education*, 4, 98-111.

DeVries, R., Haney, J., & Zan, B. (1991). Sociomoral atmosphere in direct-instruction, eclectic, and constructivist kindergartens: A study of teachers' enacted interpersonal understanding. *Early Childhood Research Quarterly*, 6, 449-471.

DeVries, R., & Kohlberg, L. (1987/1990). *Constructivist early education: Overview and comparison with other programs*. Washington, DC: National Association for the Education of Young Children. (Originally published as *Programs of early education: The constructivist view*, New York: Longman.)

DeVries, R., Reese-Learned, H., & Morgan, P. (1991a). Sociomoral development in direct-instruction, eclectic, and constructivist kindergartens: A study of children's enacted interpersonal understanding. *Early Childhood Research Quarterly*, 6, 473-517.

DeVries, R., Reese-Learned, H., & Morgan, P. (1991b). A manual for coding young children's enacted interpersonal understanding. (ERIC Document Reproduction Service No. PS 020123.)

Dewey, J. (1913/1975). *Interest and effort in education*. Edwardsville, IL: Southern Illinois Press.

Dragonwagon, C. (1990). *Half a moon and one whole star*. New York: Aladdin Books.

Dreikurs, R., & Soltz, V. (1964). *Children the challenge*. New York: Hawthorn Books.

Duckworth, E. (1987). *"The having of wonderful ideas" and other essays on teaching and learning*. New York: Teachers College Press.

Ferreiro, E., & Teberosky, A. (1979/1982). *Literacy before schooling*. Portsmouth, NH: Heinemann.

Freud, S. (1900). The interpretation of dreams. In J. Strachey, (Ed.), *The standard edition of the complete psychological works of Sigmund Freud, Vols. 4-5*. London: Hogarth Press.

Garis, H. (1947). *Uncle Wiggily's Happy Days*. Platt and Munk.

Hitz, R. (1988). Assertive discipline: A response to Lee Canter. *Young Children*, 43 (2), 25-26.

Jackson, P. (1968). *Life in classrooms*. New York: Holt, Rinehart, and Winston.

Kamii, C. (1982). *Number in preschool and kindergarten*. Washington, DC: National Association for the Education of Young Children.

Kamii, C. (1985). *Young children reinvent arithmetic: Implications of Piaget's theory*. New York: Teachers College Press.

Kamii, C. (1989). *Young children continue to reinvent arithmetic: Second Grade*. New York: Teachers College Press.

Kamii, C. (1993). *Young children continue to reinvent arithmetic: Third Grade*. New York: Teachers College Press.

Kamii, C., & DeVries, R. (1975/1977). Piaget for early education. In M. Day & R. Parker (Eds.), *The preschool in action* (pp. 363-420). Boston: Allyn and Bacon.

Kamii, C., & DeVries, R. (1978/1993). *Physical knowledge in preschool education: Implications of Piaget's theory*. New York: Teachers College Press.

Kamii, C., & DeVries, R. (1980). *Group games in early education: Implications of Piaget's theory*. Washington, DC: National Association for the Education of Young Children.

Kohlberg, L. (1984). *Essays on moral development, Volume 2: The psychology of moral development*. San Francisco: Harper and Row.

Kohlberg, L., & Mayer, R. (1972). Development as the aim of education. *Harvard Educational Review*, 42, 449-496.

Krasilovsky, P. (1950). *The man who didn't wash his dishes*. New York: Scholastic.

Lickona, T. (1985). *Raising good children*. New York: Bantam Books.

Lickona, T. (1991). *Educating for character: How our schools can teach respect and responsibility*. New York: Bantam Books.

Manning, M., Manning, G., & Long, R. (1989). Authentic language arts activities and the construction of knowledge. In G. Manning & M. Manning (Eds.), *Whole language beliefs and practices, K-8* (pp. 93-97). Washington, DC: National Education Association.

Mead, G. (1934). *Mind, self, and society*. Chicago: University of Chicago Press.

Missouri Department of Elementary and Secondary Education (1992). *Project Construct: A framework for curriculum and assessment*. Columbia, MO: Author.

Morris, W. (Ed.) (1973). *The American heritage dictionary of the English language*. Boston: American Heritage Publishing Co. and Houghton Mifflin Co.

Murphy, D., & Goffin, S. (1992). *Understanding the possibilities: A curriculum guide for Project Construct*. Columbia, MO: University of Missouri and the Missouri Department of Elementary and Secondary Education.

Nucci, L. (1981). Conceptions of personal issues: A domain distinct from moral or social concepts. *Child Development*, 52, 114-121.

Piaget, J. (1928/1976). Ecrites sociologiques: I. Logique génétique et sociologie. In G. Busino (Ed.), Les sciences sociales avec et aprés Jean Piaget (pp. 44-80). Geneva: Librairie Droz.

Piaget, J. (1932/1965). *The moral judgment of the child*. London: Free Press.

Piaget, J. (1948/1973). *To understand is to invent*. New York: Grossman. (First published in *Prospects*, UNESCO Quarterly Review of Education.)

Piaget, J. (1954/1981). *Les relations entre l'affectivite et l'intelligence dans le developpement mental de l'enfant*. Paris: Centre de Documentation Universitaire. (Published in part in J. Piaget, *Intelligence and Affectivity: Their relation during child development*. Palo Alto, CA: Annual Reviews.)

Piaget, J. (1964). Development and learning. In R. Ripple and V. Rockcastle (Eds.), *Piaget rediscovered:*

A report of the conference on cognitive studies and curriculum development (pp. 7-20). Ithaca, NY: Cornell University Press.

Piaget, J. (1964/1968). *Six psychological studies*. New York: Random House.

Piaget, J. (1969/1970). *Science of education and the psychology of the child*. New York: Viking Compass.

Piaget, J. (1975/1985). *The equilibration of cognitive structures: The central problem of intellectual development*. Chicago: University of Chicago Press.

Power, C., Higgins, A., & Kohlberg, L. (1989). *Lawrence Kohlberg's approach to moral education*. New York: Columbia University Press.

Render, G., Padilla, J., & Krank, M. (1989). Assertive discipline: A critical review and analysis. *Teachers College Record*, 90, 607-630.

Sarason, S. (1982). *The culture of the school and the problem of change* (2nd ed). Boston: Allyn and Bacon.

Scharf, P. (1973). *Moral atmosphere and intervention in the prison*. Ph.D. dissertation, Harvard University, Cambridge, MA.

Scieszka, J. (1989). *The true story of the three little pigs*. New York: Scholastic.

Selman, R. (1980). *The growth of interpersonal understanding*. New York: Academic Press.

Selman, R., & Schultz, L. (1990). *Making a friend in youth: Developmental theory and pair therapy*. Chicago: University of Chicago Press.

Shaheen, J., & Kuhmerker, L. (1991). *Free to learn, free to teach*. Manhattan, KS: The Master Teacher Inc.

Shure, M. (1992). *I can problem solve (ICPS): An interpersonal problem-solving program*. Champaign, IL: Research Press.

Shure, M., & Spivak, G. (1978). *Problem-solving techniques in childrearing*. San Francisco: Jossey-Bass.

Smetana, J. (1983). Social-cognitive development: Domain distinctions and coordinations. *Developmental Review*, 3, 131-147.

Stambak, M., Barriere, M., Bonica, L., Maisonnet, R., Musatti, T., Rayna, S., & Verba, M. (1983). *Les bébés entre eux*. Paris: Presses Universitaires de France.

Steig, W. (1982). *Doctor DeSoto*. A Sunburst Book: Farrar, Straus, and Giroux.

Turiel, E. (1983). *The development of social knowledge: Morality and convention*. Cambridge: Cambridge University Press.

Verba, M. (1990). Construction et partage de significations dans les jeux de fiction entre enfants. In M. Stambak and H. Sinclair (Eds.), *Les jeux de fiction entre enfants de 3 ans* (pp. 23-69). Paris: Presses Universitaires de France. (Published in English as *Pretend play among 3-year-olds*. Hillsdale, NJ: Erlbaum, 1993).

Wood, A. (1987). *Heckedy Peg*. San Diego: Harcourt Brace Jovanovich.

訳者あとがき

著者について

リタ・デヴリーズ（Rheta DeVries）は、公立学校で教鞭をとった後、1968年にシカゴ大学より心理学で博士号（Ph.D.）を取得しました。そこで、著名なピアジェ派心理学者であり、道徳性の発達段階説を提唱したことで知られるローレンス・コールバーグの指導を受け、後に研究助手を経て、共同研究者となりました。また、ジュネーブ大学、イリノイ大学シカゴ校、メリルパーマー研究所において研究に従事する中でコンスタンス・カミイ（現アラバマ大学バーミンガム校教授）との共同研究を行い、ピアジェの構成論に基づく幼児教育カリキュラムを展開してきた功績は、米国の幼児教育界で広く認められています。また、その著書のほとんどが日本語、スペイン語、ハングルに翻訳され、海外においても注目されてきました。1981年から1993年の間は、ヒューストン大学人間発達実験校の責任者として、実践と理論の溝を埋めるための研究に力を注ぎ、1988年と1993年には来日し、各地で講演を行っています。現在は、ノーザンアイオワ大学教育学部で教授を務める一方、同大学幼児発達教育センター（Regents' Center for Early Developmental Education）の所長として、構成論に基づく教育を広く保育現場に根づかせるための研究と実践を続けています。

ベティ・ザン（Betty Zan）は、ヒューストン大学でデヴリーズに出会い、1997年に同大学より発達心理学で博士号（Ph.D.）を取得しました。幼児の社会的、道徳的発達、特に対人理解や友だち関係の発達を専門領域とします。現在は、ノーザンアイオワ大学幼児発達教育センターの専任研究員として、構成論に基づく保育を紹介する一方、複数の研究プロジェクトを進めており、その中には競争的ゲームと協同的ゲームが幼児の社会的発達に与える影響に関する研究などが含まれます。

本書について

本書は、Rheta DeVries and Betty Zan, *Moral Classrooms, Moral Children — Creating a Constructivist Atmosphere in Early Education —* （Teachers College Press, 1994）の全17章のうち13章の翻訳です。

本書の主たるテーマは、幼児期からの道徳教育です。現在、幼児や児童に起こっている社会現象や事件は深刻化の一途をたどり、殺伐とした人間関係の中で生きる子どもの姿が浮き彫りになるばかりです。私たちがこのような危機的状況に直面したのはごく最近のことではありません。これまでも、子どもの豊かな心を育てる教育は「緊急課題」として何度となく議論され、その都度数々の取り組みがなされてきました。にもかかわらず現実は、子どもの間に不必要な競争が蔓延し、自分の思いだけを通そうとする独善的な行動や他者や社会ばかりを非難する無責任な態度が助長される一方です。このような矛盾は、急場しのぎの対処では問題を解決できないことを意味しています。今私たちに求められるのは「子どもの道徳性を育てるとはどういうことか」を根本から見直すことだと言えるでしょう。

本書はまさに道徳教育に対する観点の転換を求めるものです。著者の1人であるデヴリーズは、これまでカミイと共に、本来は認識論であるピアジェの構成論に教育的意義を見出し、独自の幼児教育論を展開してきました。そこには、現在の教育に浸透している行動主義や経験論から脱却し、新たなパラダイムによる教育へ変革する必要性を主張するメッセージがこめられています。本書においても著者たちは、単に目新しい保育のアイデアや指導法を提案しているのではありません。現在行われている道徳教育は子どもの考える力や感じる心を麻痺させ、思いやりと責任ある態度を失わせていると警告し、

それに代わる新たな教育の視座を提示しているのです。

本来、幼児の道徳性とはどのように育つのでしょうか。著者たちは、構成論の立場から、道徳は子どもが大人から「教えられる」ものでなく、子ども自身が道徳的な問題に取り組みながら「構成する」ものだと考えます。道徳は子どもにとって、まさに自分に関わる対人間や集団の問題であり、それを解決しようとする中で、他者との関わりやルールについて考え、道徳的な価値や信念を発見していくのです。しかし現在の教育では、社会や文化に存在する価値や規範を「身につけなくてはいけないもの」、「守らなければならないもの」として子どもに教え込み、子どもが「よいこと」をした時は十分にほめ、「悪いこと」をした時はしっかりと叱らなければならないと考えられています。

確かに、幼児はルールや価値を大人から与えられるものとして理解し、罰を恐れることや大人から認められたいという理由から大人に従うという他律的な道徳性をもちます。しかし幼児期は、子どもが他者を尊重し行動することが自分と相手にとってどのような意味をもつのか、生活を共にする人々との間でルールがどのような意味をもつのかを理解し始める時期でもあります。つまり、大人の判断や指示を絶対的ととらえ、それに従って行動する段階から、他者を尊重しルールを遵守する必要性を感じ、自らの信念によって行動できる段階へと発達的に変化する大切な時期だと言えるのです。にもかかわらず、ただ従うことを子どもに強要し、罰やごほうびによって子どもの行動を支配し続ける教育は、幼児期だけでなく、それ以降も行われているのが現状です。そのような教育は、他者との関わりの中でどのように行動すべきかを「自ら考える」能力や「自らの責任において行動する」態度が育つ機会を奪い、他律性から抜け出すことのできない子どもを育ててしまっていると言えます。つまり、いつまでも子どもにとっての「していいこと」は大人がそう認めることであり、「してはいけないこと」は大人から叱られること、あるいは大人が見ていない時はしてもいいことになってしまうのです。

構成論に基づく保育は、そのような幼児の発達的特性を重視し、幼児期であるからこそ自律的な道徳性を育てる教育を始めなければならないと主張します。それは特別なプログラムやトレーニングを要するものではありません。本書で著者たちが繰り返し強調するのは、日常の保育の中で、保育者が不必要な権威を最小限にし、子どもが行動を自己制御する機会をできるだけ与えるということです。しかし、それは保育者が責任を放棄することを意味するのではありません。本書の根底には、発達理論や研究に裏づけられた幼児教育論が貫かれており、そこには幼児の全人的発達を促す援助とそれに必要な人間関係をつくり出す保育者の積極的な役割を見ることができます。

構成論に基づく教育は、ピアジェの発達理論の中で、子どもの理解が発達段階ごとにどのように異なるかという構造的側面だけでなく、その変化の過程である構成的側面を重視します。そして、子どもが内面から知能や道徳性を構成していくプロセスを促すために必要な教育環境と方法を明確にしています。それは、ピアジェ理論から得た教育的示唆を幼児教育論やカリキュラム論に発展させたものであり、興味、実験、協同という3つの柱で説明されます。まず、構成論に基づく保育は、子どもが内的に動機づけられ、自ら物や人に働きかける自発的活動を中心にします。また、相互の考えや感情を尊重し、自由に視点の交換ができる協同的な人間関係をつくり出すことを重視します。そのような環境においてこそ、子どもが探索や試行錯誤を繰り返しながら、物や人の反応を経験することで「まちがった」考えを自ら修正し、いろいろな視点を調整しようとする構成的活動を促すことができると考えるからです。保育者は、子どもの「まちがった」考えを構成プロセスにおいて必要なものとして受け入れ、子どもがどのよう

に理解しているかを読み取らなければなりません。また、子どもがさらに探索、実験、発見できるように環境を整えたり介入したりする重要な役割をもちます。そして、特にデヴリーズはクラス集団における人間関係のあり方を「社会・道徳的雰囲気」と呼び、相互尊重に基づく人的環境をつくり出すことを最も重視します。そのような環境は、子どものすべての発達に影響し、知的にも道徳的にも自律した人間を育てるための不可欠な条件として位置づけられます。保育者は、自分と子どもとの関係だけでなく、子ども同士の協同的な関係を促す上でも重要な役割を担っているのです。

このような視点から道徳教育をとらえる時、保育者は子どもの学びや保育者の役割を根本から見直す必要があると言えるでしょう。子どもと協同的な関係にある保育者は、子どもが人とのやりとりの中で自分なりに感じたり考えたりする権利を尊重し、他者やルールについてどのようにとらえているかを理解し、自分の意志や判断に基づいて行動する機会を与えます。それは、自分に起こっている道徳的な問題を解決する権利と責任を子どもに与えることであり、保育者が子どもに代わって解決しないことを意味します。保育者の役割はあくまでも子どもが自分たちなりに解決できるよう促すことなのです。子どもは尊重され、情緒的に受け入れられる経験をすることによって、安定したパーソナリティや価値観を形成することができます。子どもたちに意見を言わせ、話し合う機会を与えたとしても、最終的に保育者が解決したり決定したりしてしまうと、子どもは自分の発言が真剣に受け止められていないことに敏感に気づきます。保育者は、子どもたちの「声」をどこまで尊重しているかを見直さなければならないでしょう。

また、構成論に基づく保育では、決められたルールに沿って保育を円滑に進めるよりも、子どもたちが自ら考えたルールや解決法を実行し、「うまくいかない」経験をすることに教育的意義があると考えます。自分の行動に対する反応や結果を実際に経験する機会をできるだけ与えなければ、子どもは自分の考えが他者や集団にどう影響しているかに気づき、いろいろな視点を関係づけることができないからです。保育者が子どもたちにどうすべきかを「伝える」、あるいはなぜそうすべきかを「説明する」のでは、子どもの自律的な道徳性につながる内省的な思考は生まれてこないのです。

大人が賞罰によって子どもの行動を変容しようとする限り、子どもは外的に動機づけられ、道徳的な問題に自ら取り組む能力と態度は生まれません。子どもは自らの目的をもっていなければ、他者との関係の中で自分の考えや行動を問い直し調整しようとしないからです。構成論に基づく保育では、子どもは他者との望ましい関係を維持しようとする意志によって動機づけられ、自分たちのやりとりを制御するようになると考えます。子どもは、自分の行為が他者との社会的なつながりを壊してしまうという「相互的な制裁」を経験することで、「してはいけない」ことを自ら発見していきます。他者とのつながりを大切に思う子どもにとって、つながりが壊れることは大きな意味をもち、自分の行動を振り返り変えていこうとする強い動機づけとなるのです。

いかに思いやりのある保育者でも、子どもに自己制御する機会を与えることを困難に感じることがあります。それは、保育者が「教える」力を失ってしまうように思えるからかもしれません。しかし、子どもが道徳について「学ぶ」とは、身近な人との関わりを通して自ら発見していくことであり、それを促すために保育者は、子どもに対して不必要に強制することを止めなければならないのです。構成論に基づく保育は、このように視点を転換し、保育者と子どもの関係のあり方を見直さない限りは、子どもの自律的な道徳性の発達は望めないと主張するのです。

幼児の自律的な道徳性を育てる教育について

は、これまでのデヴリーズたちの著書においても、その概要が述べられてきました。本書は、それをさらに発展させるものであり、次の点において大きな意義があると言えます。

まず、幼児期からの道徳教育について、より実践的に分析し、幼児の日常的な生活に即した指導上の原則やガイドラインを明らかにしていることです（米国では幼児教育は出生から8歳までを対象としますので、本書でも小学校低学年の例が登場します）。デヴリーズはこれまでも、子どもの全体的な発達を目指す保育の中で知的目標と社会・道徳的目標は切り離せないものであり、自律性の発達のためには協同的な人間関係が不可欠だということを強調してきました。また、ローレンス・コールバーグとの共著である『ピアジェ理論と幼児教育の実践』の中で道徳的発達を促す指導について取り上げ（その章はコールバーグとリッコナが執筆）、ルールづくりやいざこざの解決についていくつかの提案をしています。しかし、それらは集団ゲームなど特定の活動を通してのみ説明されるものであったり、幼児対象のカリキュラムとしては不十分なものであったりするもので、生活全般を通して子どもの社会・道徳的発達を促すための具体的な指標を与えるものではありませんでした。

本書において著者たちは、多くの保育実践例を分析し、保育者との共同研究を重ねた結果として、グループタイムや片づけなどを含む日常的な保育のあらゆる活動の中で、いかに子どもに自己制御する機会を与えることができるかを詳しく述べています。それは、より幼児の生活に即した実践のための提言であり、構成論に基づく保育をより総合的にとらえるための貴重な指針を与えてくれるものです。

本書はまた、構成論に基づく保育がさらに発展する中で、いくつかの新たな局面を示すものでもあります。第1に、セルマンの「行動に現れた対人理解の発達レベル」を援用することで、保育者が幼児の社会・道徳的発達をより実践的にとらえる指標が与えられたことです。保育者は、このモデルを活用することによって、子どもがどのようにやりとりを制御しようとしているかを実際の行動から読み取ることができます。また、自他の視点をどのように関係づけているかという認知的な要素だけでなく、それぞれの状況における子どもの感情や意図を考慮しながら、子どもがどのような能力や態度で他者と関わっているのかを理解できるという利点があります。

セルマンのモデルは、ピアジェの理論から出発したものですが、年齢によって思考が異なる発達段階を示すものではありません。対人理解の発達レベルは、その人の対人関係や対人行動の傾向を反映するものです。つまり、年少児であっても他者を考慮し共同する傾向をもつ場合や、年長児であっても（あるいは大人でも）一方的に自己目的を達成する傾向をもつ場合をとらえることができるのです。そして本書の事例は、幼児であっても、協同的な雰囲気の中で対人関係について考え自己制御する機会が十分に与えられると、高次のレベルで他者と関わる能力や態度が育つことを如実に示しています。このモデルは、保育者が子どもの道徳性を育てる上で、子どもが他者との関わりをどのようにとらえる傾向があるのかを読み取り、その対人関係がどの方向に進んでいくよう促すべきかを判断する指標となります。

第2の点は、セルマンの発達モデルを援用することによって、子どもが他者との協同的な人間関係を構築していく発達プロセスを多面的にとらえていることです。構成論に基づく保育では、対人理解のレベルが発達するということは、自己中心的な段階から、異なる視点が存在することに気づく段階を経て、自己と他者が意味を共有し、互いの視点を協応しながら目標を達成する段階へと変化していくことを意味します。セルマンのモデルは、そのようなプロセスを「交渉方略」と「共有経験」という2つの側面でとらえています。前者は自他の意見の相違に

気づき、異なる視点を協応しながら問題を解決していく能力を、後者は他者と親密なつながりをもつ能力を示し、それぞれが質的に変化していく発達レベルが体系化されています。

このモデルは、セルマンたちが友だち関係のうまくいかない子どもを対象として行った臨床研究に基づいて概念化したものです。彼らは、対象児の他者と経験を共有する能力が顕著に低いことを発見し、ペア・セラピーを通して相手と結びつきをもてるよう援助することの重要性を明らかにしました。そして、人間関係の発達において、他者との関係の中で自己を独立した存在としてとらえるようになるプロセスと、他者との相互性を認識し、より親密に経験を分かち合うようになるプロセスは表裏一体であることを強調します。セルマンのモデルは、子どもたちの人間関係がどのようなものか、そして、それが協同的なレベルに向かってどのように変化していくべきかをとらえる枠組みを与えています。

最後に、望ましい教育環境としての協同的な人間関係を、対人レベルだけでなく、「社会・道徳的雰囲気」という集団レベルでとらえることを重視していることです。デヴリーズたちは、コールバーグの「公正な共同体アプローチ」の影響を受け、人間関係のあり方によって集団の規範や価値観が大きく異なり、それは道徳性だけでなく、子どものすべての発達に影響するものだと主張します。第1章で紹介されている3つのクラスの事例のように、異なる社会・道徳的雰囲気の中で育つ子どもたちの能力や態度に大きな差があることは、深刻な問題として受け止める必要があります。規律正しく見えるクラスや一見思いやりのあるように見えるクラスにおいて、子どもの感情や興味は無視され抑圧され、子どもが自分の意志で考え行動する権利が奪われているのです。子どもの全人的な発達を促すためには、どのようなルールや規範に沿って生活しているかや、どのような人間関係が成り立っているかといったクラス集団のあり方を見直さなければならないのです。

デヴリーズたちは、保育者は子どもとの協同的関係を保つだけでなく、子どもと一緒にコミュニティとしてのクラス集団をつくり出していかなければならないと主張します。それは、規範やルールが上から与えられるトップダウンでなく、相互尊重や公平性を重視した集団を自分たちでつくり上げていくボトムアップの経験を幼児期から重ねなければ、子どもの高度な判断力と責任ある態度は育たないと考えるからです。構成論を実践するクラスの事例は、幼児であっても積極的に参加し、自律的なクラス集団を形成することが可能であること示しています。そして、そこに参加する子どもたちの姿、子どもと保育者を含めた人間関係全体のあり方、集団づくりを支える保育者の役割を明らかにしています。

本書の監訳者の1人である橋本は、1992年から1996年の間、デヴリーズから博士論文を含む研究の指導を受け、1993年には共にヒューストン大学からノーザンアイオワ大学へ移るという経験をしました。その時を振り返ると、デヴリーズにとって、構成論を実践する園として実績をあげていたヒューストン大学人間発達実験校のポストを捨て、アイオワ州という見知らぬ土地へ移ることは、それほど難しい決断ではなかったように思われます。それは、構成論による保育を根づかせる地盤を一から築くことが魅力ある挑戦だったからでしょう。当時のアイオワ州の幼児教育関係者は、構成論を耳にしたことはあったものの、それが今までのアプローチと根本的に異なることを理解し、実践として形にすることができないのが実状でした。デヴリーズたちは、そのような状態から、まさに地を耕し、種を蒔くという長く慎重なプロセスを経て、少しずつ目標を達成しようとしています。そして、その一歩として、2001年の夏に構成論の理念に基づく学校を新設するまでに至ったのです。

本書は、構成論に基づく保育を実践するため

の具体的な指針を与えてくれるものです。しかしそれは、導入すればすぐにその効果が現れる「レシピ」でもなければ「ハウツー」でもありません。おそらくカリキュラムや活動の中には、一見すると他のアプローチと類似する点がいくつもあるでしょう。しかし、実践とその根底にある一貫した理論的基盤の関係を理解すると、このアプローチが従来の教育と根本的に異なることを知らされるのです。構成論を実践しようとする保育者は、幼児が社会・道徳的な信念を構成していくように、保育観や子ども観を再構成する必要があるかもしれません。そして、それを実現するためには、同じ信念をもつ保育者や研究者が協力し、互いに支援しながら、理論と実践についての議論を高めていく必要があります。最終章に書かれているミズーリ州の例を見ても、構成論に基づく保育を実践する動きが、熱意ある人々によって草の根的に広がったことがわかるでしょう。これからも１人でも多くの保育者が信念に支えられながら、よりよい保育を目指す努力を分かち合えるようになることを願ってやみません。

訳者一覧
(翻訳順)

■橋本　祐子（はしもと ゆうこ）　聖和大学　〔はじめに、第1章、第5章、第8章、第13章、訳者あとがき〕

■玉置　哲淳（たまき てつじゅん）　大阪教育大学　〔第2章、第12章〕

■菊池　道興（きくち みちおき）　九州女子短期大学　〔第2章〕

■加藤　泰彦（かとう やすひこ）　中国短期大学　〔第3章〕

■藤川いづみ（ふじかわ いづみ）　和泉短期大学　〔第4章〕

■大伴　栄子（おおとも えいこ）　東洋英和幼稚園　〔第6章〕

■金　泰泳（きむ てよん）　福岡教育大学　〔第7章〕

■卜田　真一郎（しめだ しんいちろう）　常磐会短期大学　〔第7章〕

■日浦　直美（ひうら なおみ）　聖和大学　〔第9章〕

■戸田　有一（とだ ゆういち）　大阪教育大学　〔第10章〕

■菅原　創（すがわら はじめ）　江戸川双葉幼稚園　〔第11章〕

■二見素雅子（ふたみ すがこ）　大阪キリスト教短期大学　〔第11章〕

■田中美由紀（たなか みゆき）　元大阪教育大学大学院生　〔第12章〕

監訳者紹介

橋本　祐子（はしもと・ゆうこ）

ノーザンアイオワ大学教育学部博士課程修了、教育学博士（Ed.D.）、現在、聖和大学教育学部幼児教育学科助教授

主な論文：

Early Childhood Teachers' Beliefs and Practices Related to Promoting Children's Conflict Resolution in Constructivist Classrooms, 1996, University of Northern Iowa

主な訳書：

R．デブリーズ、L．コールバーグ著『ピアジェ理論と幼児教育の実践（上・下巻）』（共訳）北大路書房 1992 年

加藤　泰彦（かとう・やすひこ）

仏教大学大学院文学研究科修士課程修了、文学修士、元・米国アラバマ州立大学バーミンガム校客員教授、現在、中国短期大学幼児教育科助教授

主な著書：

『保育原理』（共著）法律文化社 1993 年

『ピアジェの構成論による幼児の読み書き』（編著）チャイルド本社 1997 年

主な論文：

Japanese Preschoolers' Theories about the "Hiragana" System of Writing, Linguistics and Education, 10(2), 1999, Elsevier Science Inc.

Piaget's Constructivism and childhood education in Japan, PROSPECTS, 31(2), 2001, International Bureau of Education: UNESCO

主な訳書：

H．ファース著『ピアジェ理論と子どもの世界』（編訳）北大路書房 1988 年

R．デブリーズ、L．コールバーグ著『ピアジェ理論と幼児教育の実践（上・下巻）』（監訳）北大路書房 1992 年

玉置　哲淳（たまき・てつじゅん）

大阪大学文学研究科教育専攻博士課程単位取得中退、教育学博士（聖和大学）、大阪府科学教育センター研究員を経て、現在、大阪教育大学教授

主な著書：

『集団主義保育の理論と実践』明治図書 1986 年

『乳児の関係性の発展と集団主義保育』明治図書 1989 年

『遊び集団をどう育てるか』明治図書 1990 年

『人権保育とは何か — その考え方と具体化への提言』解放出版社 1991 年

『幼児教育方法論入門』（編著）建帛社 1997 年

『人権保育カリキュラムの研究』明治図書 1998 年

子どもたちとつくりだす道徳的なクラス
構成論による保育実践

2002年4月20日　初版第1刷発行
2008年3月31日　初版第2刷発行

■監 訳 者──橋本祐子／加藤泰彦／玉置哲淳
■発 行 者──佐藤　守
■発 行 所──株式会社 大学教育出版
　　　　　　〒700-0953　岡山市西市855-4
　　　　　　電話(086)244-1268代　FAX(086)246-0294
■印刷製本──サンコー印刷㈱
■装　　丁──ティーボーンデザイン事務所

Ⓒ Yuko Hashimoto, Yasuhiko Kato, Tethujun Tamaki 2002, Printed in Japan
検印省略　　落丁・乱丁本はお取り替えいたします。
無断で本書の一部または全部を複写・複製することは禁じられています。

ISBN978－4－88730－473－4